Alexander Christiani/Frank M. Scheelen

Stärken stärken

Alexander Christiani/Frank M. Scheelen

Stärken stärken

Talente entdecken, entwickeln und einsetzen

REDLINE WIRTSCHAFT
bei verlag moderne industrie

Die Deutsche Bibliothek – CIP-Einheitsaufnahme

Christiani, Alexander:
Stärken stärken : Talente entdecken, entwickeln und einsetzen / Alexander Christiani/
Frank M. Scheelen. – München : Redline Wirtschaft bei Verl. Moderne Industrie, 2002
  ISBN 3-478-31310-4

© 2002 REDLINE WIRTSCHAFT bei verlag moderne industrie, 80992 München
http://www.redline-wirtschaft.de

Umschlaggestaltung: Simson & Buß, München; Bernd Müller
Satz: Fotosatz Reinhard Amann, Aichstetten
Druck: Himmer, Augsburg
Bindearbeiten: Thomas, Augsburg
Printed in Germany 31310/100201
ISBN 3-478-31310-4

Inhaltsverzeichnis

Vorwort von Brian Tracy

Dies ist eines der wichtigsten Bücher, das Sie je lesen werden. Die Ideen und Strategien auf den folgenden Seiten können Ihr Leben schneller und erfolgreicher verändern, als Sie es sich heute vorstellen können. Wenn Sie lernen, wie Sie nicht nur Ihre eigenen Talente und besonderen Fähigkeiten identifizieren, sondern auch die Ihrer Mitarbeiter, werden Sie in der Lage sein, Ihre Produktivität, Ihre Profitabilität und Ihren Erfolg in jedem Bereich Ihres Berufs- und Privatlebens dramatisch zu verbessern.

In den letzten 20 Jahren habe ich mit mehr als 250 000 Managern aus 500 Unternehmen in 23 Ländern gearbeitet. Ich habe viele Stunden als Coach und Berater mit Topmanagern von Milliarden-Dollar-Unternehmen verbracht. Dabei hat sich in jedem einzelnen Fall bestätigt, dass das wichtigste Thema, mit dem sich Führungskräfte aller Ebenen täglich auseinandersetzen müssen, der richtige Einsatz ihrer eigenen Talente und ihrer besten Humanressourcen sind – zu ihrem wie auch zum Nutzen anderer.

Als Manager gehört es zu Ihrem Job, die Erledigung von Aufgaben zu delegieren. Darüber hinaus ist es Ihre Verantwortung, dafür zu sorgen, dass jeder Mitarbeiter zum Unternehmenserfolg beiträgt, indem er sein Bestes gibt. Dieses Ziel können Sie nur erreichen, wenn Sie die Fähigkeit entwickeln, ihre Mitarbeiter dort zu positionieren, wo sie ihre Talente am besten entfalten können. Tatsache ist jedoch, dass Berufstätige durchschnittlich nur 10 Prozent ihres Potenzials nutzen. Das liegt daran, dass die meisten Menschen nicht das tun, was ihren Fähigkeiten entspricht – dabei entspringen Lebensfreude und Zufriedenheit gerade daraus, dass man sich mit Dingen beschäftigt, die einem liegen. Ein Großteil der Frustration am Arbeitsplatz resultiert aus dem Versuch, gute Arbeit auf einem Gebiet zu leisten, für das man nicht hundertprozentig geeignet ist. Das gilt beinahe für jeden berufstätigen Menschen.

Nach mehr als 2000 Radio- und TV-Interviews, in denen ich oft nach dem „Erfolgsgeheimnis" gefragt wurde, bin ich schließlich zu der Überzeugung gelangt, dass es darauf eine sehr einfache Antwort gibt: „Finden Sie heraus, was Sie gerne tun, werden Sie darin richtig gut und widmen Sie diesem Arbeitsgebiet jeden Tag mehr Zeit." Aus 20 Prozent Ihrer Aktivitäten erwächst 80 Prozent des Werts Ihrer Tätigkeit. Oft sind es sogar nur 10 Prozent, die für 90 Prozent Wert verantwortlich sind. Es ist Ihre Verantwortung – gegenüber sich selbst und Ihrem Unternehmen –, die zwei oder drei Gebiete aufzuspüren, auf denen Sie zu Bestleistungen in der Lage sind, und sich dann ganz darauf zu konzentrieren. Wenn Sie erst einmal Ihren ganz persönlichen „Bestleistungsbereich" ausfindig gemacht haben, sollten Sie jeden Ihrer Mitarbeiter darin unterstützen, das Gleiche zu tun. Dieses Buch wird Ihnen dabei helfen, diese wichtige Aufgabe schneller, besser und leichter zu lösen, als alle vergleichbaren Werke.

Meine Freunde und Kollegen Alexander Christiani und Frank M. Scheelen, die dieses exzellente Buch geschrieben haben, sind die kompetentesten und erfahrensten Experten auf dem Gebiet Human Resources, mit denen ich je zusammengearbeitet habe. Sie verbinden auf großartige Weise profunde Sachkenntnis mit jahrzehntelanger Erfahrung in der persönlichen Beratung. Die hier vorgestellten Ideen und Strategien werden Ihnen die jahrelange harte Arbeit ersparen, die sie sonst aufbringen müssten, um einen vergleichbaren persönlichen und beruflichen Erfolg zu erzielen. Dieses Buch sollte für jeden Manager Pflichtlektüre und Aufruf zum Handeln sein. Wenn Sie den praxisnahen Ratschlägen folgen, wird dies mehr zu Ihrem Aufstieg an die Spitze leisten, als alles andere. Ich wünsche Ihnen dabei viel Erfolg!

Ihr Brian Tracy
Bestseller-Autor/Speaker   www.brian-tracy.de

Vorwort

Liebe Leserin, lieber Leser,

wahrhaft und dauerhaft glücklich sind wir nur, wenn wir die Gelegenheit haben, unsere größten Talente und Begabungen zu entfalten und unsere Stärken zu entwickeln.

Leider lebten wir bis vor wenigen Jahren in einer Welt, in der unsere einzigartigen Begabungen und unsere individuellen Talente aus Gründen der Political Correctness geleugnet wurden:

Für den Irrglauben vieler Demokraten, die Gleichheit der Menschen vor dem Gesetz ergebe sich aus der Gleichheit der Menschen selbst, haben wir in unserem Bildungssystem einen hohen Preis gezahlt.

Die Ergebnisse der Zwillingsforschung, die bei getrennt aufgewachsenen eineiigen Zwillingen im Erwachsenenalter den gleichen Intelligenzquotienten nachweisen konnte, sind jahrzehntelang nicht zur Kenntnis genommen worden.

Erst die Fortschritte der Molekularbiologie und der Genmedizin haben in den letzten Jahren dazu geführt, dass wir die These von der Vielfalt angeborener Begabungen ernst nehmen, nachdem Babies mit Wunschhaarfarbe und Wunschbegabungen in der Präimplantationsdiagnostik in greifbare Nähe rücken.

Es wird sicher noch Jahrzehnte dauern, bis unser Bildungswesen beginnt, unsere Talente und Begabungen systematisch zu erheben und individuell zu fördern.

Das Problem liegt dabei nicht nur in der Überwindung des Konzepts jahrzehntelanger Gleichbehandlung unterschiedlichster Talente.

Es fehlt darüber hinaus die Bereitschaft, Talente wie Kreativität oder künstlerische und musikalische Begabungen zu fördern, denen in unserer Gesellschaft nur ein geringer Stellenwert zukommt.

Unsere Pädagogen sind auch mit dem Konzept unterschiedlicher Lernstile nicht vertraut, weshalb assoziativ-kreativ begabte Kinder es in einer logisch-analytisch strukturierten Lernwelt doppelt schwer haben.

Bei dieser kulturell bedingten Begabungs- und Talentfeindlichkeit erstaunt es kaum, dass in internationalen Untersuchungen nur jeder fünfte Erwachsene aussagt, dass er an seinem Arbeitsplatz täglich die Gelegenheit hat, etwas zu tun, das seinen individuellen Stärken entspricht.

Die Verschwendung von menschlichen Ressourcen und Talenten an der falschen Stelle, die seelischen Verkrüppelungen von vielen, die ein Berufsleben lang Dinge tun, die ihre Seele verstummen lässt, sollte uns betroffen machen und aus unserer Gleichgültigkeit reißen.

Eine Welt, in der Menschen von Kindesbeinen an in ihrer Einzigartigkeit gefördert werden, in der kleine Künstler, Musiker, kreative Köpfe und Mini-Athleten genauso anerkannt sind wie alle anderen Talente, wirkt auf uns sehr inspirierend.

Wir träumen von einer Welt, in der Lehrer Talent-Scouts und Talent-Coaches sind und in der Schulabgänger um ihre Stärken und Schwächen wissen – eine Welt, in der unsere Stärken uns Selbstvertrauen geben und in der unsere Wertschätzung für die komplementären Begabungen anderer uns zu starken Teams zusammenschweißt.

Wir träumen weiter von einer Welt, in der bei der heutigen Berufsvielfalt nahezu jeder eine berufliche Aufgabe hat, die mit seinen wichtigsten Begabungen übereinstimmt, und in der mindestens 80 Prozent aller Menschen in zukünftigen Befragungen aussagen, dass sie täglich tun können, was ihnen am meisten liegt.

Als Management-Coaches beobachten wir seit vielen Jahren, dass nur die Menschen beruflich und privat vorankommen und auf Dauer glücklich und zufrieden sind, die die Fesseln unseres Bildungssystems abstreifen und auf eigene Faust beginnen, aus ihren individuellen Intelligenzen, Talenten und Begabungsstärken das meiste zu machen.

Wir begleiten viele dieser Spitzenleister seit Jahren und haben viele „Einzelperlen" der Begabungsforschung zusammengetragen, um unseren Seminarteilnehmern und Coaching-Klienten den Weg zur Selbsterkenntnis und zu einem talentezentrierten Leben zu erleichtern.

Auch wenn es heute noch kein in sich abgeschlossenes, konsistentes Modell zur Talententwicklung in der Psychologie gibt, so existieren doch eine ganze Reihe höchst hilfreicher Tests und viele Übungen, die uns den Weg zu einem starken talentezentrierten Leben weisen.

Dieses Buch entstand aus der Summe unserer gemeinsamen Coaching-Erfahrung und den Erkenntnissen, die wir mit uns selbst auf dem Weg der Entwicklung unserer eigenen Talente gesammelt haben.

Wertvolle Impulse für die verwendeten Testverfahren stammen von der INSIGHTS-MDI®, der Motivatorenanalyse und unseren Partnern bei young world in München, denen wir herzlich danken für die in diesem Buch zur Verfügung gestellten Tests für die verschiedenen Grundintelligenzen.

Inspiriert über diese Erfahrungen zu schreiben, wurden wir vor allem durch Spitzenreiter, die bereits intuitiv den Weg zu einem stärkezentrierten Leben gefunden hatten. So erläuterte uns beispielsweise der österreichische Unternehmer Werner Gröbl das Geheimnis seines beruflichen Erfolges und privaten Glücks mit der Formel 1/3+1/3+1/3: Ein Drittel seiner Zeit widmet er konzentriert seinem unternehmerischen Talent (und baute damit in 15 Jahren ein Unternehmen mit 1200 Mitarbeitern auf), ein Drittel seinen sportlichen Ambitionen (er ist einer der erfolgreichsten Privat-Rennfahrer weltweit) und ein Drittel seiner Familie (mit mindestens 10 Wochen gemeinsamem Jahresurlaub). Werner Gröbl ist – wie viele Spitzenreiter – fest davon überzeugt, dass die Ursache seines Erfolges gerade darin liegt, sich all seinen wichtigen Talenten zu widmen und den Rest konsequent zu delegieren.

Wir möchten mit diesem Buch unseren Beitrag dazu leisten, dass das Gleichheitsprinzip in der Bildung nicht bedeuten darf, Menschen in ihrer faszinierenden Talentvielfalt über einen Kamm zu scheren. Gleichbehandlung im Lichte der menschlichen Vielfalt kann nur bedeuten, jeden Menschen in seinen Talenten, Begabungen und Stärken individuell zu fördern. Wir wissen aus Erfahrung, wie viel Lernfreude und Motivation es freisetzt, wenn wir alle das tun können, was wir schon von Kindesbeinen an am liebsten getan haben und was wir in aller Regel auch am besten können.

Auch wenn unser Bildungssystem für den Schritt von der Massenware zum maßgeschneiderten „Talententwicklungsanzug" noch Zeit braucht: für uns, unsere Familie und die Teams, in denen und mit denen wir arbeiten, können wir den Weg des talentezentrierten Lebens und Arbeitens bereits gehen.

Wir wünschen Ihnen, dass Sie auf diesem Weg für sich und Ihre Familie und Arbeitskollegen genauso profitieren, wie wir es tun durften. Mit den besten Wünschen für eine „stärkenstarke" Zukunft!

Alexander Christiani   Im Juli 2002
Frank M. Scheelen

Teil I:
Die Renaissance der Stärke

1. Kapitel:
Die Geschichte der Ungleichheit

„Die Tragödie unseres Lebens ist nicht,
dass wir keine Talente haben,
sondern dass wir versäumen,
die zu nutzen, die wir haben."

Der Trugschluss des Prokrustes

Kurz nachdem im alten Athen die Demokratie eingeführt worden war, beauftragte der Areopag – der höchste Gerichtshof der damaligen Zeit – das renommierte Akademiemitglied Prokrustes, die Unterschiede zwischen den Menschen zu bestimmen. Prokrustes entwickelte als Messwerkzeug das nach ihm benannte und weltbekannt gewordene Folterbett. Dort stauchte und streckte er die Athener Bürger so lange, bis alle einwandfrei hineinpassten. Anschließend teilte er seinen verwunderten Auftraggebern lapidar mit: „Alle Athener sind gleich groß."[1]

Die Vorstellung, wie ein angesehener Wissenschaftler – umringt von Richterkollegen unterschiedlichster Größe und Statur – das Offensichtliche leugnet und seinen erstaunten Zuhörern die These von den gleich großen Athenern verkauft, entbehrt nicht einer gewissen Komik.

---

[1] Dietrich Schwanitz, Bildung, Alles, was man wissen muss, München 2002, S. 603

Was könnte Prokrustes motiviert haben, gegen das Prinzip intellektueller Redlichkeit zu verstoßen und seinen Ruf als Wissenschaftler zu ruinieren? Wie sich herausstellte, war Prokrustes ein blühender Anhänger der Demokratie. Und weil er glaubte, die Gleichheit vor dem Gesetz leite sich aus der Gleichheit der Menschen selbst ab, beseitigte er bei seinen Messungen alle Unterschiede, um die zarte Pflanze der jungen Demokratie nicht zu gefährden.

Prokrustes hatte damit das Wesen der Demokratie gründlich missverstanden: Die Demokratie unterstellt nämlich nicht die Gleichheit der Menschen, sondern *ignoriert die zwischen ihnen bestehenden Unterschiede* und erklärt sie als nicht relevant für die demokratische Gesellschaft. Sie leugnet nicht die Unterschiede in Geschlecht, Abstammung, Religion, Begabung, Größe, finanziellen Möglichkeiten oder Haarfarbe, sondern erklärt die Menschen *trotz all dieser Unterschiede als vor dem Gesetz gleich* und mit gleichen Rechten ausgestattet. Kurz: *Die Demokratie erklärt die Menschen nicht für gleich, sondern für gleichwertig.* Sie bietet uns damit ein faszinierendes Konzept für die demokratische Gesellschaft: Unsere Gleichwertigkeit trotz aller individuellen Unterschiede ist die Voraussetzung und Plattform dafür, dass wir unsere Einzigartigkeit und die Vielfalt unserer Begabungen, Talente und Interessen entfalten können, ohne deswegen Nachteile für unsere Stellung in der Gesellschaft befürchten zu müssen.

Prokrustes war der Erste, der das brillante Konzept der Demokratie nicht verstanden hatte, weshalb sein Denkfehler auch als „Trugschluss des Prokrustes" in die Philosophiegeschichte einging. Nachdem die Demokratie sich als Staatsform nun 2000 Jahre bewährt und ihren Siegeszug vom alten Athen rund um die Welt angetreten hat, könnte man vermuten, dass wir zwischenzeitlich den Denkfehler des Prokrustes zu den Akten legen können. Dies ist jedoch leider nicht der Fall.

Prokrustes und die moderne Intelligenzforschung

Dass wir Menschen uns nicht nur äußerlich in Größe und Augenfarbe, sondern auch in unserer Persönlichkeit und unseren Talenten und Begabungen unterscheiden, ist unvoreingenommenen Beobachtern seit langem klar:

- Eltern bemerken beispielsweise sehr früh, dass ihre Kinder nicht als „unbeschriebenes Blatt auf die Welt kommen" – wie der Volksmund diese Erkenntnis schon vor Jahrhunderten zusammengefasst hat. „Tobias ist unser Sportler und Angelika unser Rechengenie", „Carsten ist erst sieben, aber er findet sich in jedem Skigebiet auf Anhieb zurecht. Neulich im Nebel hat er uns sicher ins Tal zurückgebracht", sagt die stolze Mutter. „Unser Jüngster hat Musik im Blut, unser Ältester kann keinen Ton halten", erzählte mir neulich ein Nachbar, der selbst begeisterter Hobbymusiker ist.
- Kindergärtnerinnen und Lehrer beobachten naturgemäß eine noch größere Bandbreite von Begabungen, wenn es zum Beispiel um Lerngeschwindigkeit, Aufnahmevermögen, Lese- und Rechenleistungen oder irgendein anderes menschliches Talent geht.
- Interessanterweise werden solche anfänglichen Talentunterschiede im Laufe unseres Lebens trotz gleicher Aus- und Weiterbildung eher größer als kleiner. Wer als Zweijähriger etwas weniger taumelig war als seine Altersgenossen, der überflügelt sie möglicherweise als Zehnjähriger im Schwimmen, Laufen und Turnen und erfreut vielleicht als 22-jähriger Ronaldo die Welt mit einer Ballbeherrschung, die für andere unerreichbar bleibt.
- Personalchefs und Führungskräfte beobachten ebenfalls dramatische Unterschiede in den Fähigkeiten ihrer Mitarbeiter: 80000 weltweit befragte Topmanager stimmten deshalb bei al-

ler Unterschiedlichkeit in einem zentralen Punkt überein: „Letztlich geht es immer um den Schlüsselfaktor Talent. Wo er da ist, kannst du coachen und es entfalten, wo er fehlt, kannst du es vergessen ...“[2]
Wie viel Weisheit in dieser Einschätzung liegt, bekommen wir täglich durch das Fernsehen bestätigt: Wer Oskar Lafontaine im Rededuell mit Rudolf Scharping erlebt hat, der weiß, dass es Unterschiede in der kommunikativen Souveränität gibt, die jenseits von Rhetorikseminaren liegen. Auch die geschmeidige Art, in der Kaiser Franz Beckenbauer öffentlichkeitswirksam kommuniziert, ist nicht von jedem anderen Fußballprofi durch bloßes Training zu erwerben.

Solche faszinierenden und einzigartigen Begabungsunterschiede zwischen jungen Menschen, die sich im Laufe des Lebens tendenziell eher ausweiten als nivellieren, haben zu Beginn des 20. Jahrhunderts den französischen Psychologen Alfred Binet motiviert, sich mit diesem Phänomen wissenschaftlich zu beschäftigen. Binet entwickelte den ersten Intelligenztest. Er wollte bei Kindern, die aus der französischen Provinz in die Hauptstadt Paris strömten, besser vorhersagen, wer dem höheren Niveau des Hauptstadtunterrichts gewachsen sein würde. Binet arbeitete mit Fragen zum Wortgedächtnis, zum sprachlichen, numerischen und logischen Denken und testete die Fähigkeit, Alltagsprobleme zu lösen. Sein Ansatz – zusammen mit der Maßeinheit des Intelligenzquotienten (dem Verhältnis von Intelligenzalter zu Lebensalter), den 1912 der deutsche Psychologe Wilhelm Stern beisteuerte – gab der Testpsychologie für Jahrzehnte die Richtung vor.

Insbesondere die Forschung an getrennt aufgewachsenen eineiigen Zwillingen (also Menschen, die dasselbe Erbgut haben) bestätigte dabei die These, dass unsere Intelligenz und unsere Talente zu einem erheblichen Teil angeboren sind: Die untersuchten

[2] Marcus Buckingham und Curt Coffman, First Break all the Rools, New York 1999, S. 53ff.

Zwillinge wiesen nämlich trotz völlig unterschiedlicher Umgebungen und Milieus als Erwachsene den gleichen Intelligenzquotienten auf. Der Pionier dieser Zwillingsforschung war Cyril Burt. Von ihm stammt die griffige Formulierung, dass das wichtigste Kriterium für die Vorhersage des IQ eines Menschen die Kenntnis des Intelligenzquotienten seiner leiblichen Eltern ist. Der Widerwille gegen Burts Forschungsergebnisse war so groß, dass ihn die Prokrustes-Fans der Neuzeit beschuldigten, seine Daten gefälscht zu haben, und von diesem Vorwurf auch dann nicht abließen, als das Gegenteil bewiesen war.

Nicht viel besser ging es dem Intelligenzforscher Hans-Jürgen Eysenck, der Ende der 60er-Jahre – auf Burt aufbauend – eigene Forschungen zur Intelligenzmessung vorlegte, in denen er den Beitrag der Vererbung an den individuellen Talenten auf 80 Prozent bezifferte. Nach der Veröffentlichung seines Buches *Die Ungleichheit der Menschen*[3] wurde Eysenck von Studenten der London School of Economics für seine Ausführungen sogar verprügelt.

Wie groß auch heute noch die Fangemeinde derer ist, die sich wie Prokrustes vehement gegen die empirische Erforschung der menschlichen Ungleichheit wenden, zeigt das Buch *The Bell Curve* von Harvard-Professor Richard J. Herrnstein und Charles Murray aus dem Jahre 1994. Die Autoren kommen in ihrem 800-seitigen Standardwerk (mit rund 200 Seiten Belegen in einem statistischen Anhang) zu dem Ergebnis, dass menschliche Intelligenz zu einem großen Teil erblich bedingt ist und sich in der Gesamtbevölkerung in Form einer Glockenkurve darstellt. Obwohl das Buch nichts enthielt – wie der Intelligenzforscher Howard Gardner verwundert feststellt –, was dem informierten Publikum nicht vorher bekannt war, traf das Werk auf ein Tabu. Es rief deswegen Mitte der 90er-Jahre einen Sturm sozialer Entrüstung hervor, wie ihn Amerika seit 50 Jahren (seit Gunnar Myrdals Buch, *An Ame-*

---

[3] Hans J. Eysenck, Die Ungleichheit der Menschen. Ist Intelligenz erlernbar? München 1975

rican Dilemma) nicht mehr erlebt hatte und der dem Werk eine Rekordauflage bescherte, die bislang nur von Daniel Golemans Werk zur emotionalen Intelligenz übertroffen worden ist.

Halten wir also fest: Die angeborenen Unterschiede in Talenten, die Eltern, Lehrer und Erzieher deutlich zu erkennen glauben, sind durch zahlreiche wissenschaftliche Untersuchungen belegt worden. Gleichwohl hält sich in der alten Tradition des Prokrustes auch bei uns das Tabu, diese Ungleichheit nicht anzurühren, um die Gesellschaft nicht zu spalten. Von daher erstaunt es nicht, dass der Streit zwischen „Intelligenzgenetikern" und „Milieutheoretikern" (denen, die die Höhe der Intelligenz für umweltabhängig halten) bis heute nicht beigelegt ist. Fokussiert auf ihre Streithänseleien haben die meisten Lernpsychologen jedoch übersehen, dass sie in ihrem Forschungsstand von anderen Naturwissenschaften jedoch so weit überholt worden sind, dass sie beispielsweise von Molekularbiologen und Genmedizinern nicht mehr ernst genommen werden.

Die Molekularbiologe zur Frage der angeborenen Talente

Als der amerikanische Zukunftsforscher Gregory Stock im Frühjahr 2002 sein neuestes Werk *Redesigning Humans* vorstellte, ließ dies interessierte Kreise aufhorchen: Stock beschreibt dort das „innovative Redesign des Menschen" und die Methoden, mit denen die genetische Ausrüstung unserer Nachkommen gezielt ausgewählt und verbessert werden kann. Eltern werden schon – so glaubt er – in zehn bis 15 Jahren Eigenschaften wie Haar- und Augenfarbe, die Intelligenz und auch künstlerische Neigungen auswählen können. Das Angebot – so prophezeit Stock vollmundig – wird von einer Prise musikalischen Talents wie John Lennon, über eine Spur von Einsteins Genialität bis hin zu einem Schuss von Michael Jordans sportlichem Elan reichen.

Die Fachleute diskutieren zur Zeit, wie Stocks Optimismus einzuschätzen ist: Während der Bioethiker Arthur Caplan von der University of Pennsylvania Stocks Thesen für spekulativ und übersteigert hält, zollt der Molekularbiologe Richard Jaenisch vom MIT Respekt: „Fantastisch und futuristisch, aber theoretisch nicht unmöglich", lautet sein Urteil, mit dem er auch Mahner und Warner auf den Plan ruft: Francis Fukuyama (Our Posthuman Future) sieht – Prokrustes lässt grüßen – „die Basis der Menschenrechte" bedroht, wenn wohlhabende Schichten sich intelligente Designerbabys leisten und in einem genetischen Rüstungswettrennen Klassenunterschiede verstärken und den „weltweiten Konsens zerstören, dass alle Menschen gleich seien".

Wer die aktuelle Diskussion über die technischen Möglichkeiten und ethischen Grenzen der modernen Gentechnik und Molekularbiologie verfolgt, wird rasch feststellen, wie sehr sich der Fokus des wissenschaftlichen und philosophischen Interesses seit Herrnstein's *The Bell Curve* dramatisch verschoben hat:

- Sozialwissenschaftler und Philosophen beschäftigen sich jetzt mit der Frage, inwieweit wir ethisch verantworten können, das biotechnisch Machbare auch zu tun.
- Molekularbiologen und Genmediziner konzentrieren sich auf die technischen Herausforderungen der Präimplantationsdiagnostik: Welche Prozesse müssen wir beherrschen, um Erbfehler gezielt abzuschalten und routinemäßig Intelligenz, Talente und eine Anti-Aging-Sonderausstattung vererben zu können?
- Die Frage, ob Intelligenz vererblich ist, wird in der Molekularbiologie überhaupt nicht mehr diskutiert, sondern als gesicherte naturwissenschaftliche Basis akzeptiert.

Auch wenn viele Lernpsychologen und Pädagogen die neuen Fakten der Molekularbiologie geflissentlich übersehen und beharrlich am Bild des Menschen vom unbeschriebenen Blatt festhalten, in das wir mit der richtigen Ausbildung nahezu alles hineinschreiben können, so hat doch zu Beginn des 21. Jahrhunderts die Stunde der ewig Gestrigen geschlagen:

Angesichts der näher rückenden endgültigen Entschlüsselung des menschlichen Erbguts, der Darstellung aller auf jedem menschlichem Chromosom enthaltenen Gene, wird es immer schwieriger zu bezweifeln, dass es Gene und Genkomplexe gibt, die für geistige Kräfte und Mängel von Bedeutung sind. Wir stehen deshalb vor einer Renaissance des Talents und dürfen uns nun endlich gestatten, vorurteilsfrei und unbelastet die einzigartigen Talente eines jeden Menschen anzuschauen, um ihn dann individuell in seinen Intelligenzen, Talenten und Begabungen so zu fördern, wie es ihm und seinem Potenzial am besten entspricht. Dies erfordert zunächst, dass wir die Grenzen unseres bisherigen Bildungssystems erkennen und überwinden.

2. Kapitel:
Die Gleichbehandlung menschlicher Vielfalt in unserer Gesellschaft

Das Prokrustesbett in der Bildung

Genauso wie Prokrustes in seinem Folterbett die Menschen so lange „formte", bis sie mit seinem Ideal übereinstimmten, formen wir bis heute im Elternhaus, in der Schule und in der beruflichen Weiterbildung Menschen mit Lerninhalten und Lernmethoden, ohne das individuelle Begabungsprofil eines Menschen zu berücksichtigen. Wir haben uns über viele Generationen so an dieses rabiate Vorgehen gewöhnt, dass sich daraus ergebende Verbiegungen und Frustrationen überhaupt nicht mehr auffallen. Hier nur wenige Beispiele:

Menschen dürfen nicht tun, was sie am besten können

- Ideenreichtum, Flexibilität, Kreativität – die Fähigkeit, aus vorhandenen Grundelementen Neues zu schaffen und innovativ zu sein, wird als Schulfach überhaupt nicht angeboten. So wichtig Innovationsfähigkeit für unser unternehmerisches und gesellschaftliches Überleben ist, Kreativität steht nicht auf dem Lehrplan. Wie viele Menschen könnten in sich eine große Begabung entdecken und fördern, wenn Edward de Bono's Kreativitätstechniken über Jahre hinweg in unseren Schulen genauso intensiv trainiert würden wie Mathematik?

- Wie ist es mit Musik und Sport – Fächer, in denen Hochbegabte genauso mit zwei Wochenstunden abgespeist werden wie alle anderen? Haben Menschen, deren Seele jubiliert, wenn sie singen oder musizieren können, oder die aufblühen, wenn ihre Bewegungsintelligenz gefördert wird, es verdient, dass wir ihre Ta-

lente brachliegen lassen, nur weil unsere Kultur auf diese Begabungen weniger Wert legt?

Menschen werden über Jahre angehalten, an ihren Schwächen zu arbeiten und Dinge zu tun, die ihnen nicht liegen

- Wie viele von uns sind von ihren Eltern jahrelang zum Klavier-
  unterricht geschleppt worden, ohne dass es uns viel bedeutet
  hätte? Und wie viele sind von diesem Geschehen noch Jahrzehnte später so traumatisiert, dass sie zeitlebens jede Freude
  an der Musik verloren haben?
- Denken wir beispielsweise an Kinder mit hervorragender
  Sprachbegabung, denen Mathematik weniger liegt. Warum
  quälen wir sie auf dem Gymnasium mit Integralrechnung und
  Differenzialgleichungen – Rechenoperationen, die ein Genie
  wie Leibniz vor gerade einmal 300 Jahren entwickelt hat?
  Warum müssen sie den Satz von Bolzano-Weierstraß beherrschen und warum können wir sie nicht zufrieden lassen und
  ihre Stärken fördern, wenn sie das „Rechnen für den Hausge-
  brauch" sicher beherrschen?
- Fragen wir uns, was es in der Psyche eines Menschen anrichtet,
  wenn er viele Jahre gezwungen wird, Dinge zu tun, die ihm
  nicht liegen: Mal angenommen, unser kleines Sprachgenie aus
  dem letzten Beispiel, dem Mathematik nicht so liegt, hätte eine
  Schwester, deren logisch-mathematische Intelligenz besonders
  ausgeprägt ist. Seine Schwester erreicht mit einem Viertel des
  Zeit- und Lernaufwands regelmäßig ein gut oder sogar sehr gut
  in ihren Klassenarbeiten, während unser Sprachtalent mit viel
  Druck und Nachhilfe im Abitur mit Ach und Krach ein ausreichend zustande bringt. Könnte es nicht sein, dass die Meta-Bot-
  schaft „Im Vergleich zu meiner Schwester, der alles zuzufliegen
  scheint, bin ich nicht besonders helle" das Selbstbild und das
  Selbstvertrauen eines jungen Menschen möglicherweise für

viele Jahre oder sogar ein ganzes Leben untergräbt? Sollte es uns – was die Qualitäten unseres Bildungssystems angeht – nicht sehr nachdenklich machen, wenn Thomas Alva Edison, der berühmteste und erfolgreichste Erfinder der Welt, berichtet, dass seine Lehrer und sein Vater ihn für einen dummen Versager gehalten haben?

Menschen dürfen nicht so lernen, wie sie es am besten können

- Wer logisch-analytisch begabt ist, sich neuem Lernstoff abstrakt-konzeptionell nähert und sich aufrecht still sitzend gut auf Inhalte in Vortragsform konzentrieren kann, ist in unseren Schulen und Universitäten King. Und wer anders lernt, der hat eben Pech.

Menschen wissen am Ende ihrer Schulausbildung immer noch nicht, wo ihre größten Stärken liegen

- Sie studieren jahrelang Dinge, die ihnen nichts bedeuten, und verschwenden wertvolle Lebensjahre, bevor sie umsatteln oder – schlimmer noch – irgendwann einen Beruf ergreifen, der sie innerlich nicht ausfüllt.
- Abiturienten mit einem hervorragenden Notendurchschnitt studieren vor allem deshalb Medizin, „weil ihnen die Türe dazu offen steht" und werden Zahnarzt oder Chirurg, obwohl ihr begrenztes feinmotorisches Talent ihnen und ihren Patienten einiges Leid hätte ersparen können.

Menschen ohne klares Selbstbewusstsein ihres Stärkenprofils lassen sich von ihrer Umwelt in bestimmte berufliche Aufgaben drängen

- Der Sohn oder die Tochter, die in dritter Generation Rechtsanwalt werden, um den Lebenstraum der Eltern zu leben, sind ein bekanntes, aber kaum noch Aufsehen erregendes Beispiel.

- Viel dramatischer sind beispielsweise Untersuchungen, die den Trend hinter solchen Einzelbeispielen zeigen. So befragte beispielsweise das Gallup-Institut 1,7 Millionen Mitarbeiter in 101 Unternehmen in 39 Ländern der Welt nach dem Übereinstimmungsgrad von Aufgabe und eigenen Stärken. Auf die Frage: „Haben Sie an Ihrem Arbeitsplatz täglich Gelegenheit, das zu tun, was Sie am besten können?" antworteten nur 20 Prozent der Befragten mit Ja! Anders ausgedrückt: 80 Prozent aller Mitarbeiter in Großunternehmen – in der konkreten Fallstudie also 1,36 Millionen Menschen von 1,7 Millionen insgesamt Befragten – haben nicht das Gefühl, so eingesetzt zu sein, wie es ihren Talenten optimal entspricht. Weiterhin stellten die Wissenschaftler in dieser Studie fest: Je länger jemand dabei ist und je höher sein Rang in der Hierarchie, umso unwahrscheinlicher ist es, dass er die Chance hat, täglich im Bereich seiner größten Stärke aktiv zu werden. Da die Übereinstimmung von Talent und Aufgabe in einer Prokrustes-Welt, in der die Menschen prinzipiell gleich sind, keine Priorität hat, lassen sich Menschen aus Pflichtgefühl und Verantwortungsbewusstsein „zum Wohle des Unternehmens" immer stärker in Aufgabenprofile hineinpressen, die mit ihren Begabungen wenig zu tun haben.

Welche Verschwendung von menschlichen Ressourcen! Wenn es in kleineren und mittleren Unternehmen ähnlich aussieht wie in den über 100 Großunternehmen, die an dieser Studie beteiligt waren, dann sind 80 Prozent aller Berufstätigen nicht optimal eingesetzt. Vier von fünf Menschen gehen dann täglich zur Arbeit und haben dort keine Gelegenheit, das zu tun, was sie am besten können. Das bedeutet in der Konsequenz, dass sie auch keine Gelegenheit haben, für ihren Lohn die optimale Leistung zu bringen. Und wer keine Gelegenheit hat, seine Seele zu erfreuen, weil er voller Stolz sein Bestes geben kann, der ist auch nicht zu dem Kundenservice fähig, den begeisterte Mitarbeiter aus einem inneren Bedürfnis heraus anbieten.

Meine Frage an Sie: *Warum hat diese Studie in den beteiligten Unternehmen kein Erdbeben ausgelöst?* Warum sind Personalverantwortliche für diese katastrophalen Daten nicht zur Verantwortung gezogen worden, wenn wir alle doch seit Jahren um die Schlüsselfunktion des „Human Capital" wissen?

Darauf gibt es zwei Antworten:

1. Wir sind im Prokrustesbett unseres Bildungssystem so abgestumpft, dass uns solche Erkenntnisse weder erstaunen noch in unseren Werten irritieren: Wenn jemand wegen eines Justizirrtums drei Jahre zu Unrecht im Gefängnis sitzt, sind wir zurecht empört. Wenn jemand dagegen 45 Jahre lang einen Beruf ausübt, der zu ihm und seinen Möglichkeiten nicht passt, dann zucken wir die Schultern und wenden uns ab. Justizirrtümer sind Gott sei Dank selten, Berufsirrtümer dagegen so häufig, dass wir Menschen, die uns mit leuchtenden Augen davon berichten, wie viel Freude ihre Arbeit ihnen bereitet, für komische Streber halten.

So selbstverständlich uns das Konzept eines Berufslebens ohne Beteiligung unserer Seele auch erscheint, es entspricht nicht dem, was die meisten unserer Vorfahren in nahezu allen Kulturen gelebt haben. In einem Architektur-Lehrbuch, das einen umfassenden Überblick über die unterschiedlichen Baustile der letzten 3000 Jahre gibt, fand ich einen interessanten Hinweis: In jeder Kultur lassen sich zu jeder Zeit vom größten Prunkbau bis zum ärmsten Indianer-Zelt Stilelemente nach-

weisen, in denen sich die Seele ihrer Erbauer ausdrückt. Die
Verfasser kommen dann ernüchternd zu dem Schluss, dass erst
zum Ende des 20. Jahrhunderts mit dem Auftauchen funktio-
naler Plattenbauten in Berlin-Marzahn und anderswo „die
Seele der Erbauer verstummt ist".

2. Selbst wenn der eine oder andere Manager liebend gern das
brachliegende 80-Prozent-Potenzial seines Unternehmens aktivieren würde, sind seine Chancen auf Erfolg eher gering, wie
eine andere Gallup-Untersuchung aufgedeckt hat: Dort ging es
darum herauszufinden, was 80 000 Manager mit hervorragenden Ergebnissen von der Vergleichsgruppe mit mehreren Millionen durchschnittlicher Kollegen unterschied. Das Ergebnis
war verblüffend eindeutig: Während sich die Mehrheit der
Durchschnittsmanager von den beiden Hauptdenkfehlern unseres Bildungssystems leiten lässt, tun die Topleute dies nicht.
Die Grundannahmen der Durchschnittsmanager waren:

● Jeder Mensch kann lernen, in nahezu jedem Gebiet kompetent zu werden.
● Das größte Wachstumspotenzial hat jeder Mensch dort, wo
er bislang noch Schwächen hat.

Demgegenüber erklärten die Topleute sehr übereinstimmend:

● Menschen ändern sich nicht so sehr.
● Verschwende keine Zeit, ihnen beizubringen, was sie sowieso nicht lernen.
● Arbeite heraus, was sie an Talent mitbringen (dies ist hart
genug).[4]

---

[4] Buckingham, Coffman, a.a.O., S. 55

Denkmodelle, mit denen wir das bisherige Bildungssystem fortschreiben

Die Ideologie des positiven Denkens

Ein Eingehen auf unsere Talente und Begabungen in der Ausbildung und eine wünschenswerte Übereinstimmung zwischen unseren Begabungen und unseren beruflichen Aufgaben ist natürlich nur dann erforderlich, wenn tatsächlich nicht jeder alles erreichen kann. Zu genau diesem unrealistischen Versprechen tragen viele Vertreter der Lehre des positiven Denkens bei:

Als Begründer der modernen Lehre des positiven Denkens gilt der Amerikaner Napoleon Hill. Er hat die Nützlichkeit einer konstruktiven Grundeinstellung in seinem Klassiker *Denke nach und werde reich* in den 30er-Jahren des letzten Jahrhunderts beschrieben und mit diesem Buch eine Gesamtauflage von mehr als 14 Millionen Exemplaren erreicht. Mit Lehrsätzen wie: „Ein klares Ziel gibt uns die Kraft, jede Leistung zu vollbringen" und „Mit der richtigen Einstellung werden sie selbst das scheinbar Unmögliche vollbringen"[5] macht er seinen Lesern zwar viel Mut, lässt sie aber auch die Realität ihrer Talentgrenzen vergessen.

Übertragen wir beispielsweise die Ratschläge von Napoleon Hill auf den Sport, dann erkennen wir, dass bei jedem Sportereignis – angefangen von den Stadtmeisterschaften bis hin zu den Olympischen Spielen – Dutzende Sportler antreten mit dem klaren Ziel zu gewinnen. Spätestens die Siegerehrung macht dann allen zielorientierten Positivdenkern deutlich, dass ein klares Ziel und der felsenfeste Wille zu gewinnen für den Sieg notwendig, aber nicht hinreichend sind.

Gerade der Spitzensport zeigt deutlich, dass es nach jahrelangem Training und diszipliniertester Vorbereitung die Leistungsstufe der Michael Schumachers, Tiger Woods und Michael Jor-

---

[5] Napoleon Hill, Denke nach und werde reich, Genf 1966

dans gibt, für deren Erreichen die Eintrittskarte Talent unverzichtbar ist. Der Vorsprung im Talent, der einen Michael Schumacher, eine Anne-Sophie Mutter und einen Wendelin Wiedeking schon ein ganzes Leben lang begleitet, erlaubt ihnen auch auf dem obersten Leistungslevel, ihr Können schneller weiterzuentwickeln als ihre Kollegen.

Und was für die Koryphäen des jeweiligen Fachgebiets gilt, ist auch für uns normal Sterbliche gültig: Auch wenn unsere Talente nicht so weit hervorragen wie die der Stars, so gibt es auch auf der Ebene des Go-Cart-Clubmeisters, des Hobbymusikers und des Abteilungsleiters Menschen, die sich mit ihrem Talent leichter tun, diesen Rahmen auszufüllen als ihre Kollegen.

Das neurolinguistische Programmieren (NLP)

Was sich bei Napoleon Hill im Ansatz einer motivierenden Überspitzung darstellt, ist von seinen Schülern immer weiter ausgebaut worden: So verspricht etwa Tony Robbins auf dem Klappentext seines Buches *Unlimited Power*: „Ja, sie können alles tun, haben und erreichen, was sie wollen... [Robbins] beweist ihnen, dass alle Erfolgsergebnisse modelliert und dupliziert werden können..."

Toni Robbins ist derzeit vermutlich der bekannteste Schüler der NLP-Begründer John Grinder und Richard Bandler. Beide entwickelten in den 70er-Jahren durch sorgfältige Modellingstudien von Fritz Perls, Milton H. Erickson und Virginia Satire eine neue Form der Kurzzeittherapie. Die beiden brachten ihr Knowhow als Linguistik-Professor (Grinder) und Computerwissenschaftler (Bandler) zusammen und beschrieben die verbalen und nonverbalen Skills erfolgreicher Therapeuten präziser als irgendjemand vor ihnen. Ihr Denkgebäude basiert unter anderem auf folgendem Axiom: Wenn irgendjemand auf der Welt eine Leistung in der Software seines Nervensystems codiert hat, brauchen wir nur sein Rezept zu analysieren und jeder kann diese Performance wiederholen. Kurz: *Wenn irgendjemand es kann, dann kannst du es auch.*

Da ich beide NLP-Begründer aus vielen Seminaren kenne, kann ich aus eigener Anschauung gerne bestätigen, dass beide über eine geniale Sprachbegabung verfügen: Wenn Fritz Perls und Milton H. Erickson es konnten, dann konnten John Grinder und Richard Bandler es auch.

Den Beweis, dass wenn Fritz Perls es kann, jeder NLP-Schüler es ebenfalls lernen kann, sind Bandler und Grinder in den letzten 25 Jahren allerdings schuldig geblieben: Von vielen tausend NLP-Master-Practionnern haben bestenfalls eine Handvoll mit Perls- und Satire-ähnlichen Therapieerfolgen auf sich aufmerksam gemacht. Auch das erste große NLP-Referenzprojekt zeigt deutlich, dass NLP sehr effizient Skills vermitteln, aber eben kein Talent ersetzen kann.

Bandler, Grinder und einige weitere NLPler der ersten Stunde erhielten damals den Auftrag von der US-Army, zwei Schützen-Weltmeister zu modellieren und ihre Erkenntnisse auf die Schießausbildung der Streitkräfte zu übertragen. Das Projekt war – wie Bandler in seinen Seminaren immer wieder betont – sehr erfolgreich und erlaubte es, die praktische Ausbildung der Schützen um ein Drittel der bisherigen Zeit zu reduzieren und gleichzeitig die durchschnittliche Treffsicherheit der Rekruten um eine Leistungsklasse/Notengruppe zu verbessern. Dies ist zweifellos ein hervorragendes Ergebnis und zeigt die Nützlichkeit von NLP beim Erlernen von Fertigkeiten.

Würde NLP allerdings sein Versprechen einlösen können, *„Wenn irgendjemand es kann, dann kannst du es auch lernen"*, dann hätte zumindest ein Teil der Rekruten, nachdem sie das weltmeisterliche Software-Rezept kannten, weltmeisterlich schießen können müssen.

Damit bleibt uns beim NLP wie beim positiven Denken nur der Schluss, die höchst nützlichen Skills dieser Methoden aufzunehmen und sie in weiser Selbstbeschränkung dort einzusetzen, wo wir mit unseren Talenten die höchste Rendite erzielen. Mit den Worten von Michael Grinder, einem jüngeren Bruder von John, mit dem ich seit vielen Jahren befreundet bin, können wir festhalten: „John ist wirklich ein Genie. Er versteht nahezu alles beim ersten Mal – außer, dass die meisten anderen Menschen nicht so sind wie er!"

Die moderne Lernpsychologie

Die moderne Lernpsychologie hat in den letzten 30 Jahren einige sehr leistungsfähige Lerntechniken entwickelt, die uns allen das Leben und Lernen sehr erleichtern können (und von deren Erkenntnissen und Empfehlungen wir im letzten Teil des Buches reichlich Gebrauch machen werden). Zu ihren führenden Vertretern zählen Shinichi Suzuki, der Begründer der weltberühmten Suzuki-Music-Scools, der Amerikaner Win Wenger und der Engländer Tony Buzan.

So legitim und verständlich der Wunsch dieser Lernforscher ist, uns allen die fantastischen Chancen des Gehirns nahe zu bringen, so kontraproduktiv ist ihr Wunschdenken, die offensichtliche Rolle von Talenten auf Null zu reduzieren.

Tony Buzan analysiert beispielsweise in *Buzan's Book of Genius* die hundert größten Genies der Menschheitsgeschichte. Er findet – angefangen bei den Erbauern der Pyramiden über Alexander den Großen, Shakespeare, Goethe, Leonardo da Vinci bis hin zu Bill Gates und Muhammed Ali – 20 Charakteristika, die seiner Einschätzung nach alle Genies gemeinsam haben. Buzan listet als Schlüsselfaktoren unter anderem eine klare Vision, einen guten Plan, Durchhaltevermögen, aber auch die Fähigkeit der Autosuggestion auf.

Die Faktoren Intelligenz, Talent und Begabung konnte Buzan selbst bei Leonardo da Vinci nicht ausmachen, den er auf Platz eins seines Genie-Rankings führt. Im Gegenteil – Buzan zitiert seinen Kollegen Suzuki, der irgendwann aus der Tatsache, dass alle Japaner so hervorragend japanisch sprechen, den Schluss gezogen hat, dass dahinter ein Geheimnis stehen muss und dieses Geheimnis Training heißt. Er betont mit Suzuki: *„Wir müssen begreifen, dass Talent – nicht nur in der Musik, sondern genauso in allen anderen Bereichen – nicht angeboren ist"*[6].

Bei allem Respekt für die Herren Buzan und Suzuki und in dem Bewusstsein, dass ich des Japanischen überhaupt nicht mächtig bin, wage ich zwei Behauptungen:

1. Die Beherrschung der japanischen Sprache unter Japanern wird in der Normalverteilung genauso variieren, wie die Beherrschung der deutschen Sprache unter Deutschen variiert: Manche Menschen übertreffen gerade den Level funktionalen Analphabetentums, andere schreiben kurz vor dem Abitur ihre ersten journalistisch ansprechenden Texte, und wieder andere liefern *Die Leiden des jungen Werthers* oder *Faust 1. Teil* ab.

2. Wer – wie Tony Buzan und sein Co-Autor Raymond Keene – Leonardo da Vinci ausgiebig studiert hat und dann eine Anleitung gibt, es dem Schöpfer von Mona Lisa, dem Abendmahl und vielen technischen Erfindungen, die ihrer Zeit um Jahrhunderte voraus waren, gleichzutun, der muss sich die Frage gefallen lassen, wie gut denn die Absolventen der eigenen Super-Lernmethode tatsächlich abschneiden: Wenn es wirklich „nur" die Art des Denkens ist, wie die Lernforscher behaupten, wo sind dann bitte schön die Einsteins und da Vincis aus dem Kreis der eigenen Schüler, die belegen, dass die Formel „Genie ist lernbar" tatsächlich stimmt?

Wäre es nicht redlicher, endlich den Trugschluss des Prokrustes aufzugeben und sich auf die Synthese von Intelligenz, Genetik und Milieutheorie zu konzentrieren.

---

[6] Tony Buzan und Raymond Keene, Buzan's Book of Genies and how to unleash your own, London 1994, S. 10

Wenn es offensichtlich ist, dass wir alle einzigartige Intelligenzen, Talente und Begabungen haben und es andererseits hervorragende Lernwerkzeuge gibt:

Warum führen wir nicht beides zusammen und lassen Menschen mit den besten Lerntechniken der Welt dort an sich arbeiten, wo sie die größten Talente haben?
So könnten wir alle schnellstmöglich dazulernen, die größte Lernlust verspüren, für uns und andere hervorragende Leistungen erbringen und beruflich und privat ein erfülltes Leben leben.

Individuelle Denkbremsen, die uns daran hindern, unsere Stärken zu entwickeln

Möglicherweise erstaunt Sie diese Überschrift, weil Sie annehmen, dass Menschen sich aus einer natürlichen Grundorientierung heraus gerne mit ihren Stärken beschäftigen. Wer möchte schließlich nicht das tun, was er am besten kann? Und wer möchte nicht für gute Leistung, die ihm leicht fällt, anerkannt und gelobt werden und die Motivation genießen, die aus dem Prinzip fließt: „Nichts macht erfolgreicher als Erfolg!"?

Interessanterweise beobachten wir in unserer Coaching-Praxis bei einer ganzen Reihe von Klienten eine erhebliche Zurückhaltung, sich offensiv mit dem Ausbau der eigenen Stärken zu beschäftigen. Die vier wichtigsten und häufigsten Denkbremsen sind dabei die Folgenden.

Denkbremse 1

„Jede Kette ist so stark wie ihr schwächstes Glied."

„Wenn ich beruflich weiterkommen will, dann muss ich vor allem meine Schwächen ausmerzen" lautet das Credo derjenigen, die die Volksweisheit vom schwächsten Kettenglied außerhalb ihres Geltungsbereichs zu Rate ziehen. Die Verbreitung dieses Denkfehlers hat das oben schon zitierte Gallup-Institut in einer weiteren Analyse ermittelt. Auf die Frage: „Was hilft Ihnen bei der Verbesserung ihrer Performance am meisten: die Kenntnis ihrer Stärken oder die Kenntnis ihrer Schwächen?" antwortete in allen Kulturen – von Amerika über England, Frankreich bis nach Japan – der weit überwiegende Teil der Befragten, die Kenntnis ihrer Schwächen würde ihnen besser weiterhelfen. Sogar in der stärksten Stärken-Kultur der Welt – den Vereinigten Staaten von Amerika – sprachen sich 59 Prozent der Interviewten für den Schwächenfokus aus, in Japan waren es sogar 76 Prozent[7].

Dieses Denken verführte dann auch Profis dazu, dem Österreich-Amerikaner Arnold Schwarzenegger zu Beginn seiner Karriere den Rat zu geben, seinen unaussprechlichen Namen aufzugeben und seinen fast unverständlichen österreichischen Dialekt abzulegen. Der Rest der Geschichte ist bekannt: Arnold tat beides nicht, fokussierte vielmehr auf seine körperlichen Vorzüge als Terminator- und Conan-Darsteller. Heute rühmen dieselben Marketing-„Experten" seinen unglaublichen Weitblick, aus seinem ungewöhnlichen Namen und seinem Dialekt weltweit ein unverwechselbares Markenzeichen gemacht zu haben.

Der deutsche Sportwagenhersteller Porsche hört seit 1963, er solle die antiquierte Heckmotorbauweise zugunsten technisch überlegener Lösungen aufgeben. Porsche schert sich einen Kehricht um diesen Rat und kultiviert mit jedem Modelljahrgang die Stärken seines 911. In der Umsatz- und Ertragsentwicklung zeigt dieser David unter den Goliaths der Automobilhersteller, die ständig die Schwächen ihrer Durchschnittsautos optimieren, wie man wirklich Autos baut, die Menschen faszinieren.

---

[7] Buckingham, Coffman, Discover your strengths, a.a.O., S. 121

Denkbremse 2

„Das Gute ist das Gegenteil des Schlechten."

„In der Umkehrung des Schlechten liegt das Gute" ist die undifferenzierte Vermutung, mit der wir in unserer Kultur oft leichtfertig arbeiten: Frieden wird danach zur Abwesenheit von Krieg, Gesundheit zur Abwesenheit von Krankheit. Doch dies greift regelmäßig zu kurz: Frieden ist der Zustand eines sozialen Systems, in dem Konflikte konstruktiv bewältigt werden können – und diese Friedensstrukturen aufzubauen erfordert erheblich mehr, als gerade keinen Krieg zu haben. Gesundheit beschreibt den Zustand eines biologischen Systems, mit den Herausforderungen seiner Umwelt so gut fertig zu werden, dass das Systemgleichgewicht gewahrt wird. Auch dies ist anspruchsvoller, als gerade nur nicht krank zu sein.

Die Umstellung von „Das Gegenteil des Schlechten ist das Gute" führt uns deshalb in vielen Lebensbereichen in die Irre. Hier einige Beispiele:

- Manager beschreiben Servicepannen in aller Regel viel emotionaler und wortgewaltiger als Beispiele für guten Service.
- Sie definieren Topleistungen durch das Prinzip der Fehlerlosigkeit und geben die Maxime von der „Null-Fehler-Toleranz" aus.
- Ärzte erforschen seit dem Altertum die Entstehung und Überwindung von Krankheiten, um so das Geheimnis der Gesundheit zu entdecken.
- Psychologen beschäftigen sich in über 40000 Veröffentlichungen mit Depressionen, während ihnen die Analyse des Glücks gerade mal ein Tausendstel dieses Aufwands wert ist – nämlich knapp über 40 Veröffentlichungen.
- Ehetherapeuten studieren die Gründe von Scheidungen, um daraus etwas über glückliche Ehen zu lernen.

So gut die Absichten dieser Manager und Forscher, so selten führen sie zum Erfolg, wie sich bei überschaubaren Sachverhalten schnell zeigt.

Wer als Autokonstrukteur die nächste Mercedes S-Klasse zu konstruieren hat, wird sich kaum auf das Schrottplatzstudium kaputter Konkurrenz-Limousinen beschränken können: Das Konzept für haltbarere Durchschnittsautos ist nämlich nicht identisch mit einem Innovationskonzept für die nächste S-Klasse, will heißen: *Stärke und Erfolg entstehen nicht allein durch das Beseitigen von Fehlern, sondern haben ihre eigenen Muster.*

So klar dieses Grundprinzip ist, so sehr unterlaufen vielen von uns entscheidende Denkfehler bei der Umsetzung.

- Beispiel: Weil schlechte Lehrer in ihrem Job viele Emotionen entwickeln, glauben viele Schulleiter im Umkehrschluss, gute Lehrer würden emotionale Distanz zu ihren Schülern wahren. Die Realität ist anders: Gerade die besten Lehrer reißen ihre Schüler durch konstruktive Emotionen mit und nur die durchschnittlichen machen emotionslos ihren Routinejob.
- Ähnliches gilt im Verkauf: Weil schlechte Verkäufer sich vor Kaltakquisition fürchten, glauben viele Vertriebschefs, bei ihren Topleuten sei das anders. Sorgfältige Analysen zeigen jedoch, dass dies nicht stimmt: Interessanterweise haben auch viele Topleute Abschlussangst, aus der sie viel Drive und inneren Antrieb ziehen, während die Angstlosigkeit aus Teilnahmelosigkeit eher kennzeichnend ist für den Durchschnitt der Verkäufer.

Denkbremse 3

„Wenn ich bei meinen Stärken Vollgas gebe und mein Ziel dann doch nicht erreiche, ist das ein Versagen, das zur Identitätsbedrohung führt."

Ein Beispiel für diese – bei vielen von uns sicher unbewusste –

Blockade liefert der deutsche Radrennfahrer Jan Ullrich, der nach übereinstimmender Einschätzung aller Experten ein absolutes Ausnahmetalent im Radsport ist. Ullrich hat jedoch bei seiner Tour de France-Vorbereitung oft Schwierigkeiten, in der Vorbereitung sein Bestes zu geben: Mal trainiert er zu früh zu hart, sodass Verletzungen nicht ausheilen können, mal sabotiert er sich mit einer Trunkenheitsfahrt. Würde Ullrich optimal vorbereitet antreten, dann käme es im Duell mit Lance Armstrong zu der alles entscheidenden Frage: Wenn ich alles gebe und trotzdem nur Zweiter werden würde, könnte ich dann immer noch an mich und mein ultimatives Ausnahmetalent glauben? Solange ich Zweiter werde, mir aber sagen kann: „Mit einigen Wochen mehr Training zu Saisonbeginn hätte ich den Sieg davontragen können", lässt es sich leichter leben. Dies gilt insbesondere in einer Welt, die den Zweiten der Tour de France, der nach Tausenden Kilometern über Alpenpässe und 84 Stunden Gesamtfahrtzeit wenige Minuten hinter dem Sieger ankommt, bereits als Versager behandelt.

Was für Jan Ullrich eine mentale Herausforderung an der Weltspitze ist, gilt für uns Alltagstalente entsprechend: Viel Aufschieberitis, Improvisation und halbherzige Vorbereitung ist – wie Arbeitsmethodiker wissen – auf die Selbstschutzmaxime „Lieber faul als doof" zurückzuführen: Solange das Defizit in der Vorbereitung liegt, können wir bei der Performance weiterhin unsere Talente idealisieren.

Denkbremse 4

Das Fehlen des Bewusstseins für eigene Stärken: „Das machen doch alle so."

Ein interessantes Paradox, dem wir in unserer Coaching-Arbeit immer wieder begegnen, ist die Beobachtung, dass viele Menschen überhaupt kein Gefühl dafür haben, wie weit sie in manchen Leistungsbereichen ihren Kollegen voraus sind. „Das

Letzte, was ein Fisch entdecken wird, ist die Existenz von Wasser", sagt ein chinesisches Sprichwort.

Was uns ständig umgibt, wird so sehr Teil unseres Selbstverständnisses, dass es uns gar nicht mehr bewusst wird. Die bescheidene Erklärung des Lebensretters: „Das hätten andere an meiner Stelle auch so gemacht" ist möglicherweise in einigen Fällen auch Ausdruck strategischer Bescheidenheit. Oft steht dahinter jedoch auch das Selbstverständnis von Menschen, denen Spitzenleistung zur zweiten Natur geworden ist: Da gibt es den mittelständischen Unternehmer, der seine Firma in wenigen Jahren von einem Dutzend Mitarbeitern zu einem Team von über tausend Spezialisten entwickelt hat und wirklich glaubt, jeder andere an seiner Stelle hätte Ähnliches getan und Ähnliches erreicht; da ist der strategische Denker, der in einer halben Stunde eine Konzernstrategie zu Papier bringt, die anderen auch nach monatelangem Nachdenken nicht eingefallen wäre, und diesen Erfolg einem Headhunter gegenüber noch nicht einmal erwähnt; und da ist schließlich der Sportcoach, der regelmäßig Talente entdeckt und zu Höchstleistungen führt, gleichwohl aber steif und fest behauptet, jeder seiner Kollegen mache dies genauso. Auf die Nachfrage, an wen er da denke, musste er dann verlegen zugeben, dass ihm für die letzten 20 Jahre kein einziges Beispiel einfällt, das die These der „ähnlich erfolgreichen Kollegen" stützen würde.

Das Vergessen der eigenen Talente ist natürlich in den Kulturen besonders verbreitet, in denen Bescheidenheit eine Tugend ist: Ein Muhammed Ali oder ein Donald Trump werden in den USA mit ihrer offensiven „Ich bin der Größte"-Strategie auch bei gelegentlichen Niederlagen eher mit Gleichmut behandelt – in Deutschland darf dagegen jeder sicher sein, der an sein Talent glaubt und dies auch sagt, im Fall der Niederlage Spott und Häme zu kassieren. „Hochmut kommt vor dem Fall" ist nicht zufällig ein deutsches Sprichwort.

Wer wie der FC Bayern offensiv zu seinen Stärken steht, wird einerseits heimlich bewundert, andererseits aber bei Ausrutschern entsprechend abgewatscht. Kein Wunder, dass der Präsident von Bayer Leverkusen in der Schlussphase der Deutschen Meisterschaft 2002 seinen Spielern ausdrücklich verbot, von ihren Siegchancen auch nur zu sprechen.

Was für Fußballteams im Großen gilt, funktioniert bei Einzelkarrieren vom Prinzip her ähnlich: Als die deutsche Nachrichtensprecherin Susanne Stahnke unvorsichtigerweise durchblicken ließ, dass sie an ihr schauspielerisches Talent glaube und sich auch eine Hollywood-Karriere vorstellen könnte, wurde sie von ihren Kollegen vom Satire-Fach mit einer mehrmonatigen Hämekampagne bedacht.

3. Kapitel:
Die Wiedergeburt der Stärke

Der Fokus der Stärke als Ausdruck
wirtschaftlicher Notwendigkeit

Unsere Wirtschaft verändert sich in Riesenschritten und die Dynamik des Wandels hat ein atemberaubendes Tempo erreicht. Ich habe die Gesetzmäßigkeiten, die hinter diesen Veränderungsprozessen stehen, an anderer Stelle ausführlich beschrieben[8]. In meinem Buch *Magnet-Marketing* beschreibe ich die neue Wirtschaft als ein Hochgeschwindigkeits-Netzwerk von Informationsprozessen. Eine Kernthese lautet: Dadurch, dass sich Marktteilnehmer fast beliebig und zu geringen Kosten miteinander vernetzen und Informationen über den Markt austauschen können, werden *die meisten Märkte in den nächsten fünf bis sieben Jahren so transparent, wie der Kapitalmarkt es heute schon ist.*

Auf dem Weg zu dieser Markttransparenz haben Unternehmen noch eine drei- bis fünfjährige Schonzeit, um herauszuarbeiten und zu kommunizieren, wo sie für ihre Zielgruppe sichtbar besser sind als ihre Mitbewerber: Wer in Zukunft seinen Kunden keinen sichtbaren Nutzenvorsprung kommunizieren kann, für den wird es mit zunehmender Markttransparenz immer schwieriger, Erfolg zu haben.

Sichtbar besser als andere sind wir auf Dauer aber nur dort, wo wir im Kernbereich unserer Talente tätig sind: Dort, wo sich automatisch hohe Lerngeschwindigkeit mit Motivation, Begeisterung, Durchhaltevermögen und dem Stolz auf das eigene Können zur Spitzenleistung verbinden.

Dies gilt für Freiberufler genauso wie für mittlere oder große Unternehmen: Arbeitsteams können durch die geschickte Aus-

---

[8] Alexander Christiani, Magnet-Marketing – Erfolgsregeln für die Märkte der Zukunft, Frankfurt am Main 2002/vgl. auch Frank M. Scheelen, Personal Leadership, Landsberg 2000

wahl komplementärer Begabungen große Synergieeffekte in der Gesamtleistung erreichen. Großkonzerne haben – wie oben schon ausgeführt – ein nahezu unerschöpfliches Potenzial von circa 80 Prozent ihrer Mitarbeiter, die noch talentoptimiert eingesetzt werden können: Denken Sie beispielsweise an Procter& Gamble und Colgate Palmolive – zwei Konzerne, die seit vielen Jahrzehnten mit Zehntausenden Mitarbeitern gute Ergebnisse erzielen. Mal angenommen, eines der beiden Unternehmen würde sich für ein *talentezentriertes* Management entscheiden und dort einige Jahre Vorsprung herausarbeiten:

1. Das Unternehmen würde als Erstes allen Mitarbeitern ein Talent-Assessment anbieten, sodass jeder weiß, was er am besten kann.
2. Als Nächstes würde in der Organisationsentwicklung darauf geachtet, dass jeder Mitarbeiter Gelegenheit hat, in die Aufgaben hineinzuwachsen, die er vom Talent her am besten beherrscht.
3. Talent-Scouts würden bei Neueinstellungen nur noch Bewerber auswählen, die das Gesamtteam von ihren natürlichen Begabungen her optimal verstärken.
4. Mitarbeiterweiterbildung mit Wissen und Skills würde exakt dort stattfinden, wo jeder von seinen Talenten und seinem Herzen her am besten weiterwächst.
5. Topleute – die Schlüsselpersonen für den künftigen Erfolg eines jeden Unternehmens – würden nicht nur durch austauschbare Aktienoptionen ans Unternehmen gebunden, sondern fänden ein maßgeschneidertes Arbeitsumfeld vor, das sie jeden Tag mit leuchtenden Augen ihr Bestes geben lässt.

Könnte es sein, dass ein Unternehmen, dem es gelingt, diesen Faktor der „leuchtenden Augen bei der Arbeit" bei 80 Prozent seiner Mitarbeiter zu realisieren, in wenigen Jahren Mitbewerber in den Schatten stellt, die über eine 20-prozentige „Talentaktivierungsquote" nicht hinauskommen?

Der Faktor der Talent-Aufgaben-Passung wird in der gegenwärtigen Diskussion um weitere Performance- und Motivationssteigerungen weitgehend übersehen.

Ein Beispiel dafür liefert die aktuelle Diskussion um das Thema „Work-Life-Balance". Dabei geht es um die – je nach Autor etwas variierte – Grundthese, dass die extensive Beanspruchung im Berufsleben eingebettet sein muss in ein ganzheitliches Lebens-Balance-Konzept, in dem sich Anspannung und Muße sinnvoll abwechseln und ergänzen.

So sehr ich die grundsätzliche Intention dieser Diskussion begrüße, so sehr geht sie in einem entscheidenden Punkt am Thema vorbei, wie ich gerne an einem Beispiel aus unserem Unternehmen zeigen möchte:

Das Management der Christiani Unternehmer AG liegt in den bewährten Händen von Siegfried Haider, einem exzellenten Macher, der an jedem Arbeitstag riesige Aufgabenberge in konkrete Ergebnisse umzuwandeln weiß. Mir liegt es mehr, täglich im Einzelcoaching mit Unternehmern Innovationen für Marketing- und Vertriebskonzepte zu entwickeln oder große Gruppen von Managern und Vertriebsteams mit neuen Konzepten zu begeistern.

Bei diesen Talentpräferenzen sind Sigi Haider und ich uns sicher: Angenommen, er und ich würden morgen unseren Job tauschen und Siegfried würde täglich vor großem Auditorium sprechen, während ich den Aktivitätsterror an seinem Schreibtisch zu bewältigen hätte: Auch ein Vier-Tage-Wochenende würde uns bei dieser Konstellation keine Work-Live-Balance bringen. Wer also Work-Live-Balance-Konzepte den 80 Prozent aller Menschen empfiehlt, die täglich nicht tun dürfen, was sie am besten können und am liebsten tun, der lindert bestenfalls Symptome, beseitigt aber nicht die Ursache!

Im Strategiecoaching bei meinen Klienten konnte ich oft beobachten, dass die „Talent-Aufgaben-Kongruenz" nicht nur ein Schlüsselfaktor unternehmerischen Erfolgs, sondern auch des persönlichen Glücks ist. Ich bin deshalb sehr froh, im Bereich der Begabungs- und Potenzialanalyse Frank Scheelen als Co-Autor gewonnen zu haben, der seit vielen Jahren den Ruf genießt, ein besonders fähiger Experte zu sein, wenn es darum geht, Unternehmen eine praxisorientierte Analyse ihres Mitarbeiterpotenzials zu geben.

Für dieses Buch haben wir unsere Erfahrungen und unser Know-how gebündelt, um Ihnen die Chance zu geben, aus Ihrem Potenzial und dem Ihrer Mitarbeiter die optimale Talent-Aufgaben-Passung zu entwickeln. Das erste Werkzeug, das Sie dazu brauchen, ist eine Einführung in ...

Die Sprache der Stärke

Wie oben schon beschrieben, kommen in unserer Kultur der Schwäche auf tausend wissenschaftliche Untersuchungen zu menschlichen Defiziten etwa eine Studie zu menschlichen Stärken. Kein Wunder also, dass unsere Sprache, wenn es um Neurosen, Psychosen, Depressionen, Manie, Hysterie, Phobien, Panikattacken, Schizophrenie und andere Psychopathologien geht, uns einen reichen Werkzeugkasten anbietet.

Die Sprache menschlicher Stärke ist demgegenüber nicht sehr differenziert. Laien wie Profis tun sich deswegen in Assessment-Centern regelmäßig schwer, ihren intuitiven Positiv-Eindruck über einen Kandidaten in Worte zu fassen: „Ich mag seine Art, mit anderen Menschen umzugehen", „Sie hat ein Händchen für Mitarbeiter", „Sie strahlt etwas aus", „Er hat eine natürliche Autorität" lauten dann unsere etwas nebulösen Annäherungen an das Beobachtete. „Er ist ein guter Kommunikator" – was will uns diese Formulierung sagen:

- Er ist ein guter Redner?
- Wenn ja, auch vor großen Gruppen?

- Oder nur vor großen Gruppen?
- Oder heißt das: Er kann andere Menschen gut überzeugen?
- Ist er stark im Erstkontakt?
- Oder gewinnt er auf den zweiten Blick und baut dann eine langfristige Beziehung auf?
- Überzeugt er mit guter Präsentation nach außen?
- Oder mit viel Verhaltenskongruenz langfristig nach innen?
- Alles Vorgenannte, einen Teil davon oder noch etwas ganz anderes?

Sie sehen, liebe Leserin, lieber Leser, der Abstraktionsgrad bei der Beschreibung positiver Eigenschaften unserer Mitmenschen ist verräterisch. Um wirklich präzise zu wissen, ob ein neuer Mitarbeiter ein guter Kommunikator in seiner neuen Aufgabe ist, müssen wir uns sehr in die Konkretisierungen der Praxis begeben. Und solange dort einprägsame Unterbegriffe fehlen, bleibt uns nur, den Einzelfall konkret zu umschreiben.

Damit wir uns in diesem Buch im Bereich von Intelligenz, Talent, Begabung, Stärke, Skills, Wissen und Kompetenz gut verstehen, biete ich Ihnen dazu folgende Begriffsbestimmungen an:

Als *Intelligenz* definieren wir – in Anlehnung an Howard Gardner – die *Rechnerleistung zur Verarbeitung einer bestimmten Art von Informationsinhalten*. Menschen, die mehrere zweistellige Zahlen in Sekundenbruchteilen im Kopf addieren können, verfügen offensichtlich über eine höhere Rechnerleistung zur Verarbeitung von Zahlenimpulsen als die, die erst alles aufschreiben müssen und sich dann beim Zusammenrechnen doch noch vertun.

Entsprechendes gilt für andere Informationen: Wer den ganzen Tag entspannt durch eine fremde Großstadt shoppt, ohne ein einziges Mal bewusst auf den Weg zu achten und abends auf kürzestem Weg sein Auto im fünf Kilometer entfernten Parkhaus wiederfindet, der hat eine höhere Rechnerleistung im Bereich des räumlichen Vorstellens zur Verfügung als derjenige, der schon auf dem heimatlichen Marktplatz verzweifelt sein Auto suchen muss, weil er rechts und links verwechselt.

Wer eine Melodie im Radio nur einmal zu hören braucht, um sie anschließend perfekt wiedergeben zu können, der verfügt über eine „höhere Rechnerleistung zur Verarbeitung von musikalischen Weltinhalten" als Brummbären, die nie den richtigen Ton treffen.

Aus der Intelligenzforschung der letzten 20 Jahre – insbesondere dem bahnbrechenden Konzept der multiplen Intelligenzen von Howard Gardner – wissen wir heute, dass Menschen über mindestens zehn verschiedene Intelligenzen („biopsychologische Potenziale zur Informationsverarbeitung") verfügen. Welche dies sind und mit welchen Methoden wir unsere jeweiligen Grundbegabungen am besten entfalten können, das erfahren Sie im nächsten Kapitel anhand unserer Talent-Landkarte.

Die Begriffe *Talent* und *Begabung* werden in diesem Buch gleichbedeutend verwendet. Wir nutzen den Begriff Talent – ähnlich wie in der Umgangssprache – zunächst als Unterscheidungskriterium, um die *angeborene natürliche Begabung* von den Dingen abzugrenzen, die wir lernen können (Wissen und Skills). Talent steht also in diesem Buch für angeborenes Potenzial und ist deshalb per Definition nicht lernbar. Das Verhältnis der zehn Grundintelligenzen zu Talenten entspricht dem von Tonleiter zu Akkord: Die meisten Tätigkeiten, die in einer Kultur zu einem Funktionszusammenhang gehören, werden durch eine Kombination mehrerer Intelligenzen verwirklicht.

Musizieren, Komponieren, strategische Planung, Kochen und Autofahren sind Beispiele für Tätigkeiten, die zu einem Funktionsbereich gehören. Beim Violinespielen etwa werden neben musikalischer Intelligenz auch körperlich-kinästhestische Rechnerleistung (Feinmotorik) und personale Intelligenz (zum Beispiel die Fähigkeit, sich jahrelang zu konsequentem Training motivieren zu können, um an die Spitze zu kommen) benötigt.

Uns erscheint es sinnvoll, die „Intelligenz-Akkorde", die das

Potenzial bezeichnen, in einem gesellschaftlichen Funktionsbereich Hervorragendes zu leisten, als Talente zu bezeichnen. So kann es durchaus sein, dass die musikalische Intelligenz eines Menschen ihn zusammen mit anderen Rechnerleistungen befähigt, Musiker zu werden. Dieses Talent zum Musizieren bedeutet aber nicht notwendig, dass er auch über Talent zum Komponieren verfügen muss.

Talent ist also *jede Kombination der zehn Grundintelligenzen (und gegebenenfalls auch anderer Persönlichkeitsmerkmale), die uns dazu disponiert, in einem bestimmten Funktionsbereich hervorragende Leistungen zu erbringen.*

In ähnlicher Weise, aber noch weitergehend, bezeichnen Buckingham und Coffman *jedes* sich wiederholende Muster von Gedanken, Gefühlen und Verhaltensweisen als Talent, das zu einer bestimmten Top-Performance führt. So kommen sie etwa bei der Analyse von Tiger Woods' Golfspiel zu dem Ergebnis, dass seine langen Schläge und sein Putting zu seinen Talenten gehören, sein Bunkerspiel (bei dem er nur 61. der PGA-Tour ist) dagegen nicht. Wir haben bei unseren Praxiscoachings die Erfahrung gemacht, dass ein solches atomisierendes Verständnis des Talentbegriffs eher hemmend als förderlich ist. Nach unserer Einschätzung ist Tiger Woods ein Jahrhundert-Talent im Golfen. Wenn er seine Rechnerleistung im räumlichen Vorstellen, in der Bewegungsmotorik und in der personalen Kompetenz noch stärker auf sein Bunker-Spiel fokussieren würde, trauen wir ihm durchaus technische Optimierungen zu, um auch dort zu den Weltbesten zu gehören. Anders ausgedrückt: Wenn die grundsätzliche „Akkord-Rechnerleistung" feststeht, sollte der Fokus auf der weiteren Skill-Entwicklung liegen. Technische Schwächen mit fehlenden „Bunker"-Genen entschuldigen zu wollen, scheint nicht nur wissenschaftlich kühn, sondern liefert auch Vorlagen für Entschuldigungen, die schlichtweg überflüssig sind.

Talente, Wissen und Skills sind die entscheidenden Komponenten einer jeden *Kompetenz*, über die wir verfügen. Anders als Talente sind Wissen und Skills lernbar. Im Bereich Wissen unterscheiden wir Fakten- und Erfahrungswissen.

Zum *Faktenwissen* eines Kundenberaters gehören beispielsweise alle Argumente und Daten, die er zu seinen Produkten verfügbar hat. Zu seinem Faktenwissen gehören unter anderem auch all die Beispiele, Sprachbilder und Redewendungen, mit denen er den Kunden seine Produkte erklärt. Welche Beispiele und welche Bilder bei bestimmten Kundentypen am stärksten überzeugen, gehört dagegen zum *Erfahrungswissen* dieses Verkäufers. Das Fingerspitzengefühl dafür, wie ich einem bestimmten Kunden etwas erkläre, ist auch eine Funktion des Erfahrungswissens, das nicht in Universitäten und Seminarräumen vermittelt werden kann. Wie schnell und wie viel Erfahrungswissen ein Verkäufer erwirbt, hängt dann zum Teil wieder von seinen Talenten ab, beispielsweise von seiner interpersonalen Intelligenz und seiner Empathie, sich in andere einzufühlen.

Skills bezeichnen dagegen die Gewusst-wie-Muster eines Verhaltens oder einer Aktivität: Die Einzelschritte, die beim Weltmeister im Gewehrschießen zu Top-Performance führen, sind regelmäßig auch bei weniger talentierten Schützen eine gute Richtschnur, um die eigene Leistung zu optimieren. Insofern ist die Skill-Trainingsmethode des Modelling-of-Excellence, wie sie im NLP praktiziert wird, ein produktiver Weg zur Talent*entfaltung*. Wem jedoch die weltmeisterliche Feinmotorik fehlt, aus dem wird trotz erstklassiger Skills kein Schützenkönig.

Talente, Wissen und Skills bilden in ihrem Zusammenspiel die *Stärke*, die wir in einem bestimmten Funktionsbereich erreichen. Eine gute Grundbegabung vorausgesetzt, so schätzen Kreativforscher und Sozialwissenschaftler, benötigen wir circa zehn Jahre, um unser Talent mit Wissen und Skills so zu entfalten und zu polieren, dass wir unseren Fachbereich mit einer Top-Performance in den Griff bekommen. Eine weitere Dekade brauchen dann Spitzentalente, um in der Wissenschaft, Musik, Kunst oder auch in der unternehmerischen Praxis Arbeiten hervorzubringen, die dieses Fachgebiet verändern und weiterführen – will sagen: Top-Performance und echte Meisterschaft erfordern auch bei einer Spitzenbegabung tausende domänenspezifische Arbeitsstunden für das Feintuning.[9]

Talente im Licht der Philosophie

Die Grundüberzeugung, dass jeder Mensch über einzigartige Talente verfügt und der Weg zu unserem Lebensglück über die Realisierung unserer Talente führt, ist keineswegs neu, sondern gehört zu den kulturellen Grundüberzeugungen, die sich in westlichen wie östlichen Philosophien seit Jahrtausenden finden.

Im Sanskrit beispielsweise kennen wir das Gesetz des Dharma, das Gesetz vom Lebenssinn. Danach haben wir Menschen eine körperliche Gestalt angenommen, um einen Lebenssinn zu erfüllen. Nach dem Gesetz des Dharma haben wir alle einzigartige Talente und eine einzigartige Weise, diese auszudrücken. Die Anhänger dieser Lehre glauben weiter, dass es etwas gibt, dass jeder Mensch besser kann als alle anderen auf der Welt und dass es für jedes einzigartige Talent und jeden einzigartigen Ausdruck eines Talents auch eine einzigartige Nachfrage gibt. Wenn diese Nachfrage kreativ mit dem Ausdruck des Talents abgestimmt wird, dann – so die Überlieferung – entsteht ein Funke, der Wohlstand erzeugt. Deepak Chopra, der berühmte indische Weisheitslehrer, berichtet beispielsweise, dass er seinen Kindern seit ihrem vierten Lebensjahr immer wieder gesagt hat, dass es einen Grund gäbe, warum sie auf der Welt seien, und dass es ihre Aufgabe sei herauszufinden, wie sie der Menschheit mit ihrem Talent am besten dienen können.

Menschen, die mit dem christlichen Glauben vertraut sind, werden sich in diesem Zusammenhang sicher an das Evangelium der Talente erinnern: Matthäus beschreibt hier, wie der Herr sei-

---

[9] Vgl. dazu Gardner, Intelligenzen, a.a.O., S. 146

nen Knechten nach ihren Fähigkeiten unterschiedlich viele Talente überträgt. Zwei der Knechte verdoppeln die ihnen anvertrauten Talente, während der dritte seines aus Furcht vergräbt. Als Bilanz gezogen wird, lobt der Herr die Knechte, die die ihnen anvertrauten Gaben vermehrt haben, und vertraut das nicht eingesetzte Talent des Dritten dem mit den meisten Talenten an: „Jedem, der hat, wird dazugegeben und er wird Überfluss haben. Wer aber nicht hat, dem wird noch genommen, was er hat", ... und dann wurde der untreue Knecht, der sein Talent nicht genutzt und vervielfacht hatte, hinausgeworfen in die Finsternis...

Je nach persönlicher Glaubensüberzeugung werden uns diese Konzepte der Weltreligionen stärker oder weniger stark berühren. Aber auch mit weltanschaulicher Neutralität lässt sich der Grundgedanke akzeptieren, dass uns unsere Talente – als genetisch vorgegeben und angeboren – vom Universum anvertraut sind und es in unserer Verantwortung liegt, sie zu unserem Wohl und zum Wohl unserer Mitmenschen zu entfalten.

- Wir alle haben die Chance, unsere Talente mit Wissen und Skills zu Stärken zu entwickeln, von denen dann wir und unsere Mitmenschen profitieren.
- Auf dem Weg der Verwirklichung unserer Talente haben wir nicht nur – wie noch zu zeigen sein wird – die schnellsten und größten Lernerfolge, die meiste Lernlust und das stärkste Behalten, sondern finden durch stetes Handeln, Lernen und Verbessern und dann erneutes Handeln, Lernen und Verbessern auch den Weg zu einem starken Leben.
- Die Ehrlichkeit uns selbst gegenüber – die Bereitschaft, unsere Stärken und unser Potenzial vorurteilslos anzuschauen – und die Konfrontation mit unserem Potenzial sind anspruchsvolle Herausforderungen auf dem Weg zu persönlicher Weiterentwicklung. Das erfordert Mut und dieser Mut ist die Eintrittskarte, um die Werkzeuge zu unserer Talententwicklung zu nutzen.

Zusammenfassung: Die Renaissance der Stärke

1. Seit dem Altertum gibt es eine starke Tendenz, die individuelle Einzigartigkeit der Menschen und die Unterschiede in ihren Begabungen als „political incorrect" zu leugnen. Begründer dieser Denktradition war Prokrustes, der vom Areopag in Athen beauftragt wurde, seine Mitmenschen zu vermessen. Er stauchte oder streckte sie auf seinem berühmten Bett so lange, bis alle die gleichen Maße aufwiesen. Prokrustes wollte so die junge Demokratie in Athen stützen. Seine Vermutung, die Demokratie leite die Gleichheit der Menschen vor dem Gesetz aus ihrer grundsätzlichen Gleichheit ab, ist ein Denkfehler, der als Trugschluss des Prokrustes in die Geschichte der Demokratie einging.

   Als mit dem Beginn des 20. Jahrhunderts die ersten Messverfahren genormt wurden, um die geistige Leistungsfähigkeit der Menschen zu bestimmen, erlebte der Trugschluss des Prokrustes eine Neuauflage: Obwohl Forschungsarbeiten an getrennt aufgewachsenen eineiigen Zwillingen übereinstimmend zeigen, dass die so genannte Testintelligenz von uns Menschen zu einem erheblichen Teil angeboren ist, wurden ihre Erkenntnisse in der Öffentlichkeit bis vor wenigen Jahren empört bestritten.

2. Nachdem in den letzten 10 Jahren die Molekularbiologie und Genmedizin entscheidende Durchbrüche erzielt haben, erscheint es vielen Präimplantationsdiagnostikern nur noch eine Frage der Zeit, bis wir Designerbabys mit gewünschten Talentkombinationen haben werden.

   Nachdem die grundsätzlichen Zweifel an der angeborenen Vielfalt und Ausprägung menschlicher Begabungen und ihrer Vererbbarkeit nun molekularbiologisch ausgeräumt sind, werden die Grenzen unseres Bildungssystems immer deutlicher: Schule, Universität und berufliche Weiterbildungsinstitutionen behandeln Menschen noch immer so, als könnte jeder prinzipiell alles lernen: 80 Prozent aller Menschen gaben beispielsweise in internationalen Befragungen zu Protokoll, dass sie an ihrem Arbeitsplatz nicht die Möglichkeit haben, jeden Tag ihre Stärken einzusetzen. Bei der Vielzahl der Aufgabenprofile in unserer arbeitsteiligen Wirtschaft ergibt sich damit heute ein riesiges Potenzial an „human capital", das wir mit dem Kriterium der Talent-Aufgaben-Kongruenz erheblich effizienter nutzen könnten.

Während die Optimierung staatlicher Bildungssysteme traditionsgemäß lange auf sich warten lässt, sind die ökonomischen Zwänge von Unternehmen im Zeitalter der Globalisierung so groß, dass von dort die Renaissance der Stärke viel eher zu erwarten ist. Das Prinzip der Talent-Aufgaben-Kongruenz nutzt nicht nur das Potenzial jedes Einzelnen optimal, sondern gibt ihm auch ein Arbeitsumfeld, in dem jeder durch den Einsatz seiner Talente besonders motiviert werden kann.

Die moderne Neurobiologie hat nämlich nachgewiesen, dass wir auf dem Weg der Entfaltung unserer Stärken besonders motiviert sind, am schnellsten dazulernen, die beste Merkfähigkeit entwickeln und dabei auch das meiste Selbstvertrauen aufbauen. Anders ausgedrückt: auf dem Weg der Stärke profitieren nicht nur das Unternehmen und die Gesellschaft, sondern vor allem jeder Einzelne. Die Epoche des talentkonträren Arbeitens, in der unsere Seele verstummen musste, scheint endlich vorbei zu sein.

3. Da wir erst am Anfang dieser Renaissance der Stärke stehen, sind wir gut beraten, die Grenzen des egalitären Bildungssystems selbst zu sprengen. Fragen wir uns deshalb:

- Habe ich im Laufe meiner Schulzeit und Ausbildung ein klares Konzept meiner Stärken entwickeln können?
- Habe ich in meinem bisherigen Umfeld die Gelegenheit gehabt, diese Begabungen optimal zu entfalten, oder habe ich Stärken (zum Beispiel im Bereich künstlerischer, sportlicher

oder kreativer Begabung), die traditionell in unserer Kultur nicht gefördert worden sind?

- Glaube ich an die Talentbremsen vom positiven Denken oder NLP, denen zufolge Talente nicht relevant sind, weil jeder prinzipiell alles erreichen und überall zur Meisterschaft gelangen kann?
- Folge ich dem Wunschdenken der Lernpsychologen, die behaupten, jeder könne lernen, wie Leonardo da Vinci oder Albert Einstein zu denken, aber bis heute keinen zweiten da Vinci oder Einstein hervorgebracht haben?
- Folge ich dem Prinzip vieler Wissenschaften, Schwächen zu analysieren, um in ihrem Gegenteil die Struktur der Stärke zu entdecken?
- Dreht sich mein Leben um die Optimierung meiner Stärken oder fokussiere ich mich stärker auf das Ausmerzen erkannter Schwächen?
- Habe ich Angst vor der Identitätsbedrohung, die darin liegen könnte, dass mich ein Versagen im Bereich meiner größten Stärken besonders verletzen könnte?
- Glaube ich, ich hätte keine besonderen Stärken, weil sie mir zur zweiten Natur geworden sind und deshalb überhaupt nicht mehr auffallen?

4. Die Märkte der Zukunft werden durch die Fortschritte der Informationstechnologie und die zunehmende Vernetzung immer transparenter. In fünf bis sieben Jahren werden die Angebote in vielen Branchen so überschaubar sein, wie es der Aktienmarkt heute schon ist. Je größer die Markttransparenz, um so leichter und preiswerter wird derjenige zum Erfolg kommen, der seinen Kunden sichtbar mehr Nutzen bieten kann. Dieser sichtbare Nutzenvorsprung erfordert vom Kleinunternehmen bis zum Weltkonzern möglichst viele Mitarbeiter, die mit ihren Talenten genau dort eingesetzt sind, wo sie den größten Nutzen stiften können.

Ein Unternehmen, dem es gelingt, vier von fünf seiner Mitarbeiter talentoptimal einzusetzen, wird gegenüber Mitbewerbern, bei denen nur jeder Fünfte das tut, was er am besten kann, einen erheblichen Wettbewerbsvorsprung erreichen.

Dies gilt vor allem dann, wenn im Dienstleistungssektor die Motivation und Begeisterung desjenigen, der mit leuchtenden Augen tut, was er am besten kann, dem Kunden einen immateriellen Bindungs-Mehrwert bieten.

5. Die Dominanz unserer Kultur der Schwäche findet sich auch in unserer Sprache. Defizite machen uns beredt: Bei Depressionen, Neurosen und Psychosen wissen wir Bescheid. Wenn es um Stärken geht, finden wir jemanden kompetent, sympathisch und vermuten, er könne mit Menschen umgehen. Damit wir uns im neuen Gebiet der Stärke nicht verlaufen, hier einige Kernbegriffe.

   Intelligenz meint *die Rechnerleistung zur Verarbeitung von Informationsinhalten* (wie zum Beispiel bei musikalischer oder sprachlicher Intelligenz). Wenn die zehn menschlichen Grundintelligenzen so etwas sind wie eine Tonleiter, dann sind unsere Talente die Akkorde, die wir damit spielen: Ein *Talent* ist also *die angeborene Kombination von Intelligenzen, die uns in einem bestimmten Funktionsbereich erlaubt, hervorragende Leistungen zu erbringen.* Ein talentierter Verkäufer ist danach jemand, der über eine Grundkombination von sprachlicher und emotionaler Intelligenz verfügt, die es ihm ermöglicht, andere Menschen rational und emotional für sein Angebot zu gewinnen. Talente werden im Zusammenspiel mit *Wissen* und *Skills* zu unseren *Stärken* – den *Kompetenzen,* die uns zu Spitzenleistern machen. Anders als Talente sind Wissen und Skills lernbar. Beim Wissen lassen sich Fakten und Erfahrungswissen unterscheiden. Ersteres lässt sich im Klassenraum lernen, Letzteres on the job. Skills sind die Know-how-Muster von Verhaltensweisen oder Aktivitäten.

6. Es gibt eine Synthese zwischen den feindlichen Lagern der In-

telligenzgenetiker und der Milieutheoretiker: Die einen werden nicht müde zu betonen, wie viel uns angeboren ist; die anderen verweisen darauf, wie unglaublich viel Menschen in einem lernförderlichen Umfeld dazulernen können.

Das ist für uns kein Widerspruch und deshalb formuliert *Stärken stärken* für Sie die Synthese: *Wenn wir dort, wo wir unser größtes Potenzial haben, mit den besten verfügbaren Lernmethoden Wissen und Skills erwerben, dann stärken wir unsere Stärken und entwickeln uns zu Spitzenleistern.*

Die Basis dafür ist zunächst, als Fundament die eigenen Stärken kennen zu lernen. Dazu gibt's im zweiten Teil die Stärken-Landkarte.

Teil II:
Unseren Talenten auf der Spur

4. Kapitel:
Die Vielfalt der menschlichen Intelligenzen

Überblick

Wer weiß, wonach er sucht, tut sich beim Finden erheblich leichter. Dies gilt für die Orientierung in der freien Natur genauso wie für jede geistige Arbeit: Wer eine Berghütte von früheren Besuchen her kennt, wird sie in der Dämmerung leichter finden als seine Kameraden, die diese Tour zum ersten Mal gehen, weil er eine Vorstellung von dem hat, was er sucht. Börsianer, die sich in der Chart-Analyse von Aktienkursen auskennen, wissen ebenfalls, nach welchen auffälligen Kursausschlägen sie suchen. Auch sie tun sich deshalb leichter, neue Informationen in ihr Analyseraster einzuordnen als diejenigen, die beim ersten Besuch auf dem Börsenparkett von einer Informationslawine erschlagen werden.

Genau das Gleiche gilt für die Suche nach unseren Talenten und Begabungen. Führende Intelligenzforscher wie zum Beispiel Howard Gardner mit seinem Konzept der multiplen Intelligenzen haben in den letzten 20 Jahren hervorragende Landkarten für die unterschiedlichen menschlichen Intelligenz- und Talentfelder angelegt. Schauen wir uns deshalb den aktuellen Stand der Forschung einmal näher an, um damit die Ausgangsbasis für die Bestimmung unserer eigenen Intelligenzpräferenzen zu schaffen.

Der Begründer der modernen Intelligenzforschung, der Franzose Alfred Binet, war – wie viele der ihm folgenden Testpsychologen – der Ansicht, Intelligenz sei eine ganzheitliche, homogene Eigenschaft, will sagen: Wenn ein Mensch in einem Bereich geistiger Leistungsfähigkeit ziemlich gut ist, dann ist er es in anderen Dimensionen auch. Diese Auffassung vertraten 1994 noch Richard J. Herrnstein und Charles Murray in ihrem Aufsehen erregenden Standardwerk *The Bell Curve.* Wer gegen diese kühne Verallgemeinerung Bedenken erhob – weil er beispielsweise bei seinen Mitmenschen beobachtete, dass überragende sprachliche Leistungen nicht mit einer hohen Begabung in Mathematik korrelieren müssen und umgekehrt –, der wurde über viele Jahre von den Intelligenztestlern mit dem berühmten Zitat des Harvard-Psychologen Edwin G. Boring ruhig gestellt: „Intelligenz ist das, was der Intelligenztest misst" und damit basta.

Nun braucht man nicht sonderlich viel Beobachtungsgabe um festzustellen, dass die geistigen Leistungen von Menschen in verschiedenen Bereichen höchst unterschiedlich ausgeprägt sein können: Nicht jeder, der über viel musikalisches Talent verfügt, ist notwendig auch sprachlich oder logisch-mathematisch sehr begabt. So wies schon L. L. Thurstone von der Universität Chicago in den 30er-Jahren auf die sieben Vektoren des Geistes hin und sein Kollege J. P. Guilford von der Universität von Süd-Kalifornien kartorgrafierte sogar 150 Intelligenzfaktoren. Doch es sollte noch einige Zeit vergehen, bis sich die Intelligenz-Pluralisten nachdrücklich Gehör verschaffen konnten.

Yale-Professor Robert Sternberg beispielsweise führte den Begriff der „praktischen Intelligenz" in die Diskussion ein und bezeichnete damit die Fähigkeit, sinnvoll mit neuen Informationen umzugehen oder sich an verschiedene Kontexte anzupassen. Er verwies darauf, dass diese praktische Problemlösungsfähigkeit nicht mit den traditionellen IQ-Tests korreliert – eine Beobachtung, die die meisten Menschen von ihren Klassentreffen her bestätigen können: Der Klassenprimus mit den meisten Einsern in der Schule ist nicht notwendig derjenige, der die meisten Einser im Leben eingeheimst hat … Auch David Olson von der Universität Toronto brachte mehr praxisbezogene Überlegungen in die Intelligenzdiskussion ein. Er definiert Intelligenz als Geschicklichkeit im Gebrauch eines Mediums und sieht in ihr unter anderem die Fähigkeit, geschickt mit Computern, Sprache oder anderen Symbolsystemen umzugehen.

Neben Psychologen haben vor allem auch Neurologen und Neurobiologen unser Verständnis von der Funktionsvielfalt des menschlichen Geistes bereichert: Lange Zeit schien menschliche Intelligenz in erster Linie rationale Intelligenz zu sein, die aus damaliger Sicht der Gehirnforscher in den neuronalen Schaltkreisen der linken Hemisphäre produziert wurde.

Roger Sperry erhielt dann 1981 den Nobelpreis in Medizin für seine Erkenntnis, dass die rechte Gehirnhälfte mit ihren assoziativen Denkprozessen ebenfalls entscheidend zu unseren Fähigkeiten beiträgt. Während neuronale Schaltkreise der linken Gehirnhälfte vor allem an sequenziellen, linearen und logischen Prozessen beteiligt sind, die von den Teilen zum Ganzen laufen und mit einem Zeitempfinden ausgestattet sind, arbeiten die rechtshemisphärischen Prozesse mit anderen Parametern: Sie verlaufen regelmäßig vom Ganzen zu den Teilen, sind oft simultan und haben in unserer Vorstellung eine räumliche Dimension, aber kein Zeitempfinden.

Die nächste deutliche Erweiterung unserer Landkarte über menschliche Fähigkeiten verdanken wir Paul D. MacLean. In seinem Grundlagenwerk *The Triune Brain in Evolution*[10] beschreibt er unser Gehirn als „drei miteinander verbundene biologische Computer, die, jeder für sich, ihre eigene Intelligenz haben, ihre eigene Subjektivität, ihren eigenen Sinn für Zeit und Raum, ihr eigenes Gedächtnis, ihren eigenen ‚Motor' und andere Funktionen."

Zusammengefasst: Seit Paul MacLean wissen wir, dass unser Gehirn aus drei verschiedenen Strukturen besteht, und zwar aus:

---

[10] New York, Plenum Press 1990, S. 99

1. der Neokortex, die zuständig ist für Gedanken und Bilder,
2. dem limbischen System – zuständig für Begehren und Gefühle und
3. dem Stammhirn, das – unter anderem – unser Verhalten steuert.

Man könnte unser Gehirn also durchaus mit einer gut besuchten Cocktailparty vergleichen, bei der alle gleichzeitig reden: Alle sagen etwas Wichtiges, aber wir wissen nicht so genau was. Wenn wir uns jeden Gehirnbereich mit seinen Begabungen separat anschauen, dann können wir jeden Teil deutlich besser verstehen. Nach den Erkenntnissen von MacLean können wir die verschiedenen Gehirnfunktionen weitgehend separat und unabhängig voneinander steuern, auch wenn sie in weiten Teilen interaktiv miteinander verbunden sind:

• Was wir denken, beeinflusst, was wir fühlen und tun.
• Was wir fühlen, beeinflusst, was wir zu denken oder tun gewillt sind.
• Was wir tun, beeinflusst, was wir fühlen, und nimmt Einfluss auf unseren Denkprozess als reflektierende Wesen.

Im Erkennen der unterschiedlichen Funktionsprinzipien der verschiedenen Gehirne und der von ihnen zur Verfügung gestellten höchst unterschiedlichen Rechnerleistungen liegt jedoch gleichwohl das Schlüsselelement zu unserer Selbststeuerung und Talententwicklung.

Der Mann, der unser Verständnis von der Vielfalt menschlicher Fähigkeiten vielleicht am stärksten bereichert hat, ist der amerikanische Psychologe Howard Gardner, der 1983 in seinem Buch *Abschied vom IQ. Die Rahmen-Theorie der vielfachen Intelligenz*[11] sein inzwischen weltweit akzeptiertes Konzept der multiplen Intelligenz vorstellte.

---

[11] Stuttgart 1991

Gardner verdankt sein einzigartiges Verständnis der Vielfalt menschlicher Fähigkeiten zwei völlig unterschiedlichen Forschungsprojekten, die er als Neuropsychologe über zwei Jahrzehnte parallel betreute: Zum einen arbeitete er am Untersuchungszentrum der Bostoner Universitätsklinik für Hirnverletzungen. Dort konnte er beispielsweise erkennen, dass Sprechen und Singen voneinander unabhängige menschliche Fähigkeiten sind: Jede konnte nämlich – je nach Hirnverletzung – einzeln zerstört werden oder erhalten bleiben. Andererseits stellte sich zum Beispiel heraus, dass Wort und Zeichensprache dagegen verwandte Fähigkeiten sind: Für die gesprochene Sprache des Hörenden sind (annährend) dieselben Gehirnareale zuständig wie für die Zeichensprache der Gehörlosen.

Der zweite Teil der Forschungstätigkeit von Gardner umfasste die Arbeit mit begabten, gesunden Kindern beim Projekt Zero in Harvard, bei dem es darum ging, Aufschluss über die geistige Entwicklung bei Begabten zu gewinnen.

Gardner entwickelte aus dieser Arbeit eine Reihe von insgesamt acht Kriterien, um verschiedene Intelligenzen voneinander abzugrenzen. Neben anderen Kriterien bezog er die Einschränkung der Funktionsweise bei Hirnschäden, die Verankerung der Fähigkeit in der Stammesgeschichte und in der Entwicklungsgeschichte des Einzelnen genauso in seinen Kriterienkatalog ein wie zusammengehörende Grundfunktionen und die Resultate von Intelligenzmessungen. Er definiert heute:

Intelligenz ist ein Potenzial (vermutlich neuronaler Art), dessen Aktivierung von den Werten einer Kultur, den Möglichkeiten des Umfelds und individuellen Entscheidungen abhängt.

Wie sehr die Werte einer Kultur darüber entscheiden, ob und in welchem Ausmaß wir angeborene Talentpotenziale entwickeln, lässt sich im Laufe der Geschichte gut beobachten.

Als der ägyptische Hofarchitekt Imhotep vor 4700 Jahren beauftragt wurde, für Pharao Djoser eine Grabstätte zu bauen, entschied er sich nicht für die bis dahin üblichen rechteckigen Gebäude aus Lehmziegeln. Er ließ vielmehr 850000 Tonnen Kalkstein zu einem Bauwerk von 60 Metern Höhe auftürmen und hinterließ der Welt die erste Pyramide – eine geometrische Form, die auch heute noch Architekten überall auf der Welt inspiriert.

Sein Vorbild schuf im alten Ägypten für die nächsten 140 Jahre eine Baukultur, der wir heute noch das einzige überlebende Weltwunder der Antike verdanken: die Cheops-Pyramide. Mit ihren 230 Metern Kantenlänge, einer Höhe von 147 Metern und einer Ausrichtung auf die Himmelsrichtungen mit einer Maximalabweichung von einem zwölftel Grad, ist sie bis heute Ausdruck einer architektonischen Blütezeit, wie wir sie zuvor oder danach nicht mehr erlebt haben.

Imhotep inspirierte durch sein Vorbild die nächsten Generationen von Architekten zu anderthalb Jahrhunderten Höchstleistungen in der Baukultur.

In gleicher Weise lässt sich dokumentieren, wie Sokrates, Platon und Aristoteles eine Kultur des philosophischen Denkens schufen, die für mehrere Jahrhunderte menschliches Talent zu philosophischen Erkenntnissen inspirierte, die noch 2000 Jahre später in weiten Teilen Gültigkeit haben.

Ähnlich schufen die Großen Fünf der Renaissance – Botticelli, da Vinci, Michelangelo, Raffael und Tizian – eine Wertekultur, die auch ihre Zeitgenossen zu naturwissenschaftlichen und künstlerischen Durchbrüchen führte: Wäre Leonardo da Vinci heute geboren und hätte nicht bei Andrea del Verrocchio (1435–1488) seine Talente als Maler und Bildhauer entfalten dürfen, wer weiß, welcher Teil seines genialen Potenzials zeitlebens brachgelegen hätte.

Wir werden aus diesem Grund in unserer Talent-Landkarte nicht nur die zehn menschlichen Hauptintelligenzen beschreiben, sondern sie auch in ihrem kulturellen Wertekontext porträtieren: Nur wer weiß, welche Filter unsere Kultur seinen Talenten in den Weg stellt, hat die Chance, in der heutigen multikulturellen Welt sich von den Einflüssen inspirieren zu lassen, die ihn besonders fördern.

Gardner verweist in seiner Intelligenzdefinition zu Recht darauf, dass neben den Werten einer Kultur die Möglichkeiten des Umfeldes darüber entscheiden, wie viel von unserem Potenzial wir realisieren. Gemeint sind hier vor allem die Möglichkeiten des Lernumfelds. Pioniere wie Shinichi Suzuki oder Win Wenger vom Projekt Renaissance, den ich seit Jahren kenne und schätze, erforschen seit Jahrzehnten die Methodik des optimalen Lernens. Beide demonstrieren in ihren Instituten (Suzuki Music Scool beziehungsweise Projekt Renaissance) so überzeugend die Methoden der weltbesten Lerner, dass wir ihre Erkenntnisse zum Thema „Stärken stärken" ebenfalls nutzen werden.

Hier die zehn Intelligenzen nach Howard Gardner im Überblick:[12]

Intelligenz	Eigenschaften	Typische Funktionsbereiche	Herausragende Vertreter
1. Sprachliche Intelligenz	• Sensibilität für geschriebene und gesprochene Sprache • Fähigkeit zum zweckbestimmten Einsatz • Fähigkeit zum Sprachenlernen	• Rechtsanwälte • Schriftsteller • Dichter • Journalisten	• Shakespeare • Goethe

---

[12] Gardner selbst begreift die Fähigkeit zu schöpferischem Denken „Kreative Intelligenz" nicht als eigenständige Intelligenz, sondern als sonstige schöpferische Fähigkeit; er räumt jedoch ein, dass es letztlich eine Frage des Ermessens sei, ob eine bestimmte menschliche Fähigkeit einen weiteren Intelligenztypus darstellt. Wir sind von der zentralen Bedeutung des schöpferischen Denkens in der heutigen Welt sehr überzeugt und beziehen es deshalb als eigenständige Intelligenzkategorie in unsere Überlegungen ein.

Intelligenz	Eigenschaften	Typische Funktionsbereiche	Herausragende Vertreter
2. Logisch-mathematische Intelligenz	• Probleme logisch analysieren können • Durchführung mathematischer Operationen • Wissenschaftliche Untersuchung von Fragestellung	• Naturforscher • Wissenschaftler • Mathematiker • Computerprogrammierer	• Euklid • Leibniz • Aristoteles
3. Assoziativ-kreative Intelligenz	• Verbinden von Gedanken in beliebiger Weise (nicht logisch und nicht kausal) • Bedeutung geben (Sachverhalte mit Werten assoziieren) • Entdecken, kreieren • Etiketten-freies Beobachten	• Erfinder, Entdecker • Innovationen • Konstruktions- und Entwicklungsingenieure	• Walt Disney • Salvatore Dali • Thomas Alva Edison
4. Räumliche Intelligenz	• Der theoretische und praktische Sinn für große und kleine Räume	• Seeleute • Piloten • Architekten • Bildhauer • Grafiker	• Leonardo da Vinci • Michelangelo • Vincent van Gogh • Picasso

Intelligenz	Eigenschaften	Typische Funktionsbereiche	Herausragende Vertreter
5. Musikalische Intelligenz	• Begabung zum Musizieren, Komponieren und Sinn für musikalische Prinzipien	• Musiker • Sänger • Komponisten	• Bach • Mozart • Beethoven • Herbert von Karajan • Yehudi Menuhin
6. Körperlich-kinästhetische Intelligenz	• Die Fähigkeit, einzelne Körperteile oder den ganzen Körper für Bewegungsabläufe präzise einzusetzen	• Tänzer • Sportler • Schauspieler • Chirurgen • Handwerker • Mechaniker	• Michael Jackson • Michael Schumacher • Juan Manuel Fangio • Charlie Chaplin • Christian Barnard
7. Naturkundliche Intelligenz	• Die Fähigkeit, die Umwelt zu erkennen und zu klassifizieren • für Kulturwelten genauso bedeutsam wie für natürliche Umwelten	• Naturwissenschaftler • Biologen • Marketingfachleute • Trendforscher	• Charles Darwin • Isaak Newton • Albert Einstein • Nikolaus Hayek
8. Intrapersonale Intelligenz	• Die Fähigkeit, sich selbst zu verstehen, ein realitätsnahes Bild der eigenen Person – mit ihren Wünschen, Ängsten und Fähigkeiten – zu entwickeln und	• Alle, die sich im Grenzbereich ihrer eigenen Leistungen bewegen • Spitzensportler • Einzelkämpfer beim Militär	• Thomas von Aquin und viele andere Heilige • Jesus • Buddha • Lance Armstrong • Arnold Schwarzenegger

Intelligenz	Eigenschaften	Typische Funktionsbereiche	Herausragende Vertreter
	dieses Wissen im Alltag zu nutzen		
9. Interpersonale Intelligenz	• Die Fähigkeit, die Absichten, Wünschen und Motive anderer Menschen zu verstehen und in der Lage zu sein, mit ihnen erfolgreich zu kooperieren	• Alle, die Führungsaufgaben wahrnehmen • Manager • Lehrer • Politiker	• Mahatma Gandhi • Mutter Teresa • Martin Luther King • John F. Kennedy
10. Spirituelle Intelligenz	• Die Fähigkeit, Dinge zu erkennen und zu verstehen, die sich hinter den Erkenntnisgrenzen unserer Welt befinden	• Priester • Schamanen • Heiler • Weisheitslehrer	• Jesus • Buddha • Johannes XXIII.

Sprachliche und logisch-mathematische Intelligenz

Die sprachliche und die logisch-mathematische Intelligenz sind die, auf deren Entfaltung Schulen und Universitäten überall in der westlichen Welt den Schwerpunkt legen, um uns im rationalen Denken zu fördern.

Zur sprachlichen Intelligenz gehören Talente wie die Sensibilität für die gesprochene oder die geschriebene Sprache, aber auch die Fähigkeit, Sprache zweckbestimmt einsetzen zu können und natürlich das Vermögen, Sprachen schnell und gut zu lernen.

Rechtsanwälte, Politiker, Fernsehmoderatoren, Journalisten, Manager, Lehrer, Verkäufer und alle anderen, deren Beruf in weiten Teilen erfordert, andere Menschen durch Sprache zu gewinnen, profitieren von sprachlicher Intelligenz in besonderer Weise.

Zur logisch-mathematischen Intelligenz gehört die Fähigkeit, Probleme logisch zu analysieren, Fragestellungen wissenschaftlich strukturiert zu untersuchen, mathematische Operationen durchzuführen und Symbolsprachen zu beherrschen. Wissenschaftler, insbesondere Naturwissenschaftler, Unternehmensplaner, Controller, Mathematiker und Computerprogrammierer sind auf diese Intelligenz besonders angewiesen.

Howard Gardner stellt in seinem Buch *Intelligenzen – die Vielfalt des Geistes* zu Recht die Frage, ob die sprachliche und logisch-mathematische Intelligenz in unseren Intelligenztests auch dann so dominieren würden, wenn diese nicht von Wissenschaftlern – Menschen also, bei denen vermutlich gerade diese beiden Intelligenzen besonders ausgeprägt sind – konzipiert worden wären, sondern von Testentwicklern aus der Wirtschaft, der Politik oder dem Militär.

Doch auch unabhängig von jedem „wenn, hätte und aber" der Testgeschichte können wir festhalten, dass die aus sprachlichen und logisch-mathematischen Rechnerleistungen bestehende „rationale Intelligenz" in westlichen Zivilisationen zum Inbegriff von Intelligenz schlechthin geworden ist.

In der Art und Weise, wie dieses rationale Denken jedoch vom ersten Schuljahr an trainiert wird, liegen allerdings zwei zentrale Gefahren, die wir uns vor Augen führen sollten – insbesondere dann, wenn wir selbst über starke sprachliche und/oder logisch-mathematische Talente verfügen.

Unsere Ausbildung im rationalen Denken
ist unvollständig

Können Sie sich noch an den Start Ihrer Denkausbildung erinnern: An Fragen in unseren Arbeitsbüchern wie: Was fehlt in dieser Zeichnung? Welches Objekt gehört nicht in diese Kategorie? Wo ist der Fehler?

Wir wurden damals über Jahre hinweg trainiert, genau zu beobachten, das Ganze in Teile zu zerlegen und herauszufinden, was fehlt. Für 13 bis 18 Jahre unseres Lebens (bis zum Abitur bzw. zum Hochschulabschluss) haben wir Ausarbeitungen angefertigt, um schwierige Situationen zu analysieren, und wurden so zu Meistern des kritischen Hinterfragens.

Das Problem dieser Ausbildung ist, dass wir nur den ersten Teil des wissenschaftlichen Denkprozesses trainiert haben: *Was uns fehlt, ist die zweite Phase des Zusammenbauens der Einzelteile zu einem neuen Ergebnis,* einem neuen Aktionsplan und der experimentellen Umsetzung dieses Plans bis zum Erfolg. Wissenschaftler observieren ein Problem in Phase 1 und zerlegen es in seine Einzelteile. Dann entwickeln sie in Phase 2 des Problemlösungsprozesses eine neue Lösung, die sie experimentell so lange testen und modifizieren, bis ihre praktische Brauchbarkeit bewiesen ist.

Diese zweite Phase produktiven rationalen Denkens fehlt unserer schulischen Ausbildung zum Amateur-Hinterfrager: Viele Intellektuelle und solche, die sich dafür halten, sind oft sehr zufrieden mit sich, wenn sie ein Problem analysiert und verstanden haben. Kritisch zu sein, zu wissen, was faul ist in unserem Land und es wortgewaltig an den Pranger stellen zu können, genügt vielen. Menschen mit dieser „halben" Ausbildung im rationalen Denken glauben, die Analyse an sich führe zur Erleuchtung und das Verstandenhaben des Problems reiche aus. Manche sind sogar ausgesprochen stolz auf ihr kritisches Denkvermögen (bis hin zur Arroganz), das ihnen erlaubt, haargenau zu wissen, was mit ihnen, ihrer Familie, ihrer Firma und ihrem Land nicht stimmt. Sie kritisieren sich selbst, ihr Leben, ihre Fehler und zerlegen sich und die Menschen, die sie lieben, in immer kleinere Teile. Und so tappen viele von uns immer tiefer in ein Netz von Analysen, in dem wir uns immer stärker verheddern, ohne zu einer Lösung zu kommen.

Kritisches Denken ohne Konstruktion von Alternativen ist Destruktion ohne Produktion!

Kritisches Denken ist nicht genug. Wenn wir den entscheidenden Punkt gefunden haben – das, was fehlt –, müssen wir wie Wissenschaftler Alternativen entwickeln und diese testen. Lernen durch Versuch und Erfolg (in Deutschland bezeichnenderweise bekannt unter dem Namen Versuch und Irrtum) führt uns dann zur Lösung. Wie wichtig beide Phasen des rationalen Denkens sind, lässt sich sehr gut am Lebens- und Lernkonzept von Leonardo da Vinci erkennen, den viele für einen der talentiertesten Menschen aller Zeiten halten. Leonardo kultivierte zeitlebens sieben Prinzipien, die sein persönliches Wachstum dauerhaft begleitet haben.[13]

Das erste Prinzip, um das Leonardo sein Leben organisierte, ist *Curiositá* – ein durch unstillbare Neugier geprägter Zugriff auf das Leben. In dieser Disziplin kultivierte Leonardo sein unnachgiebiges Streben nach Wissen. Tausende Seiten bis heute erhaltener Notizen von ihm dokumentieren seine Meisterschaft, den Dingen mit analytischen Fragen auf den Grund zu gehen.

Leonardos zweite Maxime hieß *Dimonstratione*, worunter er die Bereitschaft verstand, sein Wissen mittels neuer Erfahrungen zu prüfen und aus Fehlern zu lernen. Er nannte sich selbst stolz einen Ungelehrten und einen Anhänger der Erfahrungen: „Mir scheint" – so schrieb er –, „dass jene Wissenschaften fruchtlos und voller Fehler sind, die nicht aus der Erfahrung geboren sind, der Mutter allen sicheren Wissens."[14] So erhob er das Infragestellen der eigenen Ansicht zur Maxime und warnte: „Die größte Täu-

---

[13] Vgl. Michael J. Gelb, Das Leonardo-Prinzip, Köln 1998
[14] Zitiert nach Gelb, S. 75

schung, unter der der Mensch leidet, liegt in seinen eigenen Ansichten."

Kein Wunder also, dass Leonardos zweiphasiges rationales Denken (Phase 1: Analysieren und Hinterfragen; Phase 2: Hypothesen bilden und sie in der Realität testen, bis der Erfolg eintritt) der heutigen Pseudo-Rationalität weit überlegen ist, mit der wir oft als Einzelne und als Gesellschaft in der Mitte des Prozesses stecken bleiben, ohne zu produktiven Lösungen zu gelangen.

Rationales Denken wird als universelles Problemlösungswerkzeug verkauft, obwohl es im Bereich der emotionalen Intelligenz weitgehend unbrauchbar ist

„Schatz, wie findest du den Sonnenuntergang", fragt eine Frau ihren Mann auf der Uferpromande von Capri, als dort gerade die Sonne im Meer versinkt. Der Mann überlegt einen Augenblick, wiegt dann bedächtig den Kopf und sagt: „Weißt du, das kann ich als Physikprofessor nicht so pauschal beantworten. Zunächst mal will ich das Farbspektrum im Bereich des sichtbaren Lichts wie folgt differenzieren. Weißt du, bei den elektromagnetischen Wellen zwischen 600 und 720 Nanometer fasziniert mich besonders..."

Dieser Witz zeigt, dass es Bereiche menschlichen Erlebens gibt, bei denen wir durch Analysieren und Sezieren nicht wirklich weiterkommen. Da in unserer Schulausbildung sprachliche und logisch-mathematische Intelligenzen überrepräsentiert werden, kommen wir leicht zu dem verhängnisvollen Schluss, diese Intelligenzen könnten uns universell weiterhelfen. Und da wir typischerweise überhaupt keine Anleitung zur Entwicklung unserer intrapersonalen Intelligenz bekommen, finden wir uns eines Tages wieder bei dem Versuch, unsere Gefühle rational zu ergründen.

Wir suchen zum Beispiel nach den Ursachen unserer Traurigkeit oder versuchen, das exakte Ausmaß unserer Depression oder

Antriebslosigkeit zu bestimmen. Wenn wir uns Emotionen als biochemische Bewusstseinsfärbungen vorstellen, die wie Nebelschwaden ohne exakten Anfang und ohne definiertes Ende durch unser Bewusstsein ziehen, dann gleicht die Analyse von Emotionen dem Vermessen von Nebelschwaden mit Maßband und Zollstock: aufwändig, unpräzise und mit ähnlich geringem Erkenntniswert.

Ein weiteres Problem, das analytisch begabten Menschen droht, liegt in der permanenten Selbstanalyse und im ständigen Hinterfragen von Menschen, die uns nahe stehen. Fragen wie: „Warum liebe ich ihn?", „Ist er wirklich so gut?", „Ist sie wirklich ein Vorbild oder ist das alles nur gespielt?" sind für unser Bild von anderen genauso zersetzend wie das permanente Hinterfragen der eigenen Motive, Leistungen und Verhaltensweisen. Arthur Schopenhauer bemerkte dazu einmal treffend: „Das Problem dieser Welt ist, dass die Dummen immer so sicher sind und die Gescheiten so voller Zweifel."

Je größer also unsere rationale Intelligenz, um so wichtiger ist es, dass wir lernen, sie richtig einzusetzen. Das bedeutet zum einen, dass wir uns bewusst trainieren, der ersten Phase des kritischen Denkens die zweite Phase des Aufbaus und Testens von Alternativen folgen zu lassen.

Darüber hinaus sollten wir uns bewusst machen, dass uns rationales Denken einen großen Teil unserer positiven Identifikation nimmt, wenn wir es auf uns und unsere Mitmenschen anwenden. Das „Quellenlassen positiver Gefühle" als ein Beispiel für die Rechnerleistung emotionaler Intelligenz ist etwas völlig anderes als die Analyse unserer Frustration.

Ziel dieser Talent-Landkarte ist es deswegen, Ihnen einen kommentierenden Überblick über *alle* wichtigen Begabungsfelder zu geben. In Abwandlung eines bekannten Sprichwortes können wir deshalb festhalten: „Es genügt nicht, Talent zu haben. Man muss auch damit umgehen können."

Assoziativ-kreative Intelligenz

Assoziativ-kreative Intelligenz ist weder das Gegenteil rationaler Intelligenz noch ein Ersatz dafür. Bei der rationalen Intelligenz geht es um sequenzielle Denkschritte im Rahmen der Logik oder von Kausalverläufen. Beim assoziativen Denken dagegen geht es um Verbindungen außerhalb von Sequenzen. Der weltweit führende Kreativitätsforscher Edward de Bono hat unser rationales Denken als vertikales Denken bezeichnet und ihm das assoziative Denken als laterales Denken gleichberechtigt zur Seite gestellt. Während es bei rationalen Denkprozessen darum geht, sich einem Ziel Schritt für Schritt im Rahmen eines Regelwerks (zum Beispiel den Gesetzen der Mathematik, Logik oder Kausalität) zu nähern, geht es beim Assoziieren, Erfinden und Kreativsein gerade darum, die bekannten Denkgleise zu verlassen und den Sprung zu vorher unbekannten Assoziationen zu tun.

Während viele Pioniere der Lernpsychologie wie Tony Buzan, Win Wenger und Elaine Beauport nicht den geringsten Zweifel daran haben, dass assoziative Intelligenz eine eigenständige Rechnerleistung unseres Gehirns darstellt, tun sich auch progressive Intelligenzforscher wie Howard Gardner mit dieser Anerkennung noch schwer. Gardner unterscheidet Intelligenzen, Persönlichkeitsfaktoren und sonstige schöpferische Fähigkeiten, denen er auch das kreative Denken zuordnet.

Die assoziativ-kreative Intelligenz, wie wir sie hier verstehen, umfasst drei wesentliche Elemente:

1. Die Fähigkeit, frei zu assoziieren und neue Verbindungen herzustellen ohne Bezug auf Kausalität, Ordnung oder Sinn.
2. Die Fähigkeit, zu assoziieren und zu verbinden und in verschiedener Weise und mit unterschiedlichen Mitteln neuartige Kompositionen herzustellen.
3. Die Fähigkeit, Konzepte, Label und Schlussfolgerungen aus-

zublenden, um in die Welt der direkten Wahrnehmung zu gelangen.

Gerade die dritte Fähigkeit, Wahrnehmungen der primärprozesslichen Welt der fünf Sinne von ihren Sprach-Etiketten zu lösen, um die Realität möglichst ungefiltert von Konzepten, Bildern und Erfahrungen wahrzunehmen, ist eine entscheidende Vorbedingung für naturwissenschaftlich präzises Beobachten.

Unsere assoziativ-kreative Intelligenz wird in westlichen Bildungssystemen für eine Fähigkeit gehalten, die bestenfalls Werbeleute, Grafiker und Designer wirtschaftlich nutzen können. Ansonsten halten wir sie eher für eine „brotlose Kunst". Darin liegt sicher eine der gravierenden Schwächen unseres Bildungssystems.

In einem Zeitalter, in dem Informationen immer weniger der Engpass sind, wird die Fähigkeit, Daten innovativ zu sinnvollen Inhalten verknüpfen zu können, immer mehr zu einem Schlüsselfaktor wirtschaftlichen Erfolgs: Gary Hamel, einer der weltweit führenden Strategieexperten, hält die Fähigkeit des „Denkens gegen Regeln" für den wichtigsten strategischen Erfolgsfaktor der Zukunft überhaupt.

Ein weiteres wichtiges und oft übersehenes Feld des assoziativen Denkens besteht darin, unserer Umwelt Bedeutung zuzuschreiben. Wir alle werden hineingeboren in eine unpersönliche Umwelt, in der alle Wertzuschreibungen von unserer Kultur vorgenommen werden. Ob wir Schwierigkeiten als Probleme oder als Herausforderungen und Trainingschancen begreifen, ist nur ein Element im fortlaufenden Prozess des Zuschreibens von Bedeutungen, in dem wir nach und nach eine freundliche oder eben feindliche Sinnwelt kreieren.

Die Kunst, überlieferte Sinn-Assoziationen unserer Kultur zu deassoziieren und auf ihre Brauchbarkeit in unserer sich wandelnden Welt zu überprüfen, ist sicher eines der nützlichsten Anwendungsfelder kreativer Intelligenz. Von daher wäre es durchaus an der Zeit, dass Bildungseinrichtungen, die noch immer die Maxime für sich in Anspruch nehmen: „Nicht für die Schule, sondern für das Leben lernen wir", endlich aus ihrem Dornröschenschlaf erwachen.

Wie wäre es beispielsweise mit dem Lernziel, junge Menschen anzuleiten, mit systematischen Bedeutungszuschreibungen eine partizipatorische Umweltbeziehung aufzubauen anstelle einer ökonomisch-ausbeuterischen?

Wie wäre es mit dem Lernziel, den Körper als „Tempel der Seele" zu erleben, anstatt als notwendigen Ballast nach dem Motto: „Der Geist ist willig, aber das Fleisch ist schwach."

Wie wäre es mit dem Lernziel, die Archetypen aller Kulturen als verdichtetes Weisheitswissen der Menschheit zu begreifen und jungen Menschen die Gelegenheit zu geben, daraus für ihr Leben nützliche Bedeutungszuschreibungen auszuwählen?

Doch das Versagen unserer Bildungseinrichtungen im Bereich der assoziativ-kreativen Intelligenz beschränkt sich nicht darauf, unser Talent zur Innovation und zur sinnvollen Bedeutungszuschreibung brachliegen zu lassen.

Mindestens ebenso tragisch an der Ausrichtung des Lernstoffes auf die rationale Intelligenz ist es, dass Kinder und Jugendliche mit kreativ-assoziativen Begabungspräferenzen (die früher häufig als so genannte „Rechtshirndominanz" bezeichnet wurden) nicht nur keine Förderung ihrer Begabung erhalten, sondern nicht einmal eine Anleitung dafür bekommen, wie sie den an ihnen vorbei entwickelten Lernstoff umstrukturieren können.

Indizien für eine so genannte Rechtshirndominanz sind unter anderem: die Kapazität für den großen Überblick; der Wunsch, das Ganze vor den Teilen zu sehen, ein Sinn für Zeitlosigkeit und (in einigen seltenen Fällen) auch Stottern als Beispiel für Menschen, die mehr zu sagen haben, als sequenziell möglich ist.

Menschen mit hoher assoziativ-kreativer Intelligenz müssen deshalb in besonderer Weise Acht geben, dass ihnen im Prokrustesbett rationalen Denktrainings keine bleibenden Folterschäden zugefügt werden.

Folgende Lern- und Studiertechniken helfen weiter:[15]

1. „Lesen" und betrachten Sie Bilder, bevor Sie mit dem Lesen der Wörter beginnen.
2. Lesen und lernen Sie alles in Kästchen, Zitaten und sonstwie Hervorgehobene zuerst.
3. Starten Sie am Ende, nicht am Anfang. Visualisieren Sie die Zusammenfassung auf Ihrem mentalen Bildschirm.
4. Aktivieren Sie dann das neue Wissen, indem Sie es auf Ihre eigene Erfahrung beziehen, um sich so später daran erinnern zu können.
5. Nachdem Sie eine Seite gelesen haben, stellen Sie sich den Inhalt bildhaft vor, bevor Sie fortfahren.
6. Finden Sie heraus, wie Sie den Lernstoff mit etwas verbinden können, was Sie kennen.
7. Visualisieren Sie das, was im Klassenraum gesagt wird (übersetzen Sie den „Radioton" Ihres Dozenten in einen Fernsehfilm).
8. Beginnen Sie Ihr Studium mitten im Text, wo immer Sie mögen, statt in bestimmter Reihenfolge vorzugehen.
9. Melden Sie sich im Unterricht von sich aus, sodass Sie eine Antwort und die dazu erforderlichen assoziativen Verbindungen vorbereiten können.

Können Sie sich ein Bildungssystem vorstellen, in dem kreativ-assoziatives Denken den gleichen Stellenwert bekommt wie rationales Denken und die Entfaltung sprachlicher und logisch-mathematischer Intelligenz?

Können Sie sich Schulen vorstellen, in denen Kinder und Jugendliche das Beobachten und Experimentieren mit lebenden Gegenständen genauso trainieren wie die Lektüre wissenschaftlicher Texte?

---

[15] Vgl. Beauport, Elaine, The Three Faces of Mind, Wheaton, Illinois 1996, S. 34

Schulen, in denen Geometrie so wichtig ist wie Algebra, Zeichnen so wichtig wie Lesen und Kunst den gleichen Stellenwert hat wie Mathematik?

Können Sie sich Schulen vorstellen, in denen die assoziative Intelligenz unserer Kinder (die gerade zwischen dem sechsten und zehnten Lebensjahr bei vielen Kindern noch dominiert) so gefördert wird, dass diejenigen, die sich im Malen und Zeichnen oder in Kunst und Geometrie hervortun, genauso viel Anerkennung und Wertschätzung bekommen wie die, die im Lesen und Schreiben fit sind?

Es gibt noch viel zu tun ... Doch unabhängig davon, was unser Lernumfeld so alles nicht anbietet: Wir alle haben immer die Chance, die Philosophie von „Stärken stärken" für uns und unsere Familie zu nutzen und unsere Stärken mit eigener Initiative umzusetzen.

Räumliche, musikalische und körperlich-kinästhetische Intelligenz

Zur räumlichen Intelligenz gehört zum einen der theoretische und praktische Sinn für die Strukturen großer Räume, der zum Beispiel für Seeleute und Piloten benötigt wird. Dazu gehört aber auch das Erfassen eng begrenzter Raumfelder, das für Architekten, Bildhauer, Grafiker oder auch Chirurgen und Zahnärzte wichtig ist.

Generell befähigt uns diese Intelligenz, über die komplexen Beziehungen in der dreidimensionalen Welt nachzudenken. Die räumliche Intelligenz kommt in unserer Welt zum Beispiel in der Kunst oder im Profi-Sport zum Einsatz.

Sie ist aber auch in vielen anderen Funktionsbereichen sehr nützlich, obwohl ihre Entwicklung in unserem Bildungssystem für weitgehend überflüssig gehalten wird. So gibt es in der Malerei beispielsweise spätestens seit Leonardo da Vinci systematische Anleitungen zum Erlernen des perspektivischen Sehens. Übungen zur Entwicklung eines geografischen Gedächtnisses gehen sogar bis zur Mnemotechnik der alten Griechen zurück.

Da wir am Ende unserer Schulzeit solche Fähigkeiten bestenfalls vom Hörensagen kennen, müssen sich viele von uns wohl oder übel damit abfinden, dass sie sich in fremden Städten regelmäßig verlaufen oder längere Zeit auf Parkplätzen umherirren, weil sie „sich nicht mehr erinnern", wo sie ihr Auto wenige Stunden zuvor abgestellt haben. Haben wir dann das Glück, bei den Pfadfindern, Pionieren oder Gebirgsjägern die Orientierung im Gelände erlernen zu dürfen, zeigt der rasante Zuwachs an Orientierungsvermögen sehr schnell, welche Rechnerkapazitäten hier bislang brachgelegen haben.

Musikalische Intelligenz meint unsere Rechnerleistung zum Musizieren, Komponieren und unseren Sinn für musikalische Prinzipien. Menschen, die musikalisch sehr begabt sind, zeichnen sich oft durch Rechnerleistungen in der inneren Wahrnehmung aus, die anderen Menschen fremd sind.

Aus Tests mit mehreren tausend Seminarteilnehmern wissen wir zum Beispiel, dass die meisten Menschen vorgestellte Töne nur dann „innerlich hören" können, wenn sie sich vorher ein Bild dazu gemacht haben. Wer sich also das Läuten von Kirchenglocken vorstellen soll, wird regelmäßig zunächst den Kirchturm und die sich darin bewegenden Glocken sehen und dann erst das Glockengeläute hören.

Musikalisch begabte Menschen können dagegen auf eine solche Vorlage verzichten. Musiktalente „hören" auch regelmäßig eine Melodievorlage, bevor sie sie singen, und tun sich leicht, Töne in andere Sinneseindrücke zu übersetzen, also beispielsweise zu bestimmten Tönen sofort automatisch bestimmte Farben und Formen zu assoziieren.

Der Intelligenzforscher Win Wenger berichtet im Rahmen einer Analyse von Walt Disney von dessen Neigung, Sinneseindrücke miteinander zu vermischen.[16] Ein solcher Hang zur Synästhesie ist bei weniger als ein Prozent aller Menschen zu beobachten. Untersuchungen am neurologischen Institut der Universität Montreal legen nahe, dass das Hören von Musik bei den meisten Menschen innere Bilder assoziiert. Die große Mehrheit von uns unterdrückt jedoch diese Bilder, sodass uns solche Synästhese-Erlebnisse nicht bewusst werden.[17]

Körperlich-kinästhetische Intelligenz meint die Rechnerleistung, die uns zur Verfügung steht, um einzelne Körperteile oder unseren ganzen Körper bei Bewegungsabläufen präzise einzusetzen.

Offensichtliche Vertreter dieser Intelligenz sind natürlich Sportler, Tänzer und Schauspieler. Sie wird jedoch auch von Chirurgen, Zahnärzten, Uhrmachern, Handwerkern, Mechanikern und all den Menschen benötigt, die Präzisionsmaschinen bedienen, bei denen also schon kleine Unterschiede im Input dramatische Folgen für das Ergebnis haben. Hubschrauberpiloten sind dafür genau so ein Beispiel wie Dentaltechniker, kettensägenbedienende Waldarbeiter, Scharfschützen oder Jetpiloten.

Dass körperlich-kinästhetischer Intelligenz in unserem Bildungssystem keine große Bedeutung zukommt, lässt sich unschwer daran erkennen, dass ihre Entwicklung während der ganzen Schulzeit mit allenfalls zwei kümmerlichen Wochenstunden gefördert wird. Daran ändern auch die Ergebnisse der körperlichen Funktionstests nichts, die seit dem zweiten Weltkrieg regelmäßig im Abstand von einigen Jahren durchgeführt werden und von Mal zu Mal dramatischere Fehlentwicklungen aufdecken.

Obwohl die Zahl der übergewichtigen Kinder von Untersuchung zu Untersuchung steigt, Haltungsschäden in einem erschreckenden Ausmaß zunehmen und die Mindestwerte bei Kraftleistungen und Balanceübungen von vielen Kindern über-

---

[16] Win Wenger, Richard Poe, Der Einsteinfaktor, Freiburg 1997, S. 53
[17] Wenger, a.a.O., S. 309

haupt nicht mehr erreicht werden, wird sich an der „Ferner liefen"-Priorität zur Entwicklung körperlich-kinästhetischer Intelligenz nichts ändern, weil Körperbewusstsein in unseren westlichen Kulturen keinen hohen Stellenwert hat.

Wer jemals in Indonesien oder auf Bali war und dort den aufrechten Gang und die anmutigen Bewegungen der Einheimischen beobachten konnte, der weiß, wie verkümmert unser Körperbewusstsein heute ist. Bergfreunde von mir sind deshalb zu Recht beschämt, wenn sie als bei uns bewunderte Athleten im Himalaja feststellen müssen, dass ihre 16-jährige Lastenträgerin 120 Pfund stundenlang auf dem Kopf trägt und mit dieser Last leichtfüßig und anmutig mit kerzengerader Haltung vor ihnen den Berg hinaufeilt.

Interessanterweise zeigen viele Untersuchungen zum Beispiel an amerikanischen Studenten, dass eine hohe körperliche Leistungsfähigkeit stark mit guten akademischen Leistungen korreliert. Ob diese Übereinstimmung zufallsbedingt ist (weil zum Beispiel diszipliniertere Menschen sowohl ihre körperlichen wie auch ihre intellektuellen Begabungen konsequenter entfalten) oder ob tatsächlich das römische „mens sana in corpore sano" gilt und in einem physiologisch leistungsfähigeren Körper auch ein leistungsfähigerer Geist wohnt, ist noch nicht endgültig geklärt.

Gleichwohl ist niemand verpflichtet, sich mit dem kümmerlichen Standard unseres Körperbewusstseins in westlichen Industrieländern zufrieden zu geben: Ein Besuch in jedem beliebigen deutschen Schwimmbad – vielleicht durchgeführt mit dem Referenzstandard eines normal trainierten Amazonas-Indianers – dürfte auch dem letzten Skeptiker deutlich machen, dass im Land der Häuptlinge „Weißer Fettkloß" und „Krummer Hungerhaken" einiges im Argen liegt.

Ob Sie, lieber Leser, deswegen gleich ein Programm zur Körperertüchtigung wie Leonardo da Vinci beginnen wollen, um es ihm gleichzutun und durchgehende Pferde aufzuhalten oder Hufeisen verbiegen zu können, liegt allein bei Ihnen.

Die naturkundliche Intelligenz

Die naturkundliche Intelligenz verdankt ihre Anerkennung als eigenständige Intelligenz den neuen Forschungen von Howard Gardner. Er definiert sie als die Fähigkeit zum Erkennen und Klassifizieren der zahlreichen biologischen Arten – der Flora und Fauna – der eigenen Umwelt.[18] Gardner betont, dass in jeder Kultur die Menschen besonders geschätzt werden, die nicht nur erkennen, welche Arten sich durch besondere Werte oder besondere Gefährlichkeit auszeichnen, sondern die auch fähig sind, neue oder unbekannte Lebewesen zutreffend ins System einzuordnen. Gardner weist weiterhin nach, dass die naturkundliche Intelligenz genauso umfassend die acht Definitionskriterien einer eigenständigen Intelligenz erfüllt wie alle anderen von ihm postulierten Intelligenzen.

Interessant ist insbesondere, dass sich die naturkundliche Intelligenz auch bei Hirnverletzten als völlig eigenständige menschliche Fähigkeit erweist, die bei Schädigung der entsprechenden Areale dazu führt, dass die Betroffenen zwar unbelebte, nicht aber belebte Objekte identifizieren oder benennen können (oder aber die umgekehrte Verteilung von Fähigkeiten und Ausfällen erkennen lassen).

Da Testpsychologen zur Mustererkennung traditionellerweise künstliche Stimuli wie geometrische Formen verwenden, gibt es nur wenig Material für die Klassifizierung natürlicher Formen.

Es ist nun nicht zu übersehen, dass in großen Teilen der industrialisierten Welt die natürliche Umwelt auf dem Rückzug ist und wir nicht nur in Großstädten weitgehend von Kulturwelten (im Sinne von: von Menschenhand geschaffenen Umwelten) umgeben sind. Ein naturforschender Jugendlicher beispielsweise hat vielerorts gar nicht mehr die Möglichkeit, Tiere zu zähmen, zu pflegen, mit ihnen zu interagieren und seine naturkundliche Intel-

---

[18] Gardner, Intelligenzen, a.a.O., S. 64

ligenz zum Beispiel als Jäger, Fischer, Bauer oder Cowboy auszuleben.

Die Fähigkeit, die eigene Umwelt zu erkennen und die dort vorkommenden Arten nach besonderen Werten und besonderer Gefährlichkeit einzuschätzen, ist in einem fremden „Großstadt-Dschungel" mindestens genauso überlebensförderlich wie im echten Urwald. Gardner geht deswegen davon aus, dass die elementare Begabung zur Erkennung formaler Gesetzmäßigkeiten – zum Beispiel bei Sozialwissenschaftlern – auch auf der elementaren Wahrnehmungsfähigkeit der naturkundlichen Intelligenz beruhen könnte. Er vermutet sogar, dass auch das Erkennen unterschiedlicher Automarken am Klang oder die Wahrnehmung von stilistischen Unterschieden in der Kunst auf das Differenzierungsvermögen der naturkundlichen Intelligenz zurückzuführen sein könnte.

Im Rahmen unserer Unternehmercoachings habe ich in den letzten 20 Jahren immer wieder Vollblutunternehmer kennen gelernt, die ihren Markt so brillant zu klassifizieren und einzuschätzen wussten, dass sie eine klare Orientierung auch dort hatten, wo andere bei neuen Trends unschlüssig im Nebel herumstocherten.

Es erscheint mir deshalb nahe liegend, dass eine menschliche Rechnerleistung, die uns befähigt, unsere komplexe natürliche Umwelt differenzierend und klassifizierend wahrzunehmen, auch bei der Weiterentwicklung dieser Umwelt gute Dienste leistet, um die Gesetzmäßigkeiten, Chancen und Risiken der uns heute umgebenden sozialen Welten zutreffend einzuschätzen.

Wenn Sie, lieber Leser, in diesem Bereich also über eine besondere Begabung verfügen, dann stehen Ihnen in der heutigen Welt als Marketingexperte und Trendforscher mindestens so viele Türen offen wie als Naturkundler.

Spirituelle oder Lebensintelligenz

Auch die spirituelle Intelligenz, deren Vorhandensein von verschiedenen Autoren vehement – vor allem aber mit wechselnden und schillernden Inhalten – behauptet wird, wurde von Howard Gardner sorgfältig anhand der von ihm postulierten acht Intelligenzkriterien geprüft. Dazu hat Gardner zunächst die spirituelle Intelligenz von viel ergänzendem Folklore befreit und ihren Kern wie folgt definiert:

„Lebensintelligenz ist die Fähigkeit, sich zu den äußersten Grenzen des Kosmos, dem Unendlichen, ins Verhältnis zu setzen und die verwandte Fähigkeit, sich mit so zentralen existenzialen Momenten wie der Bedeutung des Lebens und dem Sinn des Todes, dem endgültigen Schicksal der physischen und psychischen Welten und so ergreifenden Erfahrungen wie der Liebe oder dem ungeteilten Aufgehen in einem Kunstwerk auseinander zu setzen."[19]

Spirituelle Intelligenz ist danach in ihrem Kern ein besonderes Sensorium für die Beschäftigung mit dem Transzendenten.

Dass Jesus, Buddha, der Dalai Lama, Mutter Teresa oder Papst Johannes XXIII. und viele andere über diese Begabung in besonderer Weise verfügt haben, steht wohl außer Frage. Interessanterweise zeigen Intelligenztests, in denen die Dimension der Spiritualität berücksichtigt wird, auch bei getrennt aufgewachsenen eineiigen Zwillingen eine hohe Übereinstimmung im Grad der Religiosität.

Gardner kommt deswegen zu dem Ergebnis, dass die Lebensintelligenz nach Erfüllung seiner Testkriterien „als möglicher Teil des Intelligenzspektrums zu erwägen bleibt".[20]

---

[19] Gardner, Intelligenzen, a.a.O., S. 78
[20] Gardner, Intelligenzen, a.a.O., S. 83

Die intrapersonale Intelligenz

Unter intrapersonaler Intelligenz wird üblicherweise die Fähigkeit verstanden, konstruktiv mit uns selbst umzugehen. Dazu gehört unter anderem die Fähigkeit, sich selbst zu verstehen, ein lebensgerechtes Bild der eigenen Persönlichkeit – mit all ihren Fähigkeiten, Wünschen und Ängsten – zu entwickeln und dieses Wissen im Alltag in konstruktive Selbststeuerung umzusetzen. Konkret lassen sich mindestens drei Subintelligenzen bestimmen:

1. Unsere affektionale Intelligenz – die Fähigkeit, unsere Gefühle und Stimmen konstruktiv zu steuern.
2. Unsere Motivationsintelligenz – die Fähigkeit, uns emotional zum Handeln zu aktivieren.
3. Unsere Verhaltensintelligenz – die Fähigkeit, unser Verhalten zu verstehen und auch gegen unbewusste Muster in die von uns gewünschte Richtung beeinflussen zu können.

Die so umschriebene intrapersonale Intelligenz unterscheidet sich unter zwei Gesichtspunkten gravierend von allen bisher beschriebenen Intelligenzen:

1. Die bislang beschriebenen Intelligenzen wurden definiert durch die Rechnerleistung zur Verarbeitung von Informationen in einem einheitlichen Funktionsbereich. Zur musikalischen Intelligenz zählt also die gesamte Rechnerleistung zur Bearbeitung und Verarbeitung von Tönen und Melodien auf jedwede Art, zur körperlich-kinästhetischen Intelligenz beispielsweise die gesamte Rechnerleistung zur Steuerung von Bewegungsabläufen in jedweder Form. Der Begriff der intrapersonalen Intelligenz dient demgegenüber als Sammelbegriff für höchst unterschiedliche Fähigkeiten: Die Fähigkeit zur Selbststeuerung unseres Verhaltens (im Wesentlichen eine Stammhirnfunktion) funktioniert nach völlig anderen Gesetzmäßigkeiten

als unsere Selbstmotivation (für die unser limbisches System zuständig ist – nach Paul D. MacLean ebenfalls ein eigenständiges Gehirn mit eigenen Rechnergesetzmäßigkeiten).

2. Der zweite zentrale Unterschied zwischen unserer intrapersonalen Intelligenz und den anderen bisher besprochenen Begabungen ist, dass wir uns bei allen anderen Talenten getrost auf unsere Stärken konzentrieren können: Dort, wo wir Defizite haben, können wir regelmäßig die Leistungen anderer in Anspruch nehmen, um unsere Schwächen durch intelligentes Teamwork auszugleichen: Wer als Unternehmer also nicht gut rechnen kann, braucht sich nicht zu grämen, solange er dafür sorgt, dass sein Finanzchef Spitze ist. Diese Ergänzung mit Komplementär-Talenten funktioniert bei der intrapersonalen Intelligenz nicht: Wer also mit seinen Gefühlen nicht klar kommt und zu Depressionen neigt, der kann sein Stimmungsmanagement nicht an seinen Ehepartner delegieren, auch wenn der ein besonders sonniges Gemüt haben sollte.

Ein weiterer – wenn auch eher quantitativer – Unterschied zu den anderen Intelligenzen besteht noch darin, dass wir für die Entwicklung unserer interpersonalen Fähigkeiten kaum Vorbilder von Kulturen kennen, die diese Bildungsaufgabe für alle Mitglieder hervorragend gelöst haben, sondern auf das Zeugnis Einzelner angewiesen sind.

Wer beispielsweise eine Vorlage zur Entwicklung sprachlicher Intelligenz braucht, kann die über Jahrhunderte währende Blütezeit des römischen Reiches studieren. Dort war Dialektik – die Kunst, Entscheidungen im Gespräch nach Maßgabe von Gründen zu treffen – nach Lesen und Schreiben zweites Hauptfach (noch vor Mathematik, wobei böse Zungen behaupten, dass dies auch an der komplizierten Schreibweise der römischen Zahlen lag).

In Dialektik wurden auch Plebejer-Jungen ausgebildet, um den immer größer werdenden Bedarf an Staatsbeamten zur Verwaltung der eroberten Provinzen abzudecken. So wissen wir aus geschichtlicher Überlieferung beispielsweise, dass gebildete Römer mehr als zwei Dutzend logische Fehlschlüsse während des Gesprächs erkennen konnten. Unterlief einem Redner im Parlament ein Denkfehler, wurde dieser durch Zuruf von „quaterno terminorum" oder „petitio principii" für alle erkennbar aufgedeckt. Der Redner entschuldigte sich dann, begründete seinen Gedanken neu und die Diskussion wurde fortgesetzt.

Historiker sind sich einig, dass diese hoch stehende Denk- und Diskussionskultur ein Hauptgrund dafür war, dass das römische Reich mit geringen inneren Reibungswiderständen über Jahrhunderte nach außen expandieren konnte.

Solche Beispiele für flächendeckende, intelligenz-entfaltende Bildungskonzepte gibt es leider nicht für die intrapersonale Intelligenz.

Die aktuelle gesellschaftliche Entwicklung in vielen Ländern, deren Volkswirtschaften ökonomisch erfolgreich sind, zeigt uns vielmehr deutlich die Defizite in diesem Bereich – eine Erkenntnis, die der Volksmund in die Worte fasst: „Geld verdirbt den Charakter."

Ich glaube nicht, dass Geld den Charakter verdirbt, stimme aber zu, dass es charakterliche Defizite deutlicher und schneller sichtbar macht. Ob wir an Bilanzfälschungen in Milliardenhöhe denken, die früher unvorstellbar waren, den Enron-, Worldcom- oder Vivendi-Skandal, an Vorstände, die ihnen anvertraute Unternehmen als Selbstbedienungsläden betrachten, an Geistliche, die Schutzbefohlene missbrauchen, oder an Schüler, die wegen einiger schlechter Noten das halbe Lehrerkollegium hinrichten: die Signale, dass es in vielen Gesellschaften an einem leistungsfähigen System zur Entfaltung unserer intrapersonalen Intelligenz mangelt, sind deutlich genug!

Schauen wir uns deshalb im nächsten Kapitel die Landkarten zu unserem Stammhirn und zum limbischen System näher an – den beiden Gehirnen, die unsere intrapersonale Intelligenz weitgehend steuern.

5. Kapitel:
Die Steuerung der emotionalen Intelligenz durch Stammhirn und limbisches System

Das limbische System

Unsere Wünsche und Leidenschaften (spüren Sie einmal in sich hinein, wie dieses Wort bei Ihnen besetzt ist!) sind genauso eine Schöpfung unseres Gehirns wie unsere Gedanken in Worten und Bildern. Die kalte Welt der Realität wird von einer kleinen Region unseres Gehirns übersetzt in den blubbernden und dampfenden Kessel menschlicher Gefühle: dem limbischen System. Es besteht aus insgesamt sechs verschiedenen Bereichen, wobei sein Hauptteil – der Thalamus – nach MacLean die erste Evolutionsstufe ist, die uns Säugetiere von den Reptilien unterscheidet: Während Reptilien Eier legen und verschwinden, bleiben Säugetiere bei ihren Neugeborenen und umsorgen sie, bis sie alleine überleben können.

Ist diese Bereitschaft, den Nachwuchs zu betreuen, der Beginn von Familie, der Beginn von familiärer Zuneigung und von Zuneigung überhaupt?

Bin ich bereit, mich von anderen emotional berühren zu lassen? Wie lange und wie tief? Bist du bereit, dich von mir berühren zu lassen? Werde ich in schwierigen Zeiten verschwinden oder bei dir bleiben und werde ich mich weiter von dir emotional berühren lassen?

Es ist die bewusste Entscheidung, mit der wir uns die Erlaubnis geben, uns emotional berühren zu lassen, die das Tor zu unserem Fühlen öffnet – das Tor zum Fühlen anderer Menschen, zum Fühlen eines Sonnenuntergangs, eines Schmetterlings, unserer Arbeit, das Tor zum Berührtwerden durch Ideen, Musik, Kunst, Verbrechen, Krieg, Leid oder Freude.

Wann immer wir uns emotional tief berühren lassen, starten wir die Dynamik unserer Gefühlsspirale: Der Wunsch wird zum Begehren und von dort gelangen wir zur ganzen Bandbreite unserer Stimmungen, von Trauer und Ärger einerseits bis zu Liebe und Ekstase andererseits. Anders gesagt: Uns emotional berühren zu lassen, ist die Eingangstür zu unserem limbischen System.

Aufbauend auf den Funktionsprinzipien des Thalamus – der ersten und größten Struktur des limbischen Systems – haben Forscher einen Prozess der *affektionalen Intelligenz* beschrieben, den wir erlernen und praktizieren können, um unsere emotionalen Begabungen zu entfalten.

Ohne die Fähigkeit, uns emotional berühren zu lassen, können wir unser limbisches System nicht zu unseren Gunsten nutzen. Es arbeitet zwar ständig und auch ohne unsere Aktivierung, aber wir sind uns dann unserer Gefühle nicht bewusst. Mit affektionaler Intelligenz können wir uns in unserer Beziehung zu anderen und unserer Umwelt steuern und können uns die Erlaubnis geben, Zuneigung zu Menschen und Dingen zu fühlen oder uns bei Bedarf emotional zurückzuziehen.

Diese affektionale Intelligenz – die vielleicht wichtigste Teilkomponente der emotionalen Intelligenz – ist bei den meisten Menschen nicht sehr ausgeprägt, weil wir unsere Gefühle trotz vieler tausend Versuche eben nicht durch die rationalen Gedanken und Bilder der Neokortex aktivieren können.

Wir alle haben versucht, unsere Gefühle zu unterdrücken, wir haben sie ignoriert und geglaubt, sie mit rationalen Steuerungsansätzen in den Griff zu bekommen, indem wir uns auf Werte und moralisch korrektes Verhalten konzentriert haben. Doch rationale Steuerungsansätze werden in der Neokortex und nicht im limbischen System verarbeitet. Stimmungen und Gefühle ziehen durch unser Bewusstsein wie Nebelschwaden – es ist schwer zu sagen, wo sie beginnen, wo sie enden und wie dicht sie werden. Was wir also zum Stimmungsmanagement und zur Selbstmotivation brauchen, ist eine Bedienungsanleitung für unser limbisches

System. Wie wichtig eine solche Bedienungsanleitung ist, wird in
vollem Umfang deutlich, wenn wir uns folgende Fakten vor Augen führen:

Das limbische System steuert unser autonomes Nervensystem
und beeinflusst dadurch alle Organe unseres Körpers. Während
wir unsere Faust bewusst anspannen und entspannen können,
liegt die Kontrolle der Muskeln unserer inneren Organe bei den
Gefühlen und Stimmungen unseres limbischen Systems.

Auch wenn unsere Gedanken unsere Stimmung beeinflussen
können, so ist es doch die Stimmung, die direkt unser Herz und
alle anderen inneren Organe steuert. Wenn diese Organe dann
mit Verkrampfungen in der Magengrube, im Solarplexus-Bereich oder in der Herzgegend auf sich aufmerksam machen, verstehen wir diese Signale regelmäßig nicht als Aufschrei unserer
Gefühle, mit denen wir genauso in einem permanenten inneren
Dialog stehen wie mit unseren Gedanken und Bildern. Wir etikettieren sie vielmehr als Stress, dem es mit Entspannung beizukommen gilt.

Wann werden wir lernen, mit der geballten Kraft unserer Emotionen umzugehen? *Entspannungstechniken allein lösen weder
Ärger noch Trauer auf und sie führen auch nicht zur Begeisterung.*

Das Feedback der inneren Organe signalisiert in westlichen Industrienationen schon seit Jahrzehnten „Alarmstufe rot": Künftige Generationen werden sicher noch rätseln, warum wir die
drastischen Feedbacks unseres limbischen Systems – von Magengeschwüren bis zur Todesursache Nr. 1, dem Herzinfarkt – so spät
erkannt haben.

Das limbische System steuert weiterhin über den Hypothalamus – unser Lust- und Schmerzzentrum – die Biochemie unseres
Gehirns: Von Endorphinen bis zu Serotonin produziert diese
natürliche Apotheke alles, um uns biochemisch von der größten
Entspannung bis zur höchsten Ekstase zu begleiten. Könnte die
biochemische „Nachhilfe" von Prozac bis Ecstacy, zu der immer
mehr Menschen neigen, ein weiteres Indiz dafür sein, dass wir in

der Entfaltung unserer emotionalen Intelligenz noch ziemlich am Anfang stehen?

Die Biochemie unseres limbischen Systems wirkt sich auch nachdrücklich auf die Leistungsfähigkeit unserer anderen Gehirne aus: So haben Entwicklungspsychologen schon vor Jahren beobachtet, dass sich die Aufmerksamkeitsspanne von Kindern von maximal 20 Minuten um bis zu 100 Prozent verlängert, wenn sie etwas tun, was sie emotional fasziniert. Wer also als Lego-Fan mit seinen Klötzen spielen darf, kann sich – wie die meisten Eltern aus eigener Erfahrung bestätigen können – leicht doppelt so lange auf sein Spiel konzentrieren wie auf sonstige Alltagsaufgaben. Praktisch denkende Menschen könnten hier auf die Idee kommen, als Lehrer unserer Kinder nur noch diejenigen zuzulassen, die in den ersten fünf Minuten einer Unterrichtsstunde so viel emotionales Engagement bei ihren Schülern aufbauen, dass diese die nächsten 40 Minuten bei der Sache bleiben.

Weiterhin könnte der gesunde Menschenverstand uns nahe legen, dass wir nur noch diejenigen Aktivitäten mit Priorität verfolgen, bei denen unser Wünschen und Wollen so beteiligt sind, dass sich unsere Aufmerksamkeit verdoppelt, unser Langzeitgedächtnis einschaltet und unser Durchhaltevermögen den Nachbrenner aktiviert.

Genau das ist das Konzept von *Stärken stärken*: Nachdem Sie sich im nächsten Kapitel mit einer Testbatterie objektiv Ihren Talenten und Begabungen nähern, entwickeln wir im vierten Teil den Lebensplan der Leidenschaft: Dort schauen wir uns gemeinsam an, bei welchen Aktivitäten Ihr limbisches System schon von Kindesbeinen an Hurra geschrien hat. Leidenschaftlich zu leben, zu lieben und zu arbeiten ist in unserer Kultur zwar überwiegend unbekannt oder verpönt, macht langfristig aber glücklich und erfolgreich!

Das Stammhirn

„Das Gute, das ich tun wollte, habe ich nicht getan, sondern das Böse, das ich meiden wollte", schreibt der später heilig gesprochene Apostel Paulus in einem Brief an die Gemeinde in Rom. Kennen Sie diese Situation? Sie wollten unbedingt etwas tun, Ihr Ziel war klar, es entsprach auch Ihren Werten, Sie waren „eigentlich" auch motiviert, hatten genügend Zeit und Energie – und haben es dann trotzdem nicht getan und Sie sind stattdessen vor dem Fernseher, bei einem Bier oder Zeitung lesend auf dem Sofa versumpft?

Haben Sie sich dann auch schon einmal gefragt, wieso intelligenten, disziplinierten und vernünftigen Menschen so etwas überhaupt passieren kann?

Oder – um scheinbar das Thema zu wechseln – haben Sie einmal beobachtet, wie seltsam befremdet die meisten von uns reagieren, wenn sich ein Gast ungefragt auf „unseren" Platz im Wohnzimmer setzt oder ein Nachbar seinen Hund in der Nähe „unserer" Grundstückseinfahrt pinkeln lässt?

Haben Sie schon einmal Kindern im Vorschulalter beim Spielen zugeschaut und sich gefragt, warum sie immer wieder das „Heim im Heim" bauen, ihr Territorium markieren, an den Grenzen ihres Besitzes Wachen aufstellen und Geschwister zurechtweisen, die ihr Revier verletzen?

Hinter solchen und ähnlichen Verhaltensweisen steckt ein Gehirn, dessen Steuerungsleistung so unbemerkt geschieht, dass die meisten von uns sich seines Einflusses überhaupt nicht bewusst sind: unser Stammhirn, das wegen seiner Funktionsgleichheit mit dem „Gehirn" von Reptilien auch Reptilienhirn genannt wird. unser Stammhirn ist das Gehirn von Rhythmus, Bewegung, Aktion und Reaktion. Seine Funktionen sind nach Paul MacLean Imitation, Täuschung, Wiederholung und Gewohnheitsbildung. MacLean weist darauf hin, dass Tiere Sklaven ihrer Gewohnheiten und Subgewohnheiten sind: *Gewohnheiten sind deshalb für*

unser Stammhirn das, was Rationalität für unsere linke Gehirn-
hälfte ist – der Prozess, den wir am besten beherrschen.

Im Stammhirn organisieren und arrangieren wir Einzelelemente so zu Mustern und Strukturen, dass wir auf sie zählen und
ihnen vertrauen können. Das heißt:

Die Verhaltensmuster, die wir im Stammhirn durch Imitation
und wiederholtes Im-Kontext-erlebt-haben aufgebaut haben, sind
ein eigenständiges, zentrales Hauptsteuerungselement unseres Ver-
haltens. Diese Muster werden durch abweichende Ziele, Werte
oder anderweitige Absichten und Motive nur unwesentlich beeinflusst.

Wer intrapersonale Intelligenz im Sinne der weitgehenden
Selbststeuerung seines Verhaltens praktizieren will, muss sich
seine stammhirngesteuerten Verhaltensweisen bewusst machen
und lernen, sie auf der Ebene des Stammhirns umzugestalten.

Kennen Sie das Gefühl, an manchen Tagen einzuschwingen in
einen Arbeitsrhythmus – ein Gefühl, das uns Leichtigkeit, Be-
schwingtheit, Sicherheit und ein hohes Maß an Zufriedenheit mit
uns selbst gibt, selbst wenn diese Tätigkeit „aufräumen" heißt
und wir eigentlich mit ihr wenig am Hut haben?

Und kennen Sie auch den Kontrast dazu – das Gefühl, den eigenen Rhythmus nicht zu finden oder immer wieder aus ihm her-
ausgeworfen zu werden?

Die Fähigkeit, sich in den eigenen Rhythmus zu begeben, ihm
zu folgen und mit ihm zu expandieren oder kontrahieren, wird
von Forschern wie Elaine Beauport als *„Stammhirn-Intelligenz"*
bezeichnet.

Menschen, die unsere vom Stammhirn angebotene „Rechner-
leistung" von Verhaltensrhythmen zu nutzen wissen, operieren
nicht mit Kraft, Willensstärke und Disziplin, wenn sie sich an eine
Arbeit begeben. Sie starten vielmehr *sanft in den Kontext und*
Rhythmus der Aktivität, für die sie sich entschieden haben. Sie sind
Meister von „Als-ob-Verhaltensweisen" und reaktivieren ihre
Performance-Rhythmen, wenn sie eine Rede halten, verhandeln,

Auto fahren, Ski fahren, diktieren oder Briefe schreiben durch entsprechende Aufwärmphasen. Sie wissen, dass Rhythmen uns helfen, schnell mit etwas eins zu werden: Mit dem Rhythmus eines Publikums, einer Kultur oder eines Menschen. Wenn sie reisen, beobachten, lernen, imitieren und anerkennen sie die Rhythmen ihres Gastlandes – „in Rome do as the Romans do".

Die erste Komponente von Verhaltens- und Stammhirnintelligenz ist die Fähigkeit, sein eigenes Verhalten zuverlässig einschätzen zu können und ein realistisches Bild von sich selbst zu haben.

Die zweite Komponente besteht dann darin, sich zuverlässig in eigene oder fremde bewährte Rhythmen einschwingen zu können.

Und die dritte Komponente ist, sich unerwünschte Muster bewusst zu machen und durch Imitation und Wiederholung zu lernen, neue Muster zu entwickeln. Das setzt zunächst voraus, dass wir die Rolle des parteiischen Eigentümers unseres Verhaltens hinter uns lassen und zu einem unbeteiligten, objektiven und „außen stehenden" Beobachter unseres eigenen Verhaltens werden. Diese Art des „Erkenne Dich selbst" erfordert, dass wir emotionales Verhaftetsein und Beurteilungen genauso hinter uns lassen wie das Beobachten mit Handlungsabsicht. Folgende Überlegungen sollten die Kunst der Selbstbeobachtung begleiten:

1. Wenn wir uns selbst verstehen wollen, dann sind die Muster unseres Verhaltens genauso wichtig wie unsere Gedanken, Bilder und Emotionen.
2. Wichtig ist, unser Verhalten jeweils in dem Kontext zu sehen, in dem es stattfindet, denn genau diese Kontextverbundenheit ist in unserem Stammhirn gespeichert. Anstelle von „Ich zeige das Verhalten X" sollte es also heißen: „Im Kontext A zeige ich das Verhalten X."
3. Der Prozess des Speicherns von Verhaltensmuster dauert an seit unserer Geburt. Wir müssen unsere persönliche Programmiergeschichte also studieren wie ein Historiker.

4. Kontexte für unser Verhalten sind zum Beispiel unser Elternhaus, unser Zuhause, unser Arbeitsplatz, unsere Beziehungen, unsere Religion und unsere Freizeitaktivitäten.

5. Da wir immer durch das beeinflusst werden, was uns an Mustern lange und intensiv umgibt, kommt unserem Elternhaus eine so große Bedeutung zu.

6. Unser konditioniertes Erbe funktioniert als Netzwerk des Widerstands – weshalb Willensstärke so wenig zur Verhaltensänderung führt.

7. Wenn Routinen wiederholt werden, werden sie zu Gewohnheiten, Ritualen, Werten, Berufen, Institutionen, Religionen und vielleicht sogar zur Sucht.

8. Auf der Ebene des Stammhirns gibt es den deutlichen Unterschied zwischen „wir werden getragen" und „wir werden getrieben". Die Grundfunktion dieses Gehirns ist, sich in seinen Rhythmus zu begeben, sich auf diesen Rhythmus zu fokussieren und durch diesen Rhythmus unser Handeln mit Frieden, Gerichtetheit und Leichtigkeit in der Bewegung zu steuern – und das mit einer Qualität, die uns nach solchen Flow-Erlebnissen fast süchtig macht.

9. Auf dem tiefsten Level unseres Stammhirns sind wir alle von irgendwem oder irgendetwas – einem Kontext also – abhängig. Wir erarbeiten uns Sicherheit, indem wir Dinge wieder und wieder in vertrauten Kontexten wiederholen.

10. Ein geordnetes Leben verlangt Routinen: Unsere frühkindlichen Prägungen sind zeitlebens eine Herausforderung für die Veredlung unseres Verhaltens.

Fassen wir unseren Exkurs zum limbischen System und zum Stammhirn zusammen:

Wenn wir das Know-how westlicher Kultur zur Entfaltung rationaler und assoziativer Intelligenz mit unserem Wissen und Können zur emotionalen Intelligenz vergleichen, dann stellen wir fest, dass unser Selbststeuerungs-Know-how weitgehend unentwickelt ist. Gehirnforscher um Paul MacLean haben in den letzten zehn Jahren eindrucksvolle Fortschritte bei der Formulierung einer Bedienungsanleitung für diese Intelligenzen gemacht. Wir werden deswegen in „Stärken stärken" im fünften Teil eine konkrete Handlungsanleitung zur Entfaltung dieser Begabungspotenziale geben, bei denen jeder mangels Delegationsmöglichkeit auf die Nutzung und Entwicklung seines eigenen Potenzials angewiesen ist.

Teil III:
Die eigenen Intelligenzen und Talente bestimmen

6. Kapitel:
Die Bestimmung unserer Grundintelligenzen mithilfe der Testpsychologie[1]

Wir werden uns der Analyse Ihrer individuellen Talente und Stärken in mehreren Schritten nähern. In diesem Kapitel haben Sie die Möglichkeit, Ihre Begabungen bei den sogenannten „Intelligenzen" selbst zu ermitteln. Zu den Testintelligenzen werden im allgemeinen neben der verbalen und logisch-mathematischen Intelligenz auch die räumliche Intelligenz gezählt, sowie die – ebenfalls noch relativ präzise zu ermittelnde – musikalische Intelligenz und die körperlich-kinästhetische Intelligenz.

Hier einige Vorbemerkungen zum Einstieg:

Wir Erwachsenen müssen uns eigentlich keine Gedanken mehr darüber machen, was wir werden wollen. Oder? Wir haben unsere Ausbildung meist abgeschlossen, vielleicht studiert, vielleicht sogar Karriere gemacht oder sind zumindest auf dem Weg dorthin. Oder wir gründen und leiten Unternehmen, tragen Verantwortung und treffen wichtige Entscheidungen. Aber wissen wir wirklich immer, wo unsere ureigenen Talente liegen? Die besonders Erfolgreichen unter uns bewegen sich, bewusst oder unbewusst, möglicherweise genau auf dem Terrain ihrer tatsächlichen Begabungen. Das ist sicher einer der besten Wege, erfolgreich und zufrieden im Leben zu stehen. Es lohnt sich in jedem

---

[1] Der folgende Begabungstext wurde uns freundlicherweise vom youngworld-Institut für Begabungsanalyse, Loristraße 2, 80335 München zur Verfügung gestellt; alle Rechte bei youngworld
www.youngworld-institut.de

Fall, sich auf die Suche nach den eigenen, angeborenen Stärken zu begeben. Vielleicht schlummert ein (weiteres) Talent in Ihnen, von dem Sie noch nichts wussten oder vielleicht nur eine Vermutung hatten. Ihr Begabungsprofil ist einmalig, wie Sie selbst als Mensch, und wahrscheinlich reichhaltiger, als Sie denken. Bei unserem Begabungstest können Sie Ihre Talente in sechs Begabungsbereichen erforschen. Viel Spaß dabei!

- Es gibt 6 Begabungsbereiche mit je 5 Aufgabenarten. In jeder Aufgabenart gibt es 4 Aufgaben – sehr leicht, leicht, mittel, schwer –, sodass jeweils 4 Punkte erreicht werden können. Höchstpunktzahl pro Begabungsbereich, z.B. Kreativität, ist also 20.
- Die Lösungen finden Sie auf dem Lösungsblatt am Ende des Tests. Hier können Sie Ihre persönliche Punktzahl für jeden Begabungsbereich ermitteln.
- Wenn Sie Ihre Punktzahlen für die einzelnen Begabungsbereiche kennen, können Sie im Anschluss alle Ergebnisse in Ihr persönliches Begabungsprofil eintragen. Sie sehen dann auf einen Blick, wo Ihre Stärken liegen.
- Pro Begabungsbereich werden ca. 5 bis 10 Minuten benötigt.
- Es ist sehr wichtig, dass die **angegebenen Zeiten** der einzelnen Aufgaben, z.B. 30 Sekunden, nicht überschritten werden, sonst ist der ganze Test nur ein Zeitvertreib ohne wirkliche Aussage.
- Zwischen den Aufgaben können Pausen je nach Bedarf eingelegt werden. Selbstverständlich kann man den Test aber auch am Stück machen.
  Sie sollten für die Durchführung ausgeruht sein.

Getestet werden folgende Begabungen:

1. Verbale
2. Logisch-mathematische
3. Kreative
4. Räumliche
5. Musikalische
6. Sportliche

Sprachliche Begabung

1. Aufgabenart: Wortsalat
Anweisung: In den Buchstabenreihen unten verbergen sich sinnvolle, bekannte Wörter. Welche? Bitte tragen Sie das Wort daneben ein!
Zeit: 60 Sekunden

1. B L E N E   *Lesen*
2. K R E U G   *kreuz   krueg*
3. P E P E R T   *Treppe*
4. A S F I O K   *Fiasko*

2. Aufgabenart: Wortschatz
Anweisung: Ersetzen Sie die folgenden Wörter durch einen anderen Ausdruck gleicher Bedeutung, der jeweils nur aus sechs Buchstaben besteht. Beispiel: Ausfuhr = Export.
Zeit: 60 Sekunden

1. Belastung
2. Begabung   *Intelligenz*
3. Dichtung   *Lesung*
4. Sumpfland   *Morast*

3. Aufgabenart: Lebendiger Wortschatz I
Anweisung: Fügen Sie bitte in die Mitte der unten aufgeführten Anfangs- und Endsilben immer 3 Buchstaben ein, sodass sich jeweils 2 sinnvolle Wörter ergeben.

Beispiel: S T R (E I T) E L
2 getrennte Wörter, Streit und eitel, sind entstanden. Machen Sie es nun bitte genauso.
Zeit: 60 Sekunden

1. F R O   (_ _ _)   L A U
2. P R   (_ _ _)   E N
3. S T   (_ _ _)   T E
4. F R   (_ _ _)   N T

4. Aufgabenart: Lebendiger Wortschatz II

Anweisung: Suchen Sie bitte zu den unten aufgeführten Anfangs-
buchstaben oder -silben jeweils eine Endung, mit der sich 3 sinnvolle
Wörter ergeben.

Beispiel:

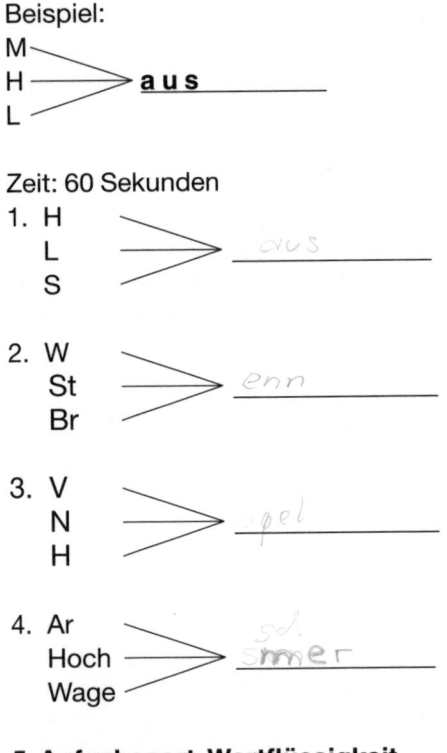

M
H ———> **a u s** _____
L

Zeit: 60 Sekunden

1. H
   L   ———> _____ *aus* _____
   S

2. W
   St   ———> _____ *enn* _____
   Br

3. V
   N   ———> _____ *opel* _____
   H

4. Ar
   Hoch ———> _____ *smmer* _____
   Wage

5. Aufgabenart: Wortflüssigkeit

Anweisung: Finden Sie zu den unten angegebenen Endungen möglichst viele Wörter. Ab 7 Wörtern gibt es jeweils 1 Punkt.
Zeit: 2 Minuten

1. -icht: _____

2. -anz: _____

3. -ade: _____

4. -ant: _____

_____

Logisches Denken

1. Aufgabenart: Logische Reihen

Anweisung: Am Ende der unten aufgeführten Zahlenreihen fehlt jeweils die letzte Zahl. Welche ist es? Bitte tragen Sie die richtige Zahl ein!
Zeit: 60 Sekunden

1.　2　4　8　16　*18*
2.　7　3　12　8　*5*
3.　26　15　7　28　17　*9*
4.　23　47　95　*191*

2. Aufgabenart: Reihen fortsetzen

Anweisung: Am Ende der unten aufgeführten Bilderreihen fehlt jeweils das letzte Bild. Wie muss es aussehen? Zeichnen Sie bitte die richtigen Lösungen ein!
Zeit: 60 Sekunden

1.

2.

3.
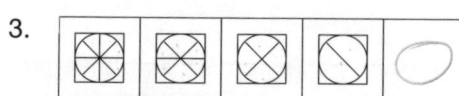

4.
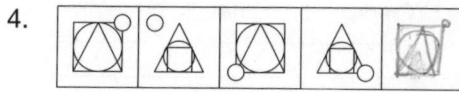

3. Aufgabenart: Regel erkennen

Anweisung: In den unten aufgeführten Kreisen ist eines der je 4 Felder leer geblieben. Was muss hinein? Bitte kreuzen Sie immer eine der Lösungen an!

Zeit: 60 Sekunden

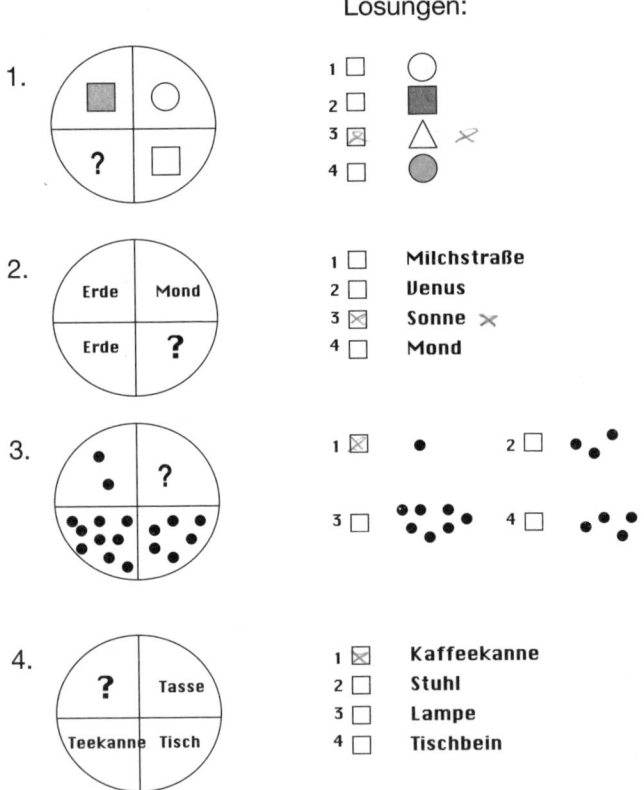

Lösungen:

4. Aufgabenart: Sprachlogik

Anweisung: Welcher Begriff passt am wenigsten zu den anderen? Bitte einkreisen!

Beispiel: Biene   Fliege   Wespe   Hummel

Zeit: 60 Sekunden

1. Südamerika Europa China Australien

2. Tanne Fichte Lärche Kiefer

3. unruhig schnell nervös hektisch

4. Elena Jennifer Anne Margarethe

5. Aufgabenart: Logisches Denken

Anweisung: Lesen Sie die unten aufgeführten denksportlichen Texte aufmerksam durch und notieren Sie die Lösung.

Zeit: 4 Minuten (reine „Denkzeit", ohne das Lesen der Texte)

1. Die falsche Kugel:

Von 8 Kugeln, die genau gleich aussehen, wiegt eine etwas weniger als jede der 7 anderen (gleich schweren) Kugeln. Es ist eine Balkenwaage vorhanden. Wie viele und welche Wägungen müssen mindestens durchgeführt werden, um die „falsche Kugel" herauszufinden?

2. Das Boot:

Ein Boot trägt nicht mehr als zwei Zentner (100 kg). Wie können ein zwei Zentner schwerer Mann und seine beiden je einen Zentner wiegenden Söhne übersetzen?

3. Die Seerose:

In einem Teich im Park eines alten Schlosses wächst eine Seerose mit einer seltsamen Eigenschaft. Sie wächst so schnell, dass sich die von den Blättern bedeckte Fläche des Wassers jeden Tag verdoppelt – heute sind es vielleicht 10 qm, morgen 20, übermorgen 40 und in 17 Tagen ist der ganze Teich zugewachsen. Im nächsten Jahr gesellt sich noch eine zweite Seerose mit genau der gleichen Eigenschaft dazu. Auch sie verdoppelt ihre Fläche jeden Tag. Nun wächst der Teich natürlich schneller zu als vorher, wo es nur eine Seerose gab. Wie lange, glauben Sie, dauert es jetzt, bis der Teich zugewachsen ist?

4. Zwei Kerzen:

Zwei Kerzen werden gleichzeitig angezündet. Die eine ist doppelt so lang wie die andere. Die längere Kerze brennt in 2 Stunden herunter, die andere ist dicker und brennt erst in 5 Stunden herunter. Wann haben die beiden Kerzen genau die gleiche Länge?

Kreativität

1. Aufgabenart: Unvollständige Zeichnungen

Anweisung: In dem Rechteck ist eine geschwungene Linie zu sehen. Was kann das alles sein? Tragen Sie so viele Ideen wie möglich unten ein! Denken Sie daran, dass es hier keine falschen Antworten gibt. Wiederholungen zählen natürlich nur einmal.
Zeit: 60 Sekunden

2. Aufgabenart: Gebundene Zeichnungen

Anweisung: In den Kästchen sind verschiedene Ausgangsformen zu finden. Zeichnen Sie bitte aus jeder Figur ein richtiges, möglichst fantasievolles Bild.
Beispiel:

Machen Sie es nun genauso (oder besser)!
Zeit: 60 Sekunden

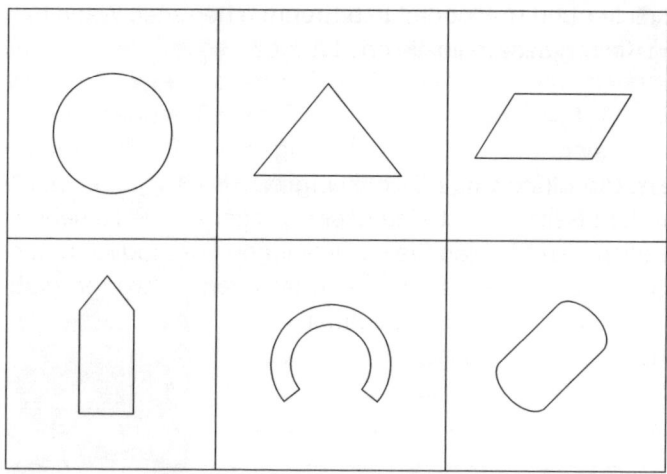

3. Aufgabenart: Sprachkreativität

Anweisung: In dem Topf rechts befinden sich verschiedene Buchstaben. Mit ihnen dürfen Sie nun das „R" unten in so viele Wörter wie möglich einbinden. Es spielt keine Rolle, ob das „R" dabei am Anfang, irgendwo in der Mitte oder am Ende steht.

Alle Buchstaben dürfen mehrmals verwendet werden.

Tragen Sie die gefundenen Wörter bitte unten ein!

Zeit: 60 Sekunden

4. Aufgabenart: „Lebensrettende" Kreativität

Anweisung: Ein wild gewordener Grizzlybär ist Ihnen auf den Fersen.
Sie haben nur noch wenige Minuten Zeit. Der reißende Fluss könnte
die Rettung sein. Auf wie viele Arten können Sie ihn überqueren? Verschiedene Ideen sind wichtig. Wiederholungen wie große Brücke,
kleine Brücke, schmale Brücke, breite Brücke bauen usw. geben nur 1
Punkt, nämlich für „Brücke". Bitte unten eintragen!
Zeit: 60 Sekunden

5. Aufgabenart: Nützliche Kreativität

Anweisung: Angenommen, Sie sind zu einem Geburtstagsfest einge-
laden, möchten natürlich nicht ohne Geschenk erscheinen. Leider haben alle relevanten Geschäfte schon geschlossen. Wie viele „ohne-
Geld"-Geschenke fallen Ihnen ein? Bitte unten eintragen!
Zeit: 60 Sekunden

Räumliches Vorstellungsvermögen

1. Aufgabenart: Räumliche Bewegung

Anweisung: Beantworten Sie bitte die Fragen rechts neben den Aufgaben.
Zeit: 60 Sekunden

1.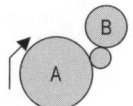

Dreht sich B schneller, langsamer oder genauso schnell wie A?

Antwort:

_____

2.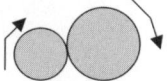

Richtig oder falsch?
Antwort:

_____

3.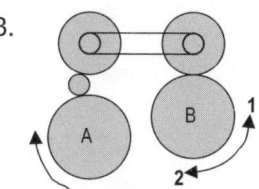

In welche Richtung dreht sich B, 1 oder 2?

Antwort:

_____

4.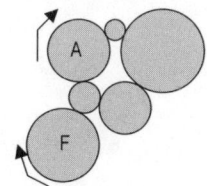

Richtig, falsch oder unmöglich?
Antwort:

_____

2. Aufgabenart: Verdeckte Flächen

Anweisung: Wie viele Flächen haben die Körper unten? Tragen Sie bitte die richtige Zahl ein. Zeit: 60 Sekunden

1.

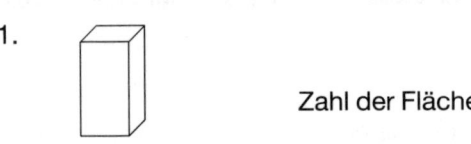

Zahl der Flächen: ____

2.

Zahl der Flächen: ____

3.

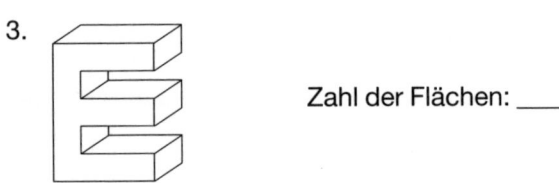

Zahl der Flächen: ____

4.

Zahl der Flächen: ____

3. Aufgabenart: Gedankliches Zusammensetzen

Anweisung: Kennen Sie Tangram, das chinesische Puzzle für Schlaue? Zeichnen Sie die zur Verfügung stehenden Steine (links) in die Figur rechts ein. Wie müssen die Steine liegen? Es gibt immer eine Lösung.

Zeit: 4 Minuten

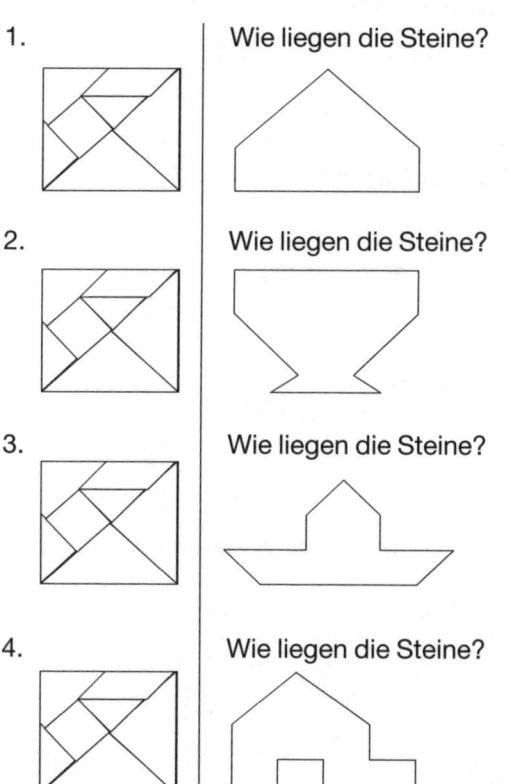

1.   Wie liegen die Steine?

2.   Wie liegen die Steine?

3.   Wie liegen die Steine?

4.   Wie liegen die Steine?

4. Aufgabenart: Entfernungen abschätzen

Anweisung: Suchen Sie sich 4 verschiedene Entfernungen aus Ihrer Umgebung und schätzen Sie sie, z.B. Stuhllehne – Tischkante, Handtuchhalter – Wasserhahn, oder Fernseher – Türe. Achten Sie bitte darauf, dass die Entfernungen zwischen 20 cm und 3 m liegen. Messen Sie die Entfernung nach dem Schätzen und tragen Sie beides unten ein.

ohne Zeitvorgabe

1. Entfernung 1:
   Geschätzte Entfernung:_____ Tatsächliche Entfernung:_____
   Differenz:_____

2. Entfernung 2:
   Geschätzte Entfernung:_____ Tatsächliche Entfernung:_____
   Differenz:_____

3. Entfernung 3:
   Geschätzte Entfernung:_____ Tatsächliche Entfernung:_____
   Differenz:_____

4. Entfernung 4:
   Geschätzte Entfernung:_____ Tatsächliche Entfernung:_____
   Differenz:_____

5. Aufgabenart: Abwicklungen

Anweisung: Welcher Grundriss lässt sich zu der Figur im Kasten zusammen falten?

Es ist immer nur eine Figur, und die richtige ist immer dabei. Bitte kreuzen Sie die Ziffer der richtigen Figur an.

Zeit: 60 Sekunden

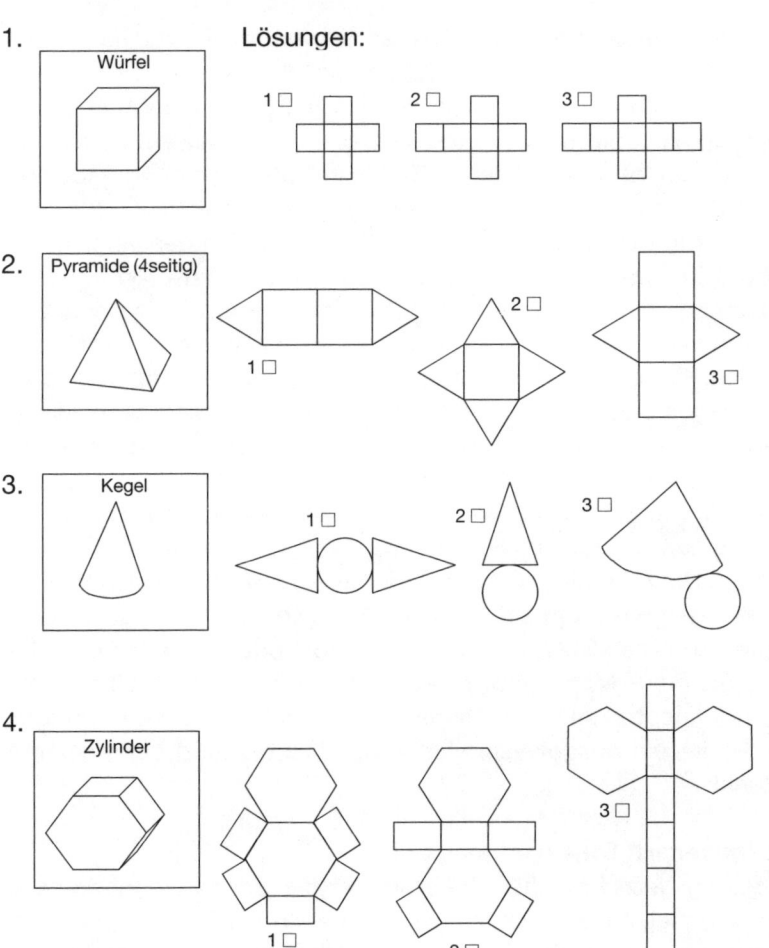

Musikalität
Sie brauchen für diese Übungen einen (musikalischen) Partner.

1. Aufgabenart: Töne nachsingen I
Anweisung: Wenn Sie den Telefonhörer abheben, hören Sie einen Ton, das Freizeichen. Um diesen Ton geht es in den nächsten Übungen.

1. Singen oder summen Sie bitte den Telefonton (Freizeichen), während Sie ihn hören oder unmittelbar danach.
   Es gibt 1 Punkt, wenn Ihr gewissenhafter Partner sagt, dass der Ton stimmt. Sie müssen keinen Gesangswettbewerb gewinnen, und es macht auch nichts, wenn sich Ihr Ton ein paar Sekunden etwas annähern muss. Nur die Tonhöhe muss stimmen.
2. Hören Sie sich nun den Telefonton ein paar Sekunden lang an und legen Sie dann auf. Nun zählen langsam rückwärts von 20 bis 1. Nach ca. 1 Minute versuchen Sie, sich an den Ton zu erinnern. Wenn Sie ihn immer noch singen können, gibt es wieder 1 Punkt.
3. Hören Sie nun den Telefonton wieder ein paar Sekunden lang an und legen Sie dann auf. Nun warten Sie bitte ca. 3 Minuten. In dieser Zeit sollten Sie etwas völlig anderes machen, z.B. sich eine Apfelschorle einschenken und eine Zitronenscheibe hineinschnibbeln. Wenn Sie nach 3 Minuten noch den Telefonton richtig nachsingen können, gibt es noch einmal 1 Punkt.
4. Hören Sie nun den Telefonton wieder ein paar Sekunden lang an und legen Sie dann auf. Nehmen Sie sich jetzt ein paar Minuten Zeit und hören Sie Musik aus dem Radio oder von einer CD. Hören Sie diese Musik ganz bewusst. Wenn Sie nach ca. 3 Minuten den Telefonton immer noch richtig wiedergeben können, verfügen Sie über ein ausgezeichnetes Tongedächtnis und bekommen 1 Punkt.

2. Aufgabenart: Töne nachsingen II
Anweisung: Jetzt brauchen Sie einen Partner, der ein paar Töne singen oder spielen kann. Bestimmt gibt es auch bei Ihnen zu Hause irgendwo ein kleines Xylophon, eine Mundharmonika oder sogar eine Gitarre, ein Keyboard oder ein Klavier.

1. Lassen Sie sich nacheinander 3 einzelne Töne vorspielen oder -singen und versuchen Sie, sie gleich nachzusingen. Wenn alle 3 Töne richtig waren, gibt es 1 Punkt.
2. Lassen Sie sich nun nacheinander 3 mal 2 Töne, sozusagen eine Minimelodie, vorspielen oder -singen und versuchen Sie wieder, sie gleich nachzusingen. Wenn alle 3 Tonpaare richtig waren, gibt es 1 Punkt.
3. Lassen Sie sich nun nacheinander 3 mal 3 Töne vorspielen oder -singen und versuchen Sie wieder, sie gleich nachzusingen. Wenn alle 3 Minimelodien richtig waren, gibt es wieder 1 Punkt.
4. Lassen Sie sich nun nacheinander 3 mal 4 Töne vorspielen oder -singen und versuchen Sie wieder, sie gleich nachzusingen. Die Töne sollten nicht zu einer bekannten Melodie gehören. Wenn alle 3 Minimelodien richtig waren, gibt es wieder 1 Punkt.

3. Aufgabenart: Tonhöhe verändern
Anweisung: Jetzt wenden wir uns richtigen Musikstücken zu. Sicher kennen Sie das Lied „Bruder Jakob". Wir brauchen es für die nächsten 3 Übungen. Ist Ihr Musikpartner bereit?

1. Singen Sie nun das Lied „Bruder Jakob". Es muss nicht perfekt sein und auch nicht klingen wie in einer Oper. Wie schön es sich anhört, ist bei dieser Übung nicht entscheidend, aber die Töne müssen richtig sein. Dann gibt es 1 Punkt.
2. Nun singen Sie bitte dasselbe Lied etwas höher als gerade eben. Wenn es Ihnen gelingt, gibt es wieder 1 Punkt.
3. Nun sollen Sie ein drittes Mal „Bruder Jakob" singen, aber mit einem Ton beginnen, den Ihr Partner vorgibt oder den Sie z.B. aus dem Radio übernehmen. Natürlich müssen die Töne stimmlich für Sie singbar sein. Wenn es gelingt, gibt es noch 1 Punkt.
4. Nun sollen Sie ein letztes Mal „Bruder Jakob" singen, aber nicht in DUR, sondern in MOLL. Wenn Sie das schaffen, sind Sie mit Sicherheit musikalisch und bekommen noch 1 Punkt.

4. Aufgabenart: Mitsingen

Anweisung: Jetzt brauchen Sie ein Radio oder einen CD-Player. Hören Sie sich nun insgesamt 4 beliebige Musikstücke an. Gegen Ende der Musikstücke sollen Sie jeweils versuchen, es mindestens 10 Sekunden lang mitzusingen, z.B. den Refrain, es gilt aber auch jede andere Stelle. Der Text ist dabei nicht wichtig, es kann also auch gesummt oder auf der Silbe "Na" gesungen werden. Die Musikrichtung überlassen wir Ihrem Geschmack. Voraussetzung ist nur, dass die Stücke so etwas wie eine Melodie haben und sich möglichst stark voneinander unterscheiden. Für jedes Musikstück, dessen Melodie Sie erkannt und mehr als 10 Sekunden mitgesungen haben, gibt es einen Punkt. Insgesamt also wieder 4 Punkte.

5. Aufgabenart: Rhythmus

Anweisung: Wieder benötigen Sie Radio oder CD-Player. Hören Sie sich nun wieder insgesamt 4 beliebige Musikstücke an. Gegen Ende jedes Musikstückes sollen Sie den Rhythmus mitklatschen. Wenn das Stück zu Ende ist, bitte noch 5 bis 10 Sekunden weiterklatschen und den Rhythmus so genau wie möglich beibehalten. Wenn das geklappt hat, ist das einen Punkt wert. Die Musikrichtung überlassen wir wieder Ihnen. Voraussetzung ist nur, dass es Stücke mit unterschiedlichen Rhythmen sind, z.B. ein schnelles, ein langsames, ein Volksmusikstück, ein Schlager, ein Klavierkonzert, ein Rap usw. Für jeden richtigen Rhythmus bekommen Sie wieder einen Punkt. Insgesamt also 4 Punkte.

Sportlichkeit und Körperkoordination
Für die Durchführung der Aufgaben benötigen Sie einen haushaltsüblichen Besenstiel, Länge ca. 1,2 m. Durchmesser 4 bis 5 cm.

1. Aufgabenart: Gleichgewicht
1. Stehen auf einem Bein. Versuchen Sie, 30 Sekunden lang auf einem Bein (egal ob rechts oder links) zu stehen, selbstverständlich ohne Hilfsmittel und ohne mit dem anderen Fuß aufzutippen.

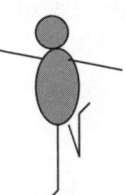

2. Hüpfen Sie nun bitte auf einem Bein. Versuchen Sie, 30-mal auf dem rechten oder linken Bein, möglichst auf einer Stelle, zu hüpfen.

3. Einbeiniges Slalom-Hüpfen. Versuchen Sie, 10-mal mit einem Bein hin und zurück über den Besenstiel zu springen. Das Hindernis darf dabei nicht berührt werden.

4. Balancieren: Versuchen Sie, barfuß über den Besenstiel zu balancieren, vorwärts und rückwärts.

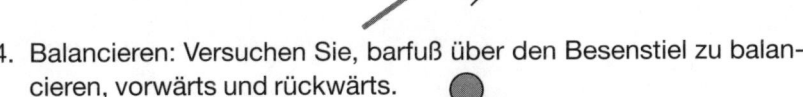

2. Aufgabenart: Reaktion und Schnelligkeit

Anweisung: Sie brauchen nun wieder den Besenstiel. Es geht bei dieser Aufgabe um Reaktionsgeschwindigkeit und Spurtqualitäten. Ihr Partner hält den senkrecht stehenden Besenstiel mit einer Hand. Sie stehen mit dem Rücken zum Stab erst 1, dann 2, dann 3, und schließlich (die Leistungssportler unter Ihnen) 4 Meter entfernt. Der Stabhalter lässt den Besenstiel los und sagt gleichzeitig laut und deutlich: „Jetzt!" Sie drehen sich nun ganz schnell um und spurten los, um den fallenden Besenstiel zu fangen, bevor er den Boden berührt. Sie können gerne vorher eine Probe machen. Für jeden gelungenen Versuch gibt es 1 Punkt.

1.

1 m

2.

2 m

3.

3 m

4.

4 m

3. Aufgabenart: Kraft und Ausdauer

Anweisung: Legen Sie sich nun den Besenstiel quer über die Schultern wie auf den Bildern unten zu sehen. Machen Sie nun ohne Pausen Kniebeugen. Eine korrekte Kniebeuge beginnt im Stehen, geht weiter bis in eine tiefe Hocke, und endet wieder im Stehen. Für je 10 mustergültige Kniebeugen gibt es 1 Punkt.

4. Aufgabenart: Körperkoordination

Anweisung: Versuchen Sie, die unten in 4 Schritten beschriebene Übung innerhalb der vorgegebenen Zeit so oft wie möglich zu wiederholen. Üben Sie den Bewegungsablauf 2- bis 3-mal vorher.

Die Übung:

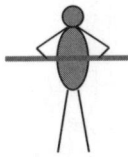 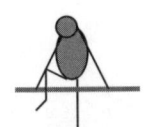  

| 1. Stab vor dem Körper halten | 2. Stab mit beiden Händen festhalten und drübersteigen. | 3. Stab hinter sich auf den Boden legen. Nicht fallen lassen! | 4. Rückwärts über den Stab steigen und aufheben. |

Zeit: 60 Sekunden

5. Aufgabenart: Ausdauer, Sprungkraft

Anweisung: Legen Sie den Besenstiel auf den Boden. Nun sollen Sie mit geschlossenen Beinen innerhalb der vorgegebenen Zeit so oft wie möglich hin- und herspringen (Slalom). Sie können vorher ein paar Übungssprünge machen.

Die Übung:

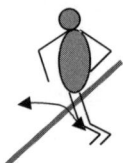

Zeit: 30 Sekunden

Lösungs- und Auswertungsblatt

In dieser Tabelle finden Sie alle Lösungen mit Punkteverteilung. In die unterste Zeile tragen Sie bitte die exakte Punktzahl für jeden Begabungsbereich ein. Jetzt können Sie die Ergebnisse in Ihr persönliches Begabungsprofil übertragen.

Punkte-verteilung	verbal	Logisch-ma-thematisch	kreativ	räumlich	musikalisch	sportlich
Aufgabenart 1	Wortsalat	Logische Reihe	Unvollstän-dige Zeich-nungen	Räumliche Bewegung	Töne nachsingen I	Gleich-gewicht
1 Punkt	Nebel Leben	32(x2)	ab 5 Ideen	Schneller	richtiger Ton	Übung korrekt absolviert
1 Punkt	Gurke	32(-4x4)	ab 10 Ideen	Falsch	richtiger Ton	Übung korrekt absolviert
1 Punkt	Treppe	9(-11-8x4)	ab 15 Ideen	1	richtiger Ton	Übung korrekt absolviert
1 Punkt	Fiasko	191 ein Schritt: x2+1	Ab 20 Ideen	Unmöglich	richtiger Ton	Übung korrekt absolviert
Aufgaben-art 2	Wortschatz	Reihen fortsetzen	Gebundene Zeichnungen	Verdeckte Flächen	Töne nachsingen II	Reaktion und Schnelligkeit
1 Punkt	Stress	Dreieck	3 Zeichnun-gen	6	3 richtige Töne	Rechtzeitig gefangen
1 Punkt	Talent	Kreis rechts oben in der Ecke, ganz zu sehen	4 Zeichnun-gen	8	3 x 2 richtige Töne	Rechtzeitig gefangen
1 Punkt	Poesie	Leerer Kreis im Quadrat	5 Zeichnun-gen	14	3 x 3 richtige Töne	Rechtzeitig gefangen
1 Punkt	Morast	Alle geome-trischen For-men groß, wandernder Kreis rechts oben	6 Zeichnun-gen	30	3 x 4 richtige Töne	Rechtzeitig gefangen
Aufgaben-art 3	Lebendiger Wortschatz I	Regel erkennen	Sprach-kreativität	Gedankli-ches Zusam-mensetzen	Tonhöhe verändern	Kraft und Ausdauer
1 Punkt	Frosch, schlau	4	5-9 Wörter	Richtig	Lied richtig gesungen	10 –19 korrekte Kniebeugen
1 Punkt	Preis, Eisen	3	10-14 Wörter	Richtig	Lied in hö-herer Tonart richtig ge-sungen	20–29 korrekte Kniebeugen

Punkte-verteilung	verbal	Logisch-ma-thematisch	kreativ	räumlich	musikalisch	sportlich
1 Punkt	Stern, Ernte	2	15-19 Wörter	Richtig	Lied in vor-gegebener Tonhöhe richtig gesungen	30–39 korrekte Kniebeugen
1 Punkt	Frage, Agent	2	Ab 20 Wörter	Richtig	Lied in Moll richtig gesungen	Ab 40 korrekte Kniebeugen
Aufgaben-art 4	Lebendiger Wortschatz II	Sprachlogik	Lebens-rettende Kreativität	Entfernun-gen ab-schätzen	Mitsingen	Koordination
1 Punkt	-and	China	ab 5 Ideen	Entfernung 1: +/- 10 %	Erste Melo-die richtig nachge-sungen	1-4 Wieder-holungen
1 Punkt	-ille	Lärche	ab 10 Ideen	Entfernung 2: +/- 10 %	Zweite Melo-die richtig nachge-sungen	5-8 Wieder-holungen
1 Punkt	-ase	Schnell	ab 15 Ideen	Entfernung 3: +/- 10 %	Dritte Melo-die richtig nachge-sungen	9-13 Wieder-holungen
1 Punkt	-mut	Anne (nur 1 „e")	ab 20 Ideen	Entfernung 4: +/- 10 %	Vierte Melo-die richtig nachge-sungen	Ab 14 Wieder-holungen
Aufgaben-art 5	Wortflüssig-keit	Logisches Denken	Nützliche Kreativität	Abwick-lungen	Rhythmus	Ausdauer, Sprungkraft
1 Punkt	7 oder mehr	2 Wägungen, erst je 3, dann 2 der 3 leichteren	2-3 Ideen	2	Erster Rhyth-mus richtig wieder ge-geben	mehr als 20
1 Punkt	7 oder mehr	Erst 2 Söhne, dann einer zurück, dann Vater allein, ein Sohn zu-rück, beide Söhne wie-der zusam-men	4-5 Ideen	2	Zweiter Rhythmus richtig wie-der gegeben	mehr als 30
1 Punkt	7 oder mehr	Nach 16 Ta-gen ist der Teich be-deckt.	6-7 Ideen	3	Dritter Rhythmus richtig wie-der gegeben	mehr als 40

Punkte-verteilung	verbal	Logisch-ma-thematisch	kreativ	räumlich	musikalisch	sportlich
1 Punkt	7 oder mehr	Nach 1 Stunde und 15 Minuten	ab 8 Ideen	3	Vierter Rhythmus richtig wieder gegeben	Ab 50
Gesamt-punktzahl						

Auswertungstabelle und Begabungsprofil

Malen Sie bitte die von Ihnen erreichten Punkte gut sichtbar aus. Sie sehen dann auf einen Blick Ihre Begabungsschwerpunkte.

Punkte →	1	2	3	4	5	6	7	8	9	10	11	12	13	14	15	16	17	18	19	20
Verbal	●	●	●	○	○	○	●	●	●	●	●	●	●	●	○	○	●	●	●	●
Logisch	●	●	●	○	○	○	●	●	●	●	●	●	●	●	○	○	●	●	●	●
Kreativ	●	●	●	○	○	○	●	●	●	●	●	●	●	●	○	○	●	●	●	●
Räumlich	●	●	●	○	○	○	●	●	●	●	●	●	●	●	○	○	●	●	●	●
Musikalisch	●	●	●	○	○	○	●	●	●	●	●	●	●	●	○	○	●	●	●	●
Körperlich	●	●	●	○	○	○	●	●	●	●	●	●	●	●	○	○	●	●	●	●
Abstufungen →	geringe Begabung	mäßige Begabung		mittlere Begabung								Begabung			große Begabung					

Auswertungstabelle und Begabungsprofil *Beispiel*

Malen Sie bitte die von Ihnen erreichten Punkte gut sichtbar aus. Sie sehen dann auf einen Blick Ihre Begabungsschwerpunkte.

Punkte →	1	2	3	4	5	6	7	8	9	10	11	12	13	14	15	16	17	18	19	20
Verbal	●	●	●	●	●	●	●	●	●	○	○	○	○	○	○	○	○	●	●	●
Logisch	●	●	●	●	●	●	●	●	●	●	●	●	●	●	●	●	○	●	●	●
Kreativ	●	●	●	●	●	●	●	●	●	●	●	●	●	●	●	●	●	●	●	●
Räumlich	●	●	●	●	●	●	●	○	○	○	○	○	○	○	○	○	○	●	●	●
Musikalisch	●	●	●	●	○	○	●	●	●	●	●	●	●	●	●	●	●	●	●	●
Körperlich	●	●	●	●	●	●	●	●	●	●	●	●	●	●	●	●	●	○	●	●
Abstufungen →	geringe Bega- bung	mäßige Bega- bung		mittlere Begabung													Bega- bung	große Bega- bung		

Interpretation der Ergebnisse

Grundsätzliches: Alle Begabungen sind in der Gesamtbevölkerung normal verteilt. Man kann sich diese Verteilung als Glockenkurve vorstellen, die in der Mitte am höchsten ist und zu den Rändern hin gegen Null ausläuft. Im Mittelfeld sind ca. zwei Drittel (68 Prozent) durchschnittlich Begabte versammelt (in unserem Test ungefähr 4 bis 17 Punkte), am linken Rand ca. 16 Prozent unterdurchschnittlich Begabte (in unserem Test 0 bis 3 Punkte), am rechten Rand die überdurchschnittlich Begabten (in unserem Test 18 bis 20 Punkte). Die obersten 2 Prozent werden auch als Hochbegabte bezeichnet. Es ist völlig normal, dass jemand nicht in allen Bereichen überdurchschnittlich ist, ebenso, dass die Leistungen nicht überall unterdurchschnittlich ausfallen. In der Regel ist unser Begabungsprofil sehr abwechslungsreich, und jede/r kann sich auf die Suche nach „seinen" oder „ihren" Begabungen machen. Lesen Sie jetzt die Interpretationen für die verschiedenen Ergebnisse. Sie gelten für alle Begabungsbereiche.

0 bis 6 Punkte: geringe Begabung, mäßige Begabung

Sie liegen bei diesem Begabungsfeld im unteren Bereich, was darauf hinweist, dass dies nicht unbedingt Ihre stärkste Seite ist. Wir vermuten, dass Ihnen die Lösung der Aufgaben weder besonders leicht fiel, noch Sie sonderlich mit Begeisterung erfüllt hat. Macht nichts! Wir Menschen zeichnen uns durch viele unterschiedliche, unabhängige Begabungen aus.

Die Anlagen, also das, was wir uns in diesem Test anschauen, sind zwar zu einem beachtlichen Teil an unserer Entwicklung, unseren Leistungen, Erfolgen und Misserfolgen beteiligt. Das heißt aber auch, dass, selbst wenn Ihre Begabungs-schwerpunkte nicht in diesem Bereich liegen, noch längst nicht alles verloren ist. Der andere Teil unserer persönlichen Entwicklung wird nämlich von den so genannten Umwelteinflüssen bestimmt, also in der Kindheit und Jugend von Lehrern, Eltern, Freunden, Vorbildern aus Musik, Sport und Kino, als Erwachsene von der Familie, dem Arbeitsplatz, Kollegen, Wohnort, Infrastruktur, Einkommens- und Bildungsschicht usw.

Wenn Ihnen etwas wirklich Spaß macht, können Sie mit Engagement, Fleiß und Ausdauer auch ohne besonderes Talent durchaus Erfolge erzielen. Es wird allerdings etwas mehr Beharrlichkeit erfordern, und Ihre persönlichen Stärken können sich eventuell nicht voll entfalten, weil sie unterdrückt oder zumindest vernachlässigt werden.

7 bis 14 Punkte: mittlere Begabung

Sie liegen bei diesem Begabungsbereich im breiten Mittelfeld. Hier befinden sich ca. 50 Prozent aller Menschen mit ihren Leistungen. Allerdings sucht man gewöhnlich nicht nach Gebieten, in denen man durchschnittlich ist, sondern nach besonderen Talenten. Unserer mehrjährigen Erfahrung nach gibt es so etwas bei nahezu allen Menschen. Sie haben hier zwar schon einmal eine Begabung, mit der Sie im soliden Mittelfeld liegen, aber vielleicht gibt es auch bei Ihnen ein besonders ausgeprägtes Talent. Am besten sehen Sie sich gleich die anderen Testergebnisse an.

Selbstverständlich – und das möchten wir ganz besonders betonen – kann man sich auch an Beschäftigungen erfreuen, für die man nicht schwarz-auf-weiß-bestätigt ein besonderes Talent besitzt. Nahezu jeder Mensch, der mit seinen Begabungen zwischen 7 und 14 Punkten liegt, kann erfolgreich in einem Chor singen, sportliche Leistungen erbringen, originelle Ideen produzieren, kann sich, auch beruflich, mit Literatur, Philosophie und Wissenschaft beschäftigen.

15 bis 20 Punkte: Begabung, große Begabung

Sie haben die meisten oder sogar alle Aufgaben richtig gelöst. Wenn dies ohne fremde Hilfe und in der vorgegebenen Zeit geschehen ist, liegen Sie in diesem Begabungsfeld mindestens im oberen Viertel. Das bedeutet, dass Sie auf diesem Gebiet sowohl schneller und leichter lernen, als auch, dass Sie hier am meisten erreichen können, vielleicht auch schon erreicht haben. Wenn Sie Lust haben, etwas Zeit freischaufeln können und es bisher versäumt haben, beschäftigen Sie sich mit Ihrem Talent, bauen Sie es aus, trainieren Sie Ihre Fähigkeiten. Wer weiß, was noch daraus wird? Sie werden sehen, das Lernen fällt Ihnen auf diesem Gebiet deutlich leichter als vielen anderen und Sie können es hier zu höherer Meisterschaft bringen. Es ist ein bisschen wie bei einem Schatz, den man gefunden hat, und nun muss man ihn ausbuddeln, heben und vermehren. Viel Erfolg!

7. Kapitel:
Der persönliche Talentefinder... auf den Spuren des Enthusiasmus

„Wünsche sind die Vorboten unserer Fähigkeiten."
J.W. von Goethe

Vor wenigen Wochen wurde ich in einem Interview gefragt, was die wichtigste Lektion sei, die ich in 20 Jahren Unternehmercoaching gelernt hätte. Die Frage war für mich nicht leicht zu beantworten, weil mir sofort eine Vielzahl von wichtigen Aha-Erlebnissen, Coaching-Erfahrungen und Durchbrüchen in den Sinn kamen, die es eigentlich alle verdient hatten, jetzt erwähnt zu werden.

Nach kurzer Bedenkzeit antwortete ich dann: „In den ersten zehn Jahren unserer Karriere-Coachings habe ich den Fokus vor allem auf den Markt gerichtet: Wo will mein Klient mit seinem Unternehmen (oder auch seiner eigener Karriere hin) und wie können wir ihn dort möglichst schnell als Experten positionieren?

Dann habe ich begriffen, dass dies nur perfekt funktioniert, wenn zwischen den Aufgaben, die der Kunde sich stellte und seinen Talenten ein hohes Maß an Übereinstimmung bestand. Und so bin ich in den letzten Jahren immer stärker dazu übergegangen, für *jeden die optimale ‚Aufgaben-Talent-Passung' zu finden.*

Dies setzt zunächst voraus, dass wir für jeden Kunden ein kristallklares Profil seiner Talente und Stärken entwickeln mussten – ein Prozess, der Klienten mit einem starken Talentbewusstsein leicht von der Hand ging, andere aber für längere Zeit ins Grübeln brachte.

Aus den Erfahrungen vieler Einzelchoachings haben wir unseren Talent- und Stärkenfindungsprozess in den letzten Jahren systematisiert und zu einem mehrteiligen Analyseverfahren verdichtet. Da jedes Model dieser Analyse die Suche nach unseren Stärken und Talenten von einer anderen Perspektive angeht, ergibt sich am Ende durch die mehrfache Bestätigung der Ergebnisse eine hohe Gewissheit, die eigenen Talente und Stärken vollständig und zutreffend erfasst zu haben.

Der persönliche Talente- und Stärkenfinder im Überblick

Wenn unsere zehn Grundintelligenzen die Tonleiter sind, dann sind – wie schon erwähnt – unsere Talente die Akkorde, die wir darauf spielen. Unsere Talente sind also die Kombination von Intelligenzen in einem bestimmten Funktionsbereich, deren Potenzial wir brauchen, um auf diesem Gebiet hervorragende Leistungen zu erbringen. Unsere Talente entfalten und polieren wir dann mit Wissen und Skills zu unseren Stärken. Damit eine Fähigkeit von uns als Stärke bezeichnet werden kann, müssen wir zunächst in der Lage sein, sie stetig und konsequent und nahezu perfekt durchzuführen. Das bedeutet, Stärken sind ein vorhersagbarer Teil unserer Performance.

Werfen wir einen Blick auf Oliver Kahn, der gerade von Journalisten – als erster Torwart überhaupt – zum besten Fußballspieler der WM 2002 gewählt worden ist. Oliver Kahns Fähigkeit, gegnerische Stürmer davon abzuhalten, den Ball vorbei an ihm ins Tor zu bugsieren, ist legendär. Sein räumliches Vorstellungsvermögen, seine Fähigkeit zur Selbstmotivation (intrapersonale Intelligenz), und seine körperlich-kinästhetische Intelligenz sind zusammen mit seinem Ehrgeiz und seiner Trainingsdisziplin (intrapersonale Intelligenz) eine so gelungene Kombination eingegangen, dass sein Talent als Torwart außer Frage steht. Da Oliver Kahn diese Topleistungen stetig und konsistent zeigt, ist diese Stärke auch ein vorhersagbarer Teil seiner Performance.

Das zweite – und für unseren Talente- und Stärkenfinder-Test besonders aussagekräftige – Kriterium einer Stärke ist, dass uns *diese Aktivität mit Enthusiasmus, leidenschaftlicher Begeisterung und Genugtuung erfüllt.* Es genügt also nicht, dass wir etwas ständig supergut können, damit wir von einer Stärke sprechen. Erforderlich ist weiter, dass diese Tätigkeit uns ausfüllt, glücklich macht und unsere Seele jubilieren lässt.

Bill Gates beispielsweise ist sicher ein hervorragender Unternehmer, der viele Jahre als CEO von Microsoft bewiesen hat, dass er ausgezeichnet in der Lage ist, die Konzernstrategie in die Praxis umzusetzen. Trotzdem ist die Praxis der Unternehmensführung keine seiner vielen Stärken. Bill Gates hat immer wieder betont, wie viel Energie ihm diese Aufgabe raubt und deswegen folgerichtig den Vorstandsvorsitz seinem Freund und Partner Steve Balmer übertragen. Das gibt ihm die Möglichkeit, sich wieder voll auf seine Stärken zu konzentrieren, zu denen unter anderem die Entwicklung neuer Produkte und neuer Geschäftsfelder gehört.

Da die zehn Grundintelligenzen bei jedem Menschen in unterschiedlicher Ausprägung und Kombination vorliegen und bei jedem von uns durch kulturelle Einflüsse und persönliche Entscheidungen weiter ausdifferenziert werden, verfügt jeder Mensch über ein Talentprofil, das genauso einzigartig ist wie sein Fingerabdruck oder die Kombination seiner Gene.

Es gibt zwar nur zehn verschiedene Dimensionen von Rechnerleistung als Ausgangsbasis, aber es ist faszinierend, was jeder von uns daraus machen kann – frei nach dem Motto: „Die einzelnen Töne in der Musik waren schon immer da. Aber schauen sie sich an, was Beethoven daraus gemacht hat ..."

Wenn es also im Detail genauso viele Talente und Stärkeprofile gibt wie Individuen, dann helfen uns die Raster der Intelligenztests des letzten Kapitels nur im ersten Schritt weiter.

Zum weiteren Feintuning unserer Talentanalyse – wie wir sie in diesem Kapitel betreiben wollen – brauchen wir also noch feinere und präzisere Instrumente. Dabei hat sich in der Praxis herausgestellt, dass *die Stimme unseres Herzens – die Aktivitäten und Reaktionen unseres limbischen Systems – der beste Talente-Indikator ist*, der sich finden lässt.

Der Rat vieler Weisheitslehrer, „Folge der Stimme deines Herzens", hat hier seine volle Berechtigung. Die fünf Module unseres Talentefinders geben deshalb mit ihren verschiedenen Perspektiven Gelegenheit, unseren Herz- und Bauchgefühlen Gehör zu verschaffen:

1. Wir starten mit einer Analyse unserer eigenen Biografie und arbeiten Schlüsselerlebnisse und Aktivitäten heraus, die uns schon von frühester Kindheit an intensiv begeistert haben.
2. Danach erarbeiten wir uns ein Enthusiasmus-Szenario für die Gegenwart.
3. Der dritte Baustein ist die Analyse unserer Intention, getreu dem Motto: Wünsche sind die Vorboten unserer Fähigkeiten.
4. Baustein 4 ist die „Aussteigerübung", die uns die Chance gibt, in einem ganz anderen emotionalen Kontext mit viel Abstand über unsere Talente nachzudenken.
5. Baustein 5 stellt abschießend 34 Denk- und Handlungspräferenzen vor, die sich bei der Analyse von vielen hunderttausend Menschen als besonders häufige Talent-Muster gezeigt haben, und lädt Sie ein, sich in diesem Spiegel selbst zu erkennen und einzuordnen.

Die Analyse der eigenen Biografie

Bei der Analyse der eigenen Geschichte hat sich ein zweistufiges Vorgehen bewährt:

Im ersten Schritt lohnt es sich, alle emotionalen Schlüsselerlebnisse anzuschauen, bei denen uns die Augen dafür geöffnet worden sind, dass wir uns zu einer bestimmten Aufgabe berufen und

von ihr angezogen fühlen. Im zweiten Schritt ist es dann empfehlenswert, unsere ganze Erinnerungsdatenbank noch einmal
von frühester Jugend an durchzukämmen, um ein möglichst voll-
ständiges Bild aller Talente- und Stärkenkombinationen zu erkennen.

Talent-Entdeckung durch Schlüsselerlebnisse

Manchen Menschen fällt es ziemlich leicht, ihre wichtigsten Talente und Stärken in der Vergangenheitsanalyse zu erkennen, weil
sie durch ganz außergewöhnliche Aha-Erlebnisse vom Schicksal
einen „Wink mit dem Zaunpfahl" bekommen haben.

Eher selten (und in unserer Praxis noch nicht aufgetaucht)
scheinen so genannte „Erleuchtungserlebnisse", von denen in der
Literatur des Talent-Scoutings wiederholt berichtet wird.[21] Bekannt geworden ist etwa das Erlebnis von Mutter Teresa, die ursprünglich an einer vornehmen Privatschule unterrichtete und
eines Tages auf dem Weg nach Hause Zeuge wurde, wie ein älterer
Mann vor ihr auf der Straße zusammenbrach. Mutter Teresa leis-
tete ihm erste Hilfe und brachte ihn zu mehreren Krankenhäu-
sern. Dort wurde jedoch seine Aufnahme abgelehnt, weil er offensichtlich zu arm war, um die Behandlungskosten zu begleichen.
Der Mann starb schließlich in den Armen von Mutter Teresa,
nicht ohne vorher noch einmal die Augen zu öffnen und ihr zu sagen: „Wenn ich jetzt sterbe, ist dies der glücklichste Tag in meinem
Leben. Es ist nämlich das erste Mal, dass sich jemand um mich
kümmert und bei mir bleibt."

Mutter Teresa ließ sich von diesem Erlebnis tief berühren. Sie
erkannte ihre Berufung und aktivierte ihre Talente – angefangen
von ihrer Empathie, über ihre Führungsqualitäten bis zu ihrem
Überzeugungsvermögen: Sie gründete ihren eigenen Orden, widmete ihr Leben der Hilfe der Ärmsten der Armen und der Rest ist
Geschichte ...

---

[21] Vgl. Chang, The Passion Plan, San Fransisco 2000, S. 78

Erleuchtungserlebnisse müssen nicht immer so dramatisch und plakativ sein, um uns mit der Nase auf unsere Talente zu stoßen. Ein Kollege von mir berichtet in seinen Seminaren zum Beispiel von einer Studentin, die in den Semesterferien im örtlichen Krankenhaus jobbte, um ihr Studium zu finanzieren. Eines Tages unterhielten sich zwei Krankenschwestern in ihrer Nähe abfällig über einen schwierigen Patienten, der ihnen besonders viel Arbeit bereitete. Sie beobachtete zufällig das Gesicht des alten Mannes, der das Gespräch mit anhören musste. Sie spürte seinen Schmerz so sehr, dass sie anschließend viel Zeit investierte, um die unbedachten Äußerungen ihrer Kolleginnen vergessen zu machen.

Diese kleine Episode half der jungen Frau, ihr großes Talent zu erkennen, mit Einfühlungsvermögen und Hingabe das Leben anderer Menschen zu bereichern. Konsequenterweise wechselte sie ihr Studienfach, um ihre Berufung zum Beruf zu machen.

In der Praxis häufiger als Erleuchtungserlebnisse sind Schlüsselerlebnisse, die mit einer abrupten Veränderung unserer Lebensumstände zu tun haben: der Tod eines nahe stehenden Menschen, Heirat, Scheidung, der Verlust des eigenen Unternehmens, die Notwendigkeit, nach einem Feuer ganz von vorn beginnen zu müssen. Solche und ähnliche Situation sind oft Auslöser eines Prozesses, der uns unsere Talente und Stärken schlagartig bewusst macht.

Einer unserer Kunden, der Sohn eines sehr reichen Vaters, genoss sein Studium im Ausland in vollen Zügen, als sein Vater beim Absturz des firmeneigenen Flugzeugs tödlich verunglückte. Obwohl der Sohn bisher nicht im Entferntesten daran gedacht hatte, jemals in die Fußstapfen seines Vaters zu treten, entschied er sich nach dessen Unfalltod spontan, die Nachfolge anzutreten. „Es war das Gefühl der Verantwortung für die Familie", erzählte er mir viele Jahre später, „das mich nie mehr losgelassen hat …"

Eine wichtige Hilfe bei der Entdeckung unserer Talente ist auch die Intuition: Eine ganze Reihe von Kunden haben in unseren Einzelcoachings berichtet, dass sie schon sehr früh im Leben tief aus ihrem Inneren heraus und ohne jeden äußeren Einfluss wussten, was sie mit ihrem Leben anfangen wollten. Mir selbst ist es ähnlich ergangen: Vom ersten Tag meiner Schulzeit an hatte ich das merkwürdige Gefühl. „Wenn ich mal groß bin, möchte ich genauso wie meine Lehrerin vor anderen stehen und diese unterrichten dürfen. Aber ich werde auf keinen Fall Lehrer, weil das Unterrichten von Lesen und Schreiben viel zu einfach und langweilig ist."

Diese intuitive Einschätzung berührt mich noch heute, denn als Erstklässler hatte ich keinen Grund, Lesen und Schreiben für langweilig zu halten.

Jahre später wollte ich dann Universitätsprofessor werden und als ich schließlich den ersten Topmanagement-Trainer kennen lernte, der ausschließlich Unternehmer, Vorstände und andere Business-Profis trainierte, war mein Lebensziel endgültig klar.

Ich sehe noch heute die ungläubigen Gesichter meiner Freunde und Studienkollegen, als ich ihnen mit jungen 23 Jahren von meinen hochfliegenden Plänen erzählte. Und ich spüre noch heute dieselbe tiefe, innere Gewissheit wie damals, dass diese Berufung meinen Talenten optimal entsprechen würde.

Tatsächlich hat sich in 20 Berufsjahren nichts an meiner Begeisterung für meinen Beruf geändert: Meine Familie macht sich nach wie vor darüber lustig, dass ich nach einem langen Flugtag über den Atlantik vor dem Einchecken ins Hotel immer noch in die nächste Buchhandlung laufe, um mir sofort die Neuerscheinungen meines Fachgebiets zuzulegen ...

Talente entdecken durch Vergangenheitsanalyse

Der oben beschriebene Wink des Schicksals, der uns mit der Nase auf unsere Talente stößt, ist sicher hilfreich, aber eher die Ausnahme als die Regel. Die weitaus meisten Menschen finden ihre Talente durch eine sorgfältige Analyse ihrer Kindheit, indem sie genau untersuchen, von welchen Aktivitäten sie sich spontan angezogen gefühlt haben und was schon damals ihre Begeisterung und Leidenschaft geweckt hat. Folgende Überlegungen können Ihnen dabei helfen:

1. Versetzen Sie sich zurück in Ihre Kindheit und durchleben Sie dort (mit geschlossenen Augen) möglichst viele Highlights, die Sie damals emotional bewegt haben.
2. Überlegen Sie, bei welchen Erlebnissen Sie mehr Zuschauer waren (zum Beispiel Erstkommunion, Geburtstagsparty, tolle Reisen usw.) und bei welchen Erlebnissen Sie aktiv beteiligt waren. Beschäftigen Sie sich nun intensiv mit diesen Aktivitäten und Aufgaben, bei denen Sie mit Enthusiasmus, Begeisterung und Hingabe bei der Sache waren. Überlegen Sie, inwieweit Sie schon in Ihrer Kindheit Ketten von Aktivitäten erkennen, die über mehrere Jahre hinweg immer wieder Ihre Begeisterung geweckt haben.
3. Was haben Sie in Ihrer Jugend und Kindheit unheimlich gern getan?
4. Wo haben Ihre Eltern Sie suchen müssen, wenn Sie in einer Aktivität versunken waren und um sich herum alles vergessen hatten?
5. Was hätten Ihre Eltern, Großeltern, Onkel und Tanten gesagt, wenn man sie nach Ihren Lieblingsaktivitäten befragt hätte?

Eine Freundin von mir, die viele Jahre im Marketing-Bereich Spitzenpositionen bekleidet hat und sich gerade ein Sabbatical zur beruflichen Neuorientierung gönnt, antwortete auf die letzte Frage sehr spontan und entschieden: „Meine Familie wusste immer: sie kümmert sich um alle und singt und tanzt den ganzen Tag…" An diesem Grundprofil ihrer Talente hat sich bis heute nichts verändert. Von daher war es nur folgerichtig, dass diese Topmanagerin schon vor Jahren eine Zweitkarriere als Sängerin begonnen hat, in der sie von ihrem Publikum riesigen Zuspruch bekommt und sich jetzt überlegt, ob sie nicht ganz in das Feld ihrer größten Stärken wechseln soll ...

Falls Sie Ihre Talente und Ihre Berufung im Leben schon aufgrund von Schlüsselerlebnissen gut einschätzen können, empfehle ich Ihnen gleichwohl, Ihre Kindheit sorgfältig auf weitere Talentmuster zu untersuchen:

Wir alle verfügen nämlich über unglaublich viele faszinierende Begabungen und Talentpräferenzen. Auch wenn wir vielleicht nicht jedes Talent beruflich nutzen können, so bekommen wir doch wertvolle Anregungen, welche Hobby- und Freizeitaktivitäten uns am meisten liegen. Und dies ist von entscheidender Bedeutung. Denn unser limbisches System funktioniert nach dem Prinzip, dass es *leidenschaftliche Begeisterung in einem Lebensbereich nutzt, um unser ganzes Leben emotional anders einzufärben.*

Jeder, der einmal heftig verliebt war, kennt das Gefühl: Nur weil wir die Frau oder den Mann unseres Lebens getroffen haben, macht es auf einmal Spaß, im Stau zu stehen und die Kritik unseres Chefs ist genauso unwichtig geworden wie die Tatsache, dass auf unserem Bankkonto Ebbe angesagt ist.

Wie wir uns im nächsten Teil des Buches noch näher anschauen, genügt unserem limbischen System, dass wir *irgendetwas* heiß und innig lieben, um die Eigendynamik positiver Emotionen zu starten.

Ob dieses Etwas unser Lebenspartner, unser Baby, ein Oldtimer oder der Aufenthalt in der freien Natur ist, ist dabei zweitrangig. Entscheidend ist allein die Tiefe des Gefühls:

Wie viel Hingabe, Begeisterung, Passion, Leidenschaft und Enthusiasmus entwickeln wir für das, was wir lieben?

Und hier wird ein klares Bild all der Dinge, die wir immer schon heiß und innig geliebt haben, unschätzbar wertvoll. Denn sie geben uns die Gelegenheit, den „Enthusiasmus-Thermostat" in unserem limbischen System so aufzudrehen, dass wir für die Entfaltung möglichst vieler Talente das optimale Emotions-Fundament vorfinden.

Um Ihnen einige Beispiele für solche Enthusiasmus-Cluster zu geben, hier einige Beobachtungen aus meiner Kindheit:

1. Von meinem ersten Tretroller an habe ich Geschwindigkeiten mehr geliebt als alles andere: Ob Fahrräder, Go-Carts, Gleitschuhe, Schlitten oder Skier – schon als Kind habe ich Dutzende Stunden damit zugebracht, immer schneller den Berg hinunterzusausen. Und während ich Geschwindigkeit als reines Glück erlebte, riefen die Nachbarn regelmäßig meine Mutter an und sagten: „Holen Sie Ihren Verrückten rein, bevor er sich das Genick bricht…"

2. Von der ersten Sportstunde an liebte ich Turnen heiß und innig, während mir Leichtathletik nur in den ersten Jahren Spaß machte, solange ich ohne viel Trainieren zu den Besten gehörte.

3. Mein wichtigstes Hobby in den Teenager-Jahren war Lesen, und zwar das Lesen von Sachbüchern. Als 15-Jähriger habe ich in den Sommerferien Wolfgang Zielkes „Konzentrieren keine Kunst" ausgewertet und allen Ehrgeiz daran gesetzt, in den Lernfächern (Biologie, Geschichte, Physik usw.) so gut aufzupassen, dass ich mir alle Hausaufgaben ersparen konnte…

4. Als 16-Jähriger begann ich dann im Turnen mit dem Krafttraining, woraus eine „Liebe zum Eisen" wurde, die bis heute anhält.

Das Wiederentdecken dieser Kindheitslieben hat mir vor einigen Jahren große Dienste erwiesen: Irgendwann hatte ich während der ersten Jahre des Karriereaufbaus beruflich und privat so viele Verpflichtungen, dass für meine Hobbys immer weniger Zeit blieb und die Freude aus meinem Leben zu verschwinden begann.

Die Rückbesinnung auf die Freizeitaktivitäten, die ich schon immer geliebt habe, war ein wichtiger Schlüssel, meine emotionale Balance zurückzugewinnen. Wenn ich heute von einem Wochenende auf der Skipiste mit meinen Freunden Harald Harb und Diana Rogers (meinen Ski-Coaches, denen ich einen Großteil meines skifahrerischen Könnens verdanke) oder einem Tag auf der Rennpiste mit meinem Fahr-Coach Hans Danzinger (einem mehrfachen österreichischen Staatsmeister) zurückkehre, dann hüpft mein Herz vor Freude und lässt mich die nächsten Wochen unter der Decke fliegen.

Talent- und Stärken-Scouting in der Gegenwart

Natürlich bietet nicht nur unsere Vergangenheit eine Fülle von Informationen, um unseren Talenten auf die Spur zu kommen. Im Hier und Jetzt gibt es ebenfalls eine ganze Reihe von bewährten Übungen, um als Talent-Scout fündig zu werden.

Selbstbeobachtung in der Gegenwart

1. Analysieren Sie 14 Tage lang Ihren Tagesablauf, indem Sie alle Aktivitäten notieren und allabendlich entscheiden, von welchen Sie sich angezogen fühlen und welche Sie eher vermeiden.
2. Was sind die Dinge, die Sie am meisten genießen?
3. Was stört Sie aktiv?
4. Was raubt Ihnen Energie?
5. Was tun Sie gern und wo schleppen Sie sich eher dahin?
6. Wovon hätten Sie gern sehr viel mehr in Ihrem Leben?
7. Was würden Sie am meisten vermissen, wenn es wegfiele?

Spannend wird es, wenn Sie sich Ihre Antworten noch einmal auf strukturelle Gemeinsamkeiten anschauen: Neben inhaltlich definierten Aktivitäten (Fußball spielen, Buchhaltung, Marketing usw.) gibt es nämlich auch kontext-definierte Talente (zum Beispiel helfen, lernen, führen oder sich jeweils bis zum Limit puschen).

Fragen Sie sich also:

1. Gibt es bei meinen Talenten ein gemeinsames Thema (Beispiel: anderen helfen zu können)?
2. Gibt es sonstige Übereinstimmung (zum Beispiel jeweils den Grenzbereich ausloten zu wollen)?
3. Unter welchen (Zusatz-)Bedingungen fühle ich mich besonders glücklich (Beispiel: immer dann, wenn Zeitdruck herrscht; immer dann, wenn ich von vielen Zuschauern beobachtet werde; immer dann, wenn andere glauben, ich würde es sowieso nicht schaffen usw.)?
4. Unter welchen Rahmenbedingungen lebe ich besonders auf?
5. Was mag ich an inspirierenden Umfeldern ganz besonders: die Menschen, die Aktivität oder die Rahmenbedingungen wie Wettbewerb etc.
6. Welche Menschen machen mich besonders lebendig?
7. Was bewundere ich an ihnen am meisten und welche Qualitäten haben wir gemeinsam?

Weitere Techniken, die Ihnen helfen können, Ihren Talenten auf die Spur zu kommen, sind:

1. Befragen Sie Ihre Freunde und Kunden, welche Talente und Stärken an Ihnen besonders ins Auge fallen.
2. Analysieren Sie Ihr Umfeld: Womit umgeben Sie sich? Welche Bücher lesen Sie? Mit welchen Menschen verbringen Sie besonders viel Zeit?
3. Legen Sie eine Liste potenzieller Stärken an und machen Sie „Talent-Geschmacksproben": Wenn Sie im letzten Kapitel beispielsweise von Ihrer hohen musikalischen Begabung überrascht waren, aber niemals Singen oder Musizieren gelernt haben, dann probieren Sie es aus.
4. Bemühen Sie sich um „fremden Input": Reisen Sie in Länder, die Ihnen eigentlich nicht so viel bedeuten, gehen Sie zu Film-

festivals und Partys, zu denen Sie sonst nicht gehen würden oder schauen Sie sich Filme an, die sonst nicht im Zentrum Ihrer Aufmerksamkeit liegen: Viele Klienten berichten, dass sie durch solche „Out-of-the-Box"-Erfahrungen (zu denen ihnen oft Freunde verholfen haben, die sie einfach mitschleppten) zu neuen Einsichten über sich selbst gekommen sind – frei nach dem Grundsatz: *Neue Erfahrungen werden in uns nur das zum Schwingen bringen, was immer schon da war.*

Die Analyse von Spontanreaktionen in Stresssituationen oder im Grenzbereich unserer Leistungsfähigkeit

Da unsere Talente und Stärken neurologisch sehr tief in uns verankert sind, liefern extreme Stresssituationen ebenfalls gute Anhaltspunkte für Talentpotenziale, da wir unsere Grundbegabungen auch dann noch aktivieren können, wenn alle erlernten Skills schon längst vergessen oder blockiert sind.

So konnte die NASA bei ihren Gemini- und Apollo-Projekten bei technischen Pannen, die Astronauten in Lebensgefahr brachten, deutliche Unterschiede in deren Problemlösungssouveränität erkennen, obwohl vorher alle Kandidaten einem rigorosen Auswahlverfahren unterzogen worden waren.[22]

Beobachten Sie also einmal, was Ihre ersten Spontanreaktionen sind, wenn Ihnen bei einer Party das Grillfeuer außer Kontrolle gerät und die erste Tischdecke in Brand setzt:

Erstarren Sie vor Schreck und tun nichts, handeln Sie spontan und reißen das Tischtuch samt Geschirr zu Boden, schauen Sie, welche Freunde helfen könnten, übernehmen die Führung und verteilen Kommandos, bringen Sie als Erstes Ihre Gäste in Sicherheit?

Unsere Spontanreaktionen decken sehr schnell auf, wo unsere Stärken im Denken, Handeln, Führen und Organisieren liegen.

Fragen Sie sich also:

---

22 Buckingham, Coffman, a.a.O., S. 74 ff.

1. Was ist mein Verhaltensgrundmuster in Stress- und Konfliktsituationen?
2. Welche Talente und Stärken sind in diesem Grundmuster zu erkennen?

Zu welchen Dingen im Leben fühle ich mich spontan hingezogen?

Gibt es Aktivitäten in Ihrem Leben, zu denen Sie sich schon immer hingezogen gefühlt haben, zu denen Sie aber – aus welchen Gründen auch immer – bis heute nicht gekommen sind?

Vielleicht konnten Sie in Ihrer Jugend nicht studieren, weil das Geld dazu fehlte. Möglicherweise wollten Sie auch Pilotin oder Nahkämpferin werden, aber weder die Lufthansa noch die Bundeswehr ließen sich vor Jahren davon überzeugen, dass Frauen Talente für diese Berufe mitbringen können?

Was immer Ihr Handicap war, dass sich zwischen Sie und die Realisierung Ihres Talents gestellt hat: Lassen Sie sich durch den Zeitablauf nicht davon abhalten, das zu tun, wozu Sie Ihre größten Stärken befähigen. Nehmen Sie sich ein Beispiel an Anna Mary Robertson Moses. Sie widmete sich als junges Mädchen der Landschaftsmalerei, wurde dann aber durch ein hartes Leben als Farmerin gezwungen, über 60 Jahre lang ihr Talent brachliegen zu lassen. Als sie sich jedoch im Alter von 78 Jahren zur Ruhe setzte, gönnte sie sich den Luxus, ihrem Talent freien Lauf zu lassen. Und als sie 23 Jahre später starb, hinterließ sie der Welt Tausende Bilder mit Szenen aus ihrer Kindheit, war inzwischen weltberühmt und ging als Grandma Moses in die Kunstgeschichte ein.

Talent-Indikator schnelles Lernen

Die Geschwindigkeit, mit der wir neues Wissen aufnehmen und neue Skills lernen, ist ebenfalls ein guter Indikator für unser Talent: Wenn Sie beim Lernen Ihren Klassenkameraden weit voraus sind, sich neuen Lernstoff beim ersten Mal merken, im Lehrbuch schon den Stoff des nächsten Kapitels vorgearbeitet haben und Ihre Lehrer mit Fragen quälen, die diese sowieso nicht beantworten können, spricht viel dafür, dass Sie für dieses Fach ganz besonderes Talent haben.

Ähnliches gilt im Sport: Je weniger Wiederholungen Sie brauchen, um in einer bestimmten Sportart den Bogen rauszuhaben, um so mehr Rechnerleistung – sprich Talent – steht Ihnen bei der körperlich-kinästhetischen Intelligenz zur Verfügung.

Marc Girardelli – neben Ingemar Stenmark der beste Skifahrer aller Zeiten – erzählte mir beispielsweise, dass sein skifahrerisches Talent sich allmählich und Schritt für Schritt dadurch offenbart hat, dass er immer und überall etwas schneller dazu gelernt hat als alle anderen Rennläufer auf dem Skigymnasium.

Auch Ayrton Sennas Jahrhunderttalent ließ sich nicht an einem einzigen spektakulären Kriterium festmachen, sondern daran, dass er im Lernen und sich Einstellen auf neue Situationen allen anderen eine Vielzahl von kleinen Schritten voraus war.

Behalten Sie aber auch im Auge, dass unsere Talente Akkorde sind, die sich aus dem Zusammenspiel mehrerer Rechnerleistungen ergeben: Oliver Kahn beispielsweise, der beste Torhüter der Welt, machte nie durch eine überragende Lerngeschwindigkeit von sich reden und galt seinen Entdeckern deshalb zwar als gutes, nicht aber als überragendes Bewegungstalent. Die intrapersonale Intelligenz – die Fähigkeit von Oliver Kahn, sich über Jahrzehnte zu härtestem Training motivieren zu können – war sein Schlüssel zum Erfolg. Fragen Sie sich deshalb:

1. Wo lerne ich deutlich schneller als andere?
2. Wo beschäftige ich mich aus eigenem Antrieb mit den Hintergründen meines Lernthemas, alternativen Konzepten, Mindermeinungen usw.?
3. Wo ist mein Wissensdurst so groß, dass ich meinen Ausbildern mit meinen Fragen eher auf den Wecker gehe?

4. Wo ist mein Interesse so groß, dass ich über ein deutlich besseres Gedächtnis verfüge als sonst?
5. Gehöre ich wie Oliver Kahn zu denen, deren besonderes Talent darin besteht, sich härter fordern zu können als andere, und die deswegen aus ihren Talenten mehr herausholen?

Der Enthusiasmus-Test

Wenn Sie wissen wollen, ob eine Tätigkeit, die Ihnen viel Spaß macht, wirklich eine Ihrer großen Leidenschaften ist, bei der Ihr limbisches System voll engagiert ist und Überstunden macht, dann stellen Sie sich folgende Fragen:

1. Träumen Sie von dieser Aktivität?
2. Entwickeln Sie große Vorfreude?
3. Ist Ihr Energielevel höher als sonst?
4. Performen Sie besser als sonst?
5. Ist Ihr Enthusiasmus stabil und verändert sich nicht im Zeitablauf?
6. Haben Sie mehr Selbstvertrauen während der Performance?
7. Fallen Sie anderen mit Ihrem Enthusiasmus auf oder reißen Sie andere mit?
8. Sind Sie nachher energiegeladen?
9. Spüren Sie nach der Tätigkeit eine große innere Genugtuung?

Manche Menschen tun sich schwer, die Frage nach der inneren Genugtuung eindeutig und klar zu beantworten, weil es sich dabei um ein höchst subjektives Kriterium handelt. Die Faustformel lautet: Mach es ähnlich wie in der Liebe. Wenn du einen Menschen wirklich liebst, dann weißt du es. Und wenn du Zweifel hast, ob du jemand wirklich liebst, dann sind diese Zweifel im Zweifelsfall berechtigt. Solange Sie also daran zweifeln, dass eine Aktivität Sie wirklich mit innerer Genugtuung erfüllt, sind diese Zweifel berechtigt.

Interessant ist auch, sich diese Testfragen einmal in Bezug auf verschiedene Talente zu stellen oder sich einmal mit anderen Performance zu vergleichen: Wenn ich beispielsweise meinen Enthusiasmus als Redner vor Großgruppen mit meiner Begeisterung für mein Hobby Skifahren vergleiche, stelle ich fest, dass ich bei meinem beruflich genutztem Talent bei den Fragen 6 und 7 (nach meinem Selbstvertrauen und meiner Fähigkeit, andere mitzureißen) viel entschiedener mit „Ja" antworten kann als in meiner Hobbydisziplin. Mein Skibuddy Harald Harp, der als Rennläufer die amerikanische Profimeisterschaft (Eastern ProCircuit) gewonnen hat, ist dort viel stärker.

Vielleicht gelingt es Ihnen, durch solche „Enthusiasmus-Ratings" ein noch klareres Bild von Ihrer Talente- und Stärkenhierarchie zu bekommen.

Der Vergleich mit wahren Spitzenleistern in einer Disziplin zeigt uns dann schnell, ob nur unser Herz sehr begeistert ist (was für eine Hobby-Stärke ja durchaus genügt), oder ob auch die anderen Performance-Elemente gegeben sind.

Die Analyse unserer Zukunftsperspektiven: Wünsche als Vorboten unserer Talente

Schon Goethe wusste darum, dass unsere geheimsten und tiefsten Wünsche oft Indikatoren für unsere Fähigkeiten sind. Es macht deshalb durchaus Sinn, in die Welt unserer Intentionen und Absichten hineinzuhorchen, um die Wegrichtung für unseren Enthusiasmus zu erkennen.

Wir nutzen die Analyse von Wunschszenarien allerdings nur ergänzend zur Vergangenheits- und Gegenwartsanalyse, weil beide eindeutigere Erkenntnisse liefern.

Die Praxis zeigt, dass Visionen oft von Wunschvorstellungen mitbestimmt werden, die unsere Kultur, die Werbung oder nahe stehende Menschen uns vermittelt haben. Insofern ist die Zukunftsanalyse vor allem dann aussagefähig, wenn sie Perspektiven weiterführt, die wir aus den Grundmustern unserer Kindheit bereits kennen. Fragen Sie sich also:

1. Wenn alle Schwierigkeiten und Begrenzungen aufgehoben wären, wie wollte ich sein und was würde ich tun und haben wollen?
2. Was sagen meine Träume über meine Talente und Stärken?
3. Notieren Sie auch unrealistische Träume – die Umwandlung in realistische Ziele, die wir mit unseren Begabungen auch erreichen können, ist dann der nächste Schritt.

Der Abgleich mit häufig vorkommenden Stärkeprofilen

Der spannenden Frage, ob es Kombinationen von Grundintelligenzen und damit Talente gibt, die besonders häufig vorkommen, hat sich die Gallup-Organisation intensiv gewidmet. Sie hat den faszinierenden Versuch unternommen, aus über zwei Millionen Interviews, die in den letzten 30 Jahren mit Spitzenleistern in aller Welt geführt worden sind, herauszudestillieren, welche Talente und Stärken in der faszinierenden Vielfalt menschlicher Begabungen immer wieder auftauchen. Bei der Aggregation dieser Einzelmuster kristallisierten sich insgesamt 34 „Talent-Themen" heraus:[23]

Im Bereich der logisch-analytischen und kreativ-assoziativen Intelligenz waren acht Talentmuster besonders auffällig:

1. Der analytische Denker, der objektiv und emotionslos Daten prüft und nach Mustern und Verbindungen sucht.
2. Der Situationsgestalter, der komplexe Situationen liebt und immer versucht, den besten Lösungsweg zu finden – mit je mehr Variablen, desto lieber.
3. Der Fokussierte, der sein Leben von Ziel zu Ziel und von Priorität zu Priorität lebt.

---

[23] Vgl. Buckingham, Clifton, Now, Discover Your Strengths, S. 83 ff.

4. Der Ideen- und Konzeptorientierte, der aufblüht, wenn er die schwierige Welt der Dinge mit einem stimmigen Ideenkonzept erläutern kann.

5. Der Denker, der sich im Universum seiner Gedanken wohl fühlt und seinen Intellekt mit selbstentwickelten anspruchsvollen Fragen beschäftigt.

6. Der Problemlöser, der durch Herausforderungen inspiriert wird, die Ursachen des Problems identifiziert und dann die Lösung findet und umsetzt.

7. Der Stratege, der Muster und Strukturen in einer komplexen Welt erkennt und diesen Vorsprung zur Entwicklung von Strategien nutzt.

8. Der Vergangenheitsorientierte, der die Lehren der Geschichte genau untersucht, um durch dieses Kontextverständnis morgen besser gerüstet zu sein.

Im Bereich der intrapersonalen Intelligenz fanden die Gallup-Forscher 15 Muster:

1. Der Erfolgreiche, der angetrieben wird von dem Ehrgeiz, jeden Tag etwas erreichen zu müssen.

2. Der Aktivitätsorientierte, für den Handeln und Umsetzen das Motivationselexier sind.

3. Der Anpassungsorientierte, der sich optimal ins Hier und Jetzt einfügen kann und will.

4. Der Wertorientierte, der sein Leben um klar definierte Glaubensüberzeugungen lebt.

5. Der Wettbewerbsorientierte, der erst im Wettbewerb mit anderen zu Höchstleistungen aufläuft.

6. Der sich mit dem Universum verbunden Fühlende, der aus diesem Bewusstsein Sicherheit gewinnt und auch für andere zum Brückenbilder wird.

7. Der Vorsichtige, der für alle Herausforderungen des Lebens mit Plan B vorgesorgt hat.

8. Der Disziplinierte, dessen Welt geplant, ordentlich und strukturiert ist.

9. Der Zukunftsorientierte, den die eigene Vision motiviert in
die Zukunft zieht.

10. Der Sammler, der nichts wegwirft, weil eines Tages alles wichtig werden kann.

11. Der Lerner, der sich zum Prozess des Lernens hingezogen
fühlt und bei dem die Inhalte erst danach wichtig werden.

12. Der Optimierer, für den Exzellenz der einzige Standard ist.
Ob bei ihm selbst oder bei anderen – es geht immer darum,
vom Guten zur Spitze vorzudringen.

13. Der Verantwortliche, der die psychologische Eigentümer-
schaft übernimmt, wenn er sein Wort gegeben hat: Wenn er
sich „committet", stehe ich auch für die Fertigstellung gerade.

14. Der Selbstsichere, der im tiefsten Inneren seinen Stärken vertraut – seien es seine Fähigkeiten oder sein Urteil.

15. Der Statusorientierte, der danach strebt, in den Augen seiner
Mitmenschen etwas Besonderes zu sein und etwas Außeror-
dentliches zu leisten.

Im Bereich der interpersonalen Intelligenz wurden folgende Talent-Muster erkannt:

1. Der Anführer, der nicht ruht, bis er die anderen hinter sich für
das gemeinsame Ziel versammelt hat.

2. Der Kommunikator, der gerne in der Öffentlichkeit spricht,
schreibt und andere Menschen überzeugt.

3. Der Entwickler, der das Potenzial in anderen erkennt und zur
Entfaltung bringen will.

4. Der Empathische, der die Emotionen der Menschen um ihn
herum versteht.

5. Der Faire, der alle Menschen gleich behandelt und daran arbeitet, dass das System in Balance ist.

6. Der Harmonieorientierte, der seinen Beitrag dazu leistet,

dass Konflikte nicht entstehen oder konstruktiv gelöst werden.

7. Der Andere-mit-Einbeziehende, der die Gruppe vergrößert, damit möglichst alle unterstützt werden können.

8. Der Jedem-gerecht-Werdende, der von der Individualität jedes Menschen fasziniert ist und ihr entsprechen möchte.

9. Der Positive, der andere mit Anerkennung und einem Lächeln unterstützt: „Möge ich es schaffen, dass sich alle besser fühlen."

10. Der Beziehungsmanager, der in wenigen intensiven Beziehungen aufgeht, die er stark pflegt.

11. Der Kontakter, der darin aufgeht, Fremde zu Freunden zu machen und andere Menschen zu gewinnen.

Ich glaube, dass diese Forschungsarbeit der Gallup-Organisation besonders anschaulich macht, wie das Potenzial der zehn Grundintelligenzen durch die dominanten Werte einer Kultur und die Werteentscheidung des Einzelnen auf „Intelligenz-Akkorde" verdichtet wird, die dann zu unseren Stärken werden können.

Vielleicht nutzen Sie die Chance, lieber Leser, diese Typologie noch einmal vor dem Hintergrund anzuschauen, welche fünf Talentfelder auf Sie selbst am meisten zutreffen, um so das Bild Ihrer Stärken weiter abzurunden.[24]

Im Rahmen unserer Unternehmercoachings habe ich in den letzten Jahren zwei Beobachtungen gemacht, die ich Ihnen abschließend vorstellen möchte, damit sich Ihr Bild zum Talent-Indikator-Enthusiasmus abrunden kann:

1. Unsere Talente korrelieren weitgehend – aber nicht immer – mit dem Enthusiasmusfaktor, sondern beide verhalten sich zueinander wie zwei sich weitgehend überschneidende Kreise.

---

[24] Im Schutzumschlag des Buches von Buckingham und Coffman finden Sie eine Code-Nummer, die jeden Buchkäufer einmalig berechtigt, seine Talentpräferenzen über einen Internet-Test kostenlos objektivieren zu lassen.

So gibt es durchaus Talente, bei denen kein besonderer Wunsch und keine besondere Freude nach ihrer Entfaltung besteht. Es gibt zum Beispiel Menschen, die höchst musikalisch sind, mit diesem Talent aber nichts anfangen wollen. Und ab und an treffen wir auch auf Menschen, die inbrünstig etwas können wollen, dafür aber leider nicht ausreichend Talent besitzen.

Der erste Fall – etwas zu können, aber davon keinen Gebrauch machen zu wollen – ist unproblematisch.

Der zweite – zugegeben seltene Fall – leider nicht: Wenn Menschen „ohne Stimme" in falscher Selbsteinschätzung eine Sänger-Karriere starten oder untalentierte Kommunikatoren nicht von einer Karriere als Minister oder Manager lassen können, dann leidet neben den Betroffenen auch ihr gesamtes Umfeld.

Deshalb noch einmal zur Erinnerung: Eine Stärke ist nur das, was wir enthusiastisch *und konsistent mit hoher Performance tun.*

Es ist deshalb unverzichtbar, dass wir nach dem „Ja" unseres limbischen Systems auch das „Ja" unserer Neokortex einholen: Nur der objektivierende Vergleich mit anderen Performern zeigt dann, ob wir mit unserer Begeisterung als Hobbytorwart in der Kreisklasse oder als Oliver-Kahn-Nachfolger bei den Profis von Bayern München richtig aufgehoben sind.

2. Eine zweite, zentral wichtige Beobachtung zum Schluss: Wer die Fragen-Batterie dieses Kapitels so beantworten will, dass er wirklich die Stimme seines Herzens hört, der tut gut daran, sich von seinem Schreibtisch, Arbeitsplatz, Computer, Faxgerät, Mobiltelefon und allem anderen zu entfernen, was ihn in die Routinemuster des Alltags eingebunden hält. Auch Freunde, Verwandte und Bekannte, so hilfreich sie in späteren Phasen der Talentefindung sind, sollten anfangs außen vor bleiben: Eine achtstündige Mountainbike-Tour, an deren Ende Sie aufmerksam in sich hineinspüren, was Ihr Herz über Ihre Talente weiß, wird in vielen Fällen genügen.

Andere Klienten von uns mussten dagegen um die halbe Welt fliegen und in Kanada drei Wochen Lachse angeln, bis sie ihren Alltag soweit hinter sich gelassen hatten, dass endlich ihr Talent-Gold unter dem Schutt der Alltagsroutine zu erkennen war.

3. Generell lässt sich sagen: ob drei Tage Kloster oder eine Woche Hawaii, ist nicht wichtig – entscheidend für die innere Qualität Ihrer Einsichten ist, dass Sie Ihren persönlichen Rahmen finden und auch aufsuchen. Die rationale Einsicht: „Die Fragen kann ich am Schreibtisch genauso gut beantworten", ist zwar logisch richtig. Deswegen stimmt sie zwar auf der Ebene Ihres rationalen Denkens, aber eben nicht auf der Ebene des limbischen Systems, um die es hier geht. Anders gesagt: *Ihr Herz spricht in der Wildnis lauter.* Also gehen Sie hin – was immer Ihre „Wildnis" ist – und hören Sie zu!

Was Ihnen bei Ihrer Entfaltung Ihrer intrapersonalen Intelligenz sonst noch hilft, erfahren Sie im nächsten Teil.

Teil IV:
Die Entfaltung unserer emotionalen Talente

Unter intrapersonaler Intelligenz verstehen wir die Fähigkeit, konstruktiv mit uns selbst umzugehen. Wie schon ausgeführt, unterscheidet sie sich in zwei wesentlichen Komponenten von unseren anderen Intelligenzen: Zum einen können wir die Fähigkeit, uns selbst zu verstehen und gut mit uns umzugehen, nicht delegieren. Das heißt, wir alle sind darauf angewiesen – unabhängig davon, welche Rechnerleistungen wir hier als Talente mitbekommen haben – diesen Begabungsbereich so weit zu entwickeln, dass wir zumindest einigermaßen gut mit uns klarkommen. Zum anderen werden bei der intrapersonalen Intelligenz mehrere Rechnerleistungen zusammengefasst, die nach sehr unterschiedlichen Modalitäten funktionieren. So unterliegen die Beeinflussung und Steuerung unserer Gefühle anderen Gesetzmäßigkeiten als die Steuerung unseres Verhaltens. Wer sich moderne Gesellschaften anschaut, wird überall auf der Welt feststellen, dass wir in der Entwicklung unserer rationalen Intelligenz durch Wissen und Skills sehr viel weiter sind, als mit unserer Methodik zur Entfaltung der emotionalen Intelligenz.

Daniel Goleman's Grundlagenwerk zur „Emotionalen Intelligenz" hat zu Recht großes Aufsehen erregt und uns eine erste Landkarte gegeben, um uns auf dem Gebiet der Emotionen zurechtzufinden.

Wer sich im Freundes- oder Familienkreis einmal umschaut – von einem Blick in Tageszeitungen oder Nachrichtensendungen einmal ganz zu schweigen –, stellt jedoch schnell fest, dass viele von uns im Bereich des emotionalen Selbstmanagements einigen Entwicklungsbedarf haben. Es ist deshalb schade, dass die grundlegenden Skills der intrapersonalen Intelligenz in unserem Bildungssystem nicht genauso vermittelt und trainiert werden wie die grundlegenden Skills der Mathematik: Auch wer mathematisch nicht sonderlich begabt ist, tut gut daran, als Minimalprogramm zur Schadensbegrenzung zumindest die vier Grundrechenarten, das Prozentrechnen und den Dreisatz zu beherrschen. Den Grundrechenarten der Mathematik entsprechen bei der emotionalen Intelligenz folgende intrapersonale Fähigkeiten:

1. Zur *affektionalen Intelligenz* gehört die Fähigkeit, die eigenen Gefühle zu erkennen, sie zu verstehen sowie die Fähigkeit, negative Gefühle managen und transformieren zu können. Sie umfasst darüber hinaus die Fähigkeit, die eigenen Gefühle verstärken oder abschwächen zu können (Kapitel 8).
2. *Motivationsintelligenz* bezeichnet unsere Fähigkeit, uns selbst zum Handeln motivieren zu können (Kapitel 9).
3. Unsere *Verhaltensintelligenz* meint die Fähigkeit, das eigene Verhalten zu verstehen (Kapitel 10) sowie die Fähigkeit, das eigene Verhalten steuern und verändern zu können (Kapitel 11).

8. Kapitel:
Die Entwicklung unserer affektionalen Intelligenz

Unsere Gefühle begleiten uns – genauso wie Gedanken, innere Bilder und unser Handeln – schon unser ganzes Leben. Von daher ist unsere Unsicherheit im Umgang mit ihnen auffällig: „Ich werde mich nie mehr verlieben – es tut einfach zu weh", „Es lohnt sich nicht, sich über irgendetwas aufzuregen", „Ich vertraue niemandem mehr" und „Das Leben macht mich hoffnungslos depressiv" sind keineswegs ungewöhnliche Schlussfolgerungen.

So sehr uns unsere Gefühle bewegen, so wenig haben wir eine Landkarte, wie wir mit ihnen umgehen können, vor allem wenn es um Tabuthemen wie Sexualität, Schmerz in der Familie oder Konflikte geht.

Eine der besten Landkarten, die ich je für das Verstehen unserer Gefühle und ihre Einordnung in einen größeren Zusammenhang gefunden habe, stammt von der Pädagogin Elaine Beauport.[25]

---

[25] Elaine Beauport, The Three Faces of Mind, Wheaton, Illinois 1996, S. 104ff.

Die Übersichtslandkarte menschlicher Emotionen mit der Schnellstraße zum Glück und zur Liebe

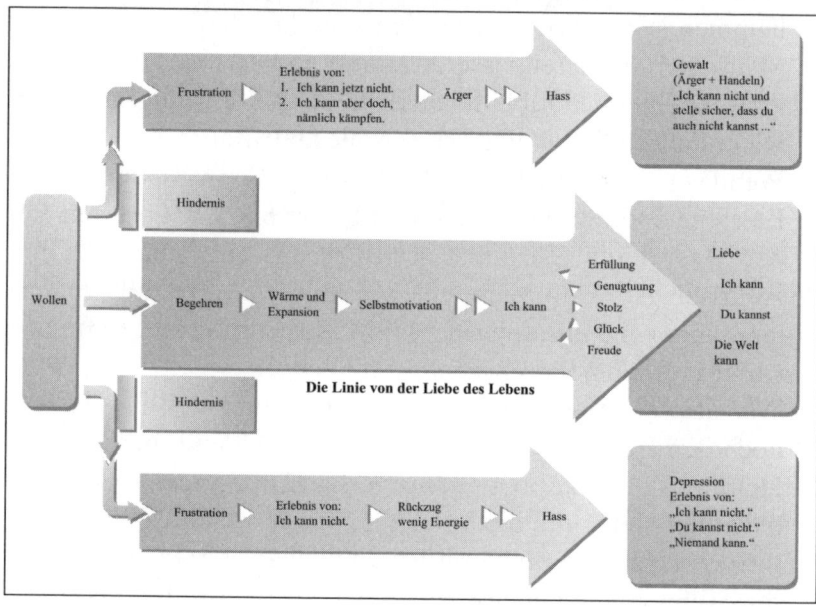

Starke Gefühle erstaunen uns: Warum bin ich so stinksauer? Wieso habe ich mich über ihre SMS so riesig gefreut? Wieso bin ich gerade heute so ungeduldig, dass ich im Stau stehe?

Wenn wir genauer hinschauen, können wir unseren emotionalen Prozess in mehrere Phasen untergliedern:

1. Unser emotionales *Involviertsein* beginnt damit, dass wir das Vorhandensein von irgendwem oder irgendetwas in unserem Bewusstsein akzeptieren: die Gegenwart eines Menschen, einen Sonnenuntergang, die Bitte unseres Sohnes oder eine Rechnung auf unserem Schreibtisch.

   Oft gehen wir über solche Ereignisse und das Zusammentreffen der Menschen in unserem Leben hinweg und hoffen, dass sie uns nicht behelligen. In diesem Fall entscheiden wir uns aktiv, uns emotional nicht zu involvieren. Normalerweise ist unsere Großhirnrinde gut in der Lage, in Zusammenarbeit mit dem Mandelkern, der Amygdala, das limbische System zu hemmen.[26] Dennoch wirkt sich das Ausblenden relevanter Menschen und Ereignisse auf unser Leben aus, weil uns die Abwehr Energie raubt und unser Lebensgefühl längerfristig in Richtung Müdigkeit und Langeweile abdriftet.[27]

Wenn wir emotional beteiligt sein wollen, dann müssen wir die Existenz anderer Menschen und Situationen in unserem Leben akzeptieren. Um uns zu gestatten, uns emotional berühren zu lassen, ist es hilfreich, unseren inneren Rhythmus zu verlangsamen und unseren Energie-Modus von Output zu Input – sprich Aufnahmebereitschaft – zu wechseln.

Wer also als Manager acht Meetings hinter sich hat, gerade noch den Flieger nach Hause erwischen konnte und auf dem Heimweg bei Tempo 180 alle Verhandlungsergebnisse überdacht hat, der sollte die letzten Kilometer bewusst langsamer werden und seinen inneren Rhythmus langsamer werden lassen, wenn er die Chance haben will, seine Familie emotional wahrzunehmen.

2. Sobald wir – positiv oder negativ – emotional beteiligt sind, *wollen wir entweder mehr von diesen Menschen und dieser Situation oder wir trachten danach, uns zurückzuziehen und ihm oder ihr in Zukunft aus dem Wege zu gehen.* Angenommen, wir wollen mehr, dann wird unser Wunsch stärker und wächst zum *Begehren*.

3. Sind wir in der Lage, zumindest einen Teil unserer Wünsche zu realisieren, dann sind wir zufrieden und spüren *Genugtuung*: Unsere „Personal Power" – unser Vermögen, unsere Wünsche zur verwirklichen, gibt uns Selbstvertrauen und das großartige Gefühl: „Ja, ich kann – ich kann's!"

---

[26] Vgl. das Interview mit Martin Korte, Neurobiologe am Max-Planck-Institut für Neurobiologie in Martinsried bei München, Focus vom 1. Juli 2002, S. 117

[27] Vgl. Beauport, a.a.O., S. 105

4. Mal angenommen, wir lösen das Problem, gewinnen das Spiel oder wachsen näher zusammen mit einem Menschen, den wir lieben: Je mehr wir in der Lage sind, unser Begehren zu erfüllen, um so stärker spüren wir in unserem Körper die Reaktion unseres limbischen Systems in Form von Wärme und Ausdehnung.

5. Je mehr wir begehren und je mehr wir innerlich relaxen und expandieren, um so mehr Aufgaben wollen wir bewältigen, um so mehr Wettbewerbe wollen wir gewinnen und um so inniger wollen wir demjenigen nahe sein, den wir lieben. Wir wollen etwas, wir erreichen dann, was wir wollen, woraufhin wir expandieren und diese Expansion weiterwächst zu noch mehr Motivation: *Aus „Ja, ich kann's" wird Stärke, Genugtuung und Stolz.*

6. Und wenn dieser Prozess der Expansion unseres Selbstvertrauens weiterwächst, dann werden aus Stärke, Genugtuung und Stolz irgendwann *Freude und Glück.*

7. Und wenn wir zufrieden, glücklich und voller Freude sind, sind wir bereit für das stärkste Gefühl aller Gefühle – die *Liebe.* Wer liebt, trägt (zumindest in der Anfangsphase) die berühmte rosarote Brille. Und gleichgültig, ob wir uns in einen Menschen, eine Idee oder ein Projekt verlieben – durch die Brille der Liebe betrachtet, gilt auf einmal nicht nur: „Ja, ich kann's", sondern auch „Du kannst es" und „Die ganze Welt kann es" – ein Zustand, den der Volksmund profan umschreibt mit: „Liebe macht blind". Der Schweizer Neurobiologie Andreas Bartels vom University College in London ist dieser Wahrnehmungsveränderung von Verliebten mit Kernspintomografie-Aufnahmen auf den Grund gegangen. Er konnte nachweisen, dass bei Verliebten einige Hirnregionen für negative Gefühle deaktiviert werden – möglicherweise um uns vor Angst und Depressionen zu schützen.[28]

---

[28] Im Rausch der Gefühle, Focus Nr. 27/2002, S. 118

Diese Schritte beschreiben die Landkarte unserer Emotionalität mit der Schnellstraße von der Akzeptanz bis zur Liebe.

Affektionale Intelligenz lässt sich damit in erster Annährung beschreiben als das Wissen um diese Zusammenhänge und *die Beherrschung der Skills, im Leben möglichst oft und konsequent auf der Erfolgsstraße der Gefühle zu bleiben:*

Schaffen wir es, uns von unseren Aufgaben, Hobbys und unserer Familie immer noch emotional berühren zu lassen?

Finden wir Teilaufgaben, die wir erfolgreich bewältigen und uns das Selbstvertrauen des „Ja, ich kann's" geben – und zwar nicht nur im Beruf, sondern auch in unseren Beziehungen?

Finden wir einen Fokus in der Beziehung zu unseren Kindern beispielsweise, der uns stolz oder zumindest zufrieden macht?

Wenn es uns gelingt, diese Gefühle zu verstärken, sind wir unterwegs zum stärksten Expansionsgefühl überhaupt – der Liebe.

Nun ist kaum jemand ständig unterwegs auf der Schnellstraße zur Zufriedenheit, Genugtuung, Glück und Liebe. Wir alle haben diese Straße viel zu oft verlassen – manchmal bewusst, um ein Hindernis zu umfahren, manchmal unbewusst, weil wir die Orientierung verloren hatten oder am Steuer auf dem Weg zum Glück eingeschlafen sind.

Manche haben versucht, die Liste ihrer Wünsche einzuschränken, um dann seltener unzufrieden zu sein. Andere haben sich ganz von ihren Wünschen in die rationale Welt ihrer Gedanken zurückgezogen oder sind ausgewichen in den (Stammhirn-)Bereich von Arbeit und Aktivität.

Was passiert eigentlich, wenn wir – aus welchen Gründen auch immer – auf dem Emotions-Highway zum Glück und zur Liebe scheitern? Wenn wir auf ein Hindernis treffen und es nicht weitergeht?

Antwort: Wir reagieren entweder mit einem Prozess des Rückzugs und geben unsere Kraft verloren oder wir stellen uns der Herausforderung und fangen an zu kämpfen, um unser „Ja, ich kann's" zurückzugewinnen.

Der Prozess des emotionalen Rückzugs

Wenn wir das Gefühl haben, dass wir es nicht schaffen oder wenn wir etwas versucht haben und gescheitert sind, dann verlieren wir Energie. Die Energie, die sich während des Begehrens ausgebreitet hatte, reduziert sich schlagartig und wir fühlen uns gelangweilt, müde, leer oder traurig.

Wann immer Ihnen bewusst wird, dass Sie sich langweilen, fragen Sie sich: Was war das Letzte, was mich interessiert hat, dass ich dann losgelassen habe. Finden Sie heraus, welchen Wunsch Sie aufgegeben haben.

Wenn Sie müde sind, fragen Sie sich, womit Sie zuvor gerade aktiv beschäftigt waren? Was tauchte auf, mit dem Sie sich nicht länger auseinander setzen wollten?

Wenn Sie traurig oder sogar depressiv sind, dann haben Sie ein tieferes Stadium des Verlustes und Rückzugs erreicht. Und wenn Sie tief depressiv sind, dann ist dies ein Zeichen, dass Sie wiederholt traurig waren und wiederholt Verluste hinnehmen mussten. Akzeptieren Sie im ersten Schritt, dass Sie auf der Landkarte der Emotionen da sind, wo Sie sind.

Was Sie brauchen, ist ein kluger Weg zurück zur Hauptstraße des Begehrens, des Selbstvertrauens, der Zufriedenheit und des Glücks. Es gibt diesen Weg und der vierte Abschnitt dieses Kapitels zeigt Ihnen die Skills, die ihn zu gehen helfen.

Der Prozess des Kämpfens

Beim Anblick einer Straßensperre auf dem Weg zum Glück können wir uns natürlich auch entscheiden, zu kämpfen und das Hindernis zu überwinden:

Am Anfang steht der Frust – wir wissen, was wir wollen, und wir sind uns bewusst, dass wir es nicht bekommen können. Oft nutzen wir unseren Frust, um anderen die Schuld zu geben. „Wir tun unser Bestes, aber diese Flaschen halten uns auf ..."

Wenn unser Frust dann stärker wird, wächst er sich aus zum

Ärger: Wir sind nun entschlossen zu kämpfen. Ärger ist die interessante Mischung von „Ich kann nicht" und „Ich kann doch" (nämlich kämpfen und das Hindernis wegräumen). Wenn wir uns entschieden hätten, dass wir nicht kämpfen können oder damit nichts erreichen werden, dann wären wir abgerutscht in Trauer. Aber wir glauben, dass wir das Hindernis ausräumen können. Wir kämpfen – und dieser Kampf ist ein positives Lebenszeichen. Wir setzen uns für das ein, was wir wollen – statt es und uns aufzugeben.

Und je mehr wir blockiert werden, um so ärgerlicher werden wir. Die Dynamik zwischen „Ich kann" und „Ich kann nicht" wird fortgesetzt, bis der Kampf entschieden ist oder bis wir aufgeben.

Wenn unser Ärger weiter eskaliert, kann er sich weiterentwickeln und zum Beispiel die Form von Neid oder Eifersucht annehmen: „Ich möchte haben, was er hat, aber ich kann's nicht" – aber vielleicht kann ich ja doch ... und der Kampf geht weiter.

Ärger wird schließlich zur Basis von Hass. Hass hat die Grundstruktur: „Ich kann's; aber ich kann mit dir nicht umgehen. Deshalb isoliere ich dich und beauftrage meine Neokortex herauszufinden, warum du nicht wert bist, dass ich mich mit dir abgebe."

Wenn Hass dann eskaliert, wird er zur Gewalt: „Ich kann's, aber ich kann mit dir nicht umgehen. Und deswegen stelle ich sicher, dass auch du nicht mehr kannst."

So vereinfacht ich diese emotionale Landkarte nach Elaine Beauport skizziert habe, so sicher bin ich mir, dass wir alle solche und ähnliche Orientierungshilfen brauchen, wenn wir auf dem Weg der Entfaltung unserer Talente und dem Ausbau unserer Stärken langfristig Erfolg haben wollen.

Ohne Wollen und Begehren, ohne das Selbstvertrauen des „Ich kann's", ohne Genugtuung, Glück und letztlich Liebe für das, was wir tun, können wir nicht gewinnen.

Darüber hinaus bin ich mir sicher, dass Emotionslandkarten uns helfen, realitätsnäher mit den Ursachen von Gewalt umzugehen.

Ob Israel, Palästina, die Vereinigten Staaten oder die Al-Qaida-Terroristen: Hinter jedem Gewalteinsatz steht die magische Formel: „Ich kann's. Und ich kann mit dir nicht umgehen. Und deshalb stelle ich sicher, dass du auch nicht kannst."

Die Frage: „Was haben wir Guten den Bösen getan, dass sie uns so abgrundtief hassen" führt nur dann weiter, wenn wir wirklich in die Tiefe gehen.

Welche Ohnmachtsgefühle des „Ich kann's nicht" bewegen die, die uns hassen, und was an unserem Verhalten interpretieren sie so, dass wir als die Ursache ihrer Blockade erscheinen?

Fragen wie diese könnten uns helfen, die Denkmuster des gegen uns gerichteten Hasses transparenter zu machen.

Was für den Hass zwischen Völkern gilt, trifft in gleicher Weise auf den Hass Einzelner zu: Als am 26. April 2002 Robert Steinhäuser während der Abiturprüfung am Erfurter Gutenberg-Gymnasium zwölf seiner Lehrer und vier weitere Menschen erschoss, bevor er sich selbst richtete, hielt ganz Deutschland den Atem an. Es gab anschließend Diskussionen über den Einfluss gewaltverherrlichender Filme und es gab Aufrufe zur Rückbesinnung auf unsere Werte. Es gab tiefenpsychologische Gutachten über die jahrelangen Frustrationen des Täters und seinen dadurch aufgestauten Hass – aber eines gab es nicht: Die schlichte Frage, warum Robert Steinhäuser nicht gelernt hatte, seine Frustrationen konstruktiv zu verarbeiten. Diese Frage in der anschließenden gesellschaftlichen Diskussion zu stellen, würde nämlich voraussetzen, dass wir über ein Ausbildungskonzept zum Umgang mit Emotionen verfügen und auch der Auffassung sind, unsere Bildungseinrichtungen sollten dieses Konzept vermitteln. Wie weit wir von diesem Standard noch entfernt sind, kann ein Vergleich mit einer uns vertrauteren Welt zeigen.

Nehmen wir einmal an, Mathematik würde so liederlich unterrichtet und so wenig geübt wie das Transformieren von Negativ-Gefühlen – nämlich überhaupt nicht. Es würde also jedem Einzel-

nen, seinem Talent und vielleicht noch seinem Elternhaus überlassen bleiben, ob er überhaupt rechnen lernt oder eben nicht.
Und nehmen wir weiter an, Mathematik sei eine ganz seltene Disziplin, in der sich nur wenige Gelehrte auskennen: Könnte es
dann sein, dass wir ab und an auf 19-Jährige treffen, die nicht einmal das kleine Einmaleins beherrschen?

Und könnte es weiter sein, dass in einer Gesellschaft, die ma-
thematisches Können für weitgehend irrelevant hält, nach dem
Bekanntwerden eines solchen Defizits eine nahe liegende Frage
nicht gestellt wird, nämlich: Wie kann es sein, dass jemand das
Gymnasium bis zur Oberprima besucht, ohne das kleine Einmaleins zu beherrschen oder mit diesem Defizit aufzufallen?

Dies bestätigt noch einmal, wie stark unsere kulturelle Umwelt
mit ihren Selbstverständlichkeiten und Standards darüber entscheidet, welche Talente wir mit Wissen und Skills zu Stärken entwickeln. *Stärken stärken* gibt Ihnen deswegen eine erste Bedienungsanleitung für unser Stimmungsmanagement und die Transformation von Negativ-Gefühlen.

Ohne ein Minimum an Wissen und Skills zur Entfaltung unserer intrapersonalen Intelligenz bestände die Gefahr, dass der lebenslange Weg des „Stärken-Stärkens" an den ersten größeren
emotionalen Straßensperren zu Ende wäre und wir uns in der
Sackgasse unserer emotionalen Komfortzone häuslich niederlas-
sen würden.

Die Fähigkeit, die eigenen Gefühle verstärken oder abschwächen zu können

Können wir uns bewusst dafür entscheiden, begeistert zu sein?
Sind wir enthusiastisch, wenn es um Menschen, Ideen und Konzepte geht? Empfinden wir Hingabe an Traditionen und Werte?
Ist es überhaupt empfehlenswert, leidenschaftliche Gefühle zu
entwickeln oder wäre es besser, immer und überall „cool" zu sein,

weil starke Emotionalität uns unberechenbar macht und uns die Contenance und Balance verlieren lässt?

All diese Fragen zielen wieder auf unsere affektionale Intelligenz. Wie oben schon ausgeführt, beginnt der Prozess mit dem emotionalen Berührtwerden und kann sich weiterentwickeln bis zur Liebe. Affektionale Intelligenz umfasst die Fähigkeit, diesen Prozess zu beginnen, ihn in Intensität und Dauer zu steuern und auch, ihn bei Bedarf beenden zu können.

Wir Menschen entfalten unsere affektionale Intelligenz, indem wir beginnen, unseren emotionalen Prozess zu managen – genauso, wie wir unsere rationale Intelligenz entfalten, indem wir beginnen, den Prozess des rationalen Denkens zu managen.

Zum Management unserer affektionalen Intelligenz gehört auch, dass wir entscheiden, wovon wir uns emotional berühren lassen und bis zu welchem Grad.

Menschen mit hochentwickelter affektionaler Intelligenz werden genauso von tiefen Gefühlen angezogen und fasziniert wie andere Menschen auch, aber sie sind sich bewusst, dass diese Option nur eine von vielen Möglichkeiten ist, und können dann ihren Fokus auf andere interessante Alternativen richten. Neurobiologen wie Martin Korte vom Max-Planck-Institut für Neurobiologie in Martinsried bei München haben inzwischen nachgewiesen, dass Menschen mit hoher affektionaler Intelligenz anders verschaltete Gehirne haben, bei denen der „präfontale Kortex eine größere Kontrolle über das Emotionszentrum, den Mandelkern, hat".[29]

Unsere Neokortex ist also der Gatekeeper für unser limbisches System und je nach angeborener Verschaltung für diese Aufgabe gut oder wenig gut gerüstet. In welchen Fällen wir uns die Erlaubnis geben, unsere Gefühle zu fühlen, hängt natürlich auch von unseren Werten ab.

Wer als Mann beispielsweise gelernt hat, dass Indianer keinen Schmerz kennen, wird sich – wenn er den Tränen nahe ist – nicht

---

[29] Im Rausch der Gefühle, a.a.O., S. 118

die Erlaubnis geben, seine Trauer zu fühlen. Und wer als Frau lernen durfte, dass Tränen uns entspannen, wird sich bei Bedarf die Erlaubnis geben, seine Gefühle zu fühlen und dann emotional intelligenter reagieren.

Wenn wir unsere affektionale Intelligenz entwickeln und lernen wollen, unsere Gefühle durch Verstärken oder Abschwächen zu managen, dann sind folgende Skills hilfreich:

1. *Konzentrieren Sie sich auf Ihren Bauch* und nicht auf Ihren Kopf. *Atmen Sie tief* – Atemtherapeuten sind in der Lage, durch 15 Minuten Tiefenatmung das limbische System ihrer Klienten so zu aktivieren, dass diese Zugriff zu tiefsten traumatischen Erlebnissen bekommen und emotionale Verkrustungen auflösen können (Bitte nur mit guter therapeutischer Unterstützung probieren!).

2. *Hören Sie auf zu reden*: Wer sich emotional tief berühren lassen will, muss den Mund halten. Das ist zum Beispiel der Grund dafür, warum wir bei Schweigeminuten nach dem 11. September in so kurzer Zeit unsere Trauer so intensiv gespürt haben. Viele Exerzitien zur Selbstbesinnung – in westlichen wie in östlichen Religionen und Weisheitslehren – machen deshalb von der Praxis des Schweigens ausgiebig Gebrauch.

3. *Konzentrieren Sie sich auf innere oder äußere Bilder, Töne, Intuitionen oder Körpergefühle* und ziehen Sie sich so weit wie möglich von Ihrem inneren Dialog zurück.

4. *Fokussieren Sie sich thematisch auf das, was Sie fühlen wollen*, und lassen alle anderen inneren Bilder vorbeiziehen.

5. *Wechseln Sie von aktiver Energie zum Modus aufnehmender, passiver Energie.* Maßstab dafür, wie gut Ihnen das gelingt, ist, wie sehr Sie sich entspannen können.

6. Empfangen Sie, nehmen Sie auf und lassen Sie sich emotional berühren. *Lassen Sie Ihre Gefühle „quellen" und wachsen* und bleiben Sie mit Ihrer Konzentration in Bauch und bei Ihrer Tiefenatmung.

7. *Nutzen Sie die Technik der Emotionsspirale*: Wenn Sie ein bestimmtes Gefühl verstärken und weiter vertiefen wollen, fragen Sie sich: „Welches Gefühl gibt mir dieses Gefühl?" Beispiel: „Ich spüre das Gefühl der Genugtuung und diese Genugtuung weckt jetzt in mir das Gefühl X ..."

8. Bei positiven Gefühlen können Sie *sich fragen, wo konkret Sie das Gefühl im Körper spüren und visualisieren dann, wie es sich im Körper immer weiter ausbreitet.* Zum Management von Negativ-Emotionen nutzen Sie die Übungen in Abschnitt 4.

Die Fähigkeit, die eigenen Gefühle zu verstehen

Vor einiger Zeit sagte mir ein Klient, der unternehmerisch und privat eine sehr turbulente Zeit hinter sich hatte, mit einem Seufzer: „Die Welt wäre so viel einfacher, wenn meine Gefühle sich bei mir mit klaren Worten melden würden." Dieser Unternehmer drückte damit einen Wunsch aus, den viele von uns haben, aber unser limbisches System ist leider anders organisiert.

Es kann zu uns nur durch Furcht, Vermeidung oder simple Energieblockaden sprechen. Es filtert und registriert eingehende Informationen auf einem sehr tiefen Level und will uns mit seinem emotionalen Gedächtnis vor der Wiederholung schmerzhafter Fehler bewahren.

Um die Aufmerksamkeit unserer Neokortex zum Nachdenken und unseres Stammhirns zum Handeln zu bekommen, macht es uns müde und stiehlt uns unsere Energie. Und wenn es unsere Aufmerksamkeit nicht bekommt, wird es so lange die Signalstärke erhöhen, bis es sich endlich Gehör verschafft. Manager, die unter dem Symptom chronischer Müdigkeit leiden, tun also gut daran, zur Therapie nicht nur mehr Vitamin C zu nehmen, sondern auch zu prüfen, ob die Kommunikation mit ihrem Emotionsgehirn verbessert werden kann.

Für das regelmäßige „In sich hinein Hören" mit den acht Schritten des letzten Abschnitts gibt es gute Gründe:

1. Unsere *Gesundheit*: Wenn uns das Leben Menschen, Ideen oder Situationen beschert, mit denen wir nicht umzugehen wissen, meiden wir diese Auslöser und blockieren unsere Energie. Dass dies auf Dauer viele psychosomatische Krankheiten auslöst oder zumindest verstärkt, ist inzwischen in der Schulmedizin wissenschaftlich gesichert.
   Ein weiterer wichtiger Grund ist die bessere *Selbsterkenntnis*: Wer seine Gefühle „quellen" lässt, der produziert zum einen Wärme und Energie im ganzen Körper (dies ist gerade für Anfänger bei der Entfaltung der affektionalen Intelligenz eine wichtige Feedback-Schleife: *Alles, was wir zum Beispiel im Zusammenhang mit unseren Zielen für motivierende Gefühle halten, was jedoch keine wohlige Wärme produziert, bleibt im Vorhof unserer Emotionalität stecken!*).
   Unsere Gefühle produzieren darüber hinaus Informationen, Einsichten, Bilder, Gedanken und erlauben uns wichtige *Rückschlüsse auf Verhaltensmuster* und Routinen: Wer die Inschrift des Orakels in Delphi „Erkenne dich selbst" als Bildungsauftrag ernst nimmt, wird auf die Infoquelle seiner affektionalen Intelligenz weder verzichten können noch wollen.
   Eine Technik zur Auflösung von Energieblockaden, die uns bei der Entfaltung unserer emotionalen Intelligenz gute Dienste leistet, ist die „Suche nach der verlorenen Energie":
   1. Wann habe ich während eines Prozesses (an welchem Tag, in welcher Woche, welchem Monat, welchem Jahr) meine Energie verloren. Wovon wollte ich mich emotional nicht berühren lassen?
   2. Überfliegen Sie das Erlebnis in Ihrer Vorstellung mit einem Geigerzähler und messen den Punkt des Energieverlusts genau aus.

3. Fragen Sie sich, was damals genau geschehen ist, was Sie nicht spüren wollten.
4. Fragen Sie sich in der Sicherheit der Übung, was Sie gebraucht oder sich gewünscht hätten, um Ihre Energie zu behalten.
5. Durchleben Sie die Situation erneut mit dieser Ressource.
6. Stellen Sie sich vor, wie Sie in Zukunft eine ähnliche Situation voller Ressourcen durchleben und ihr Energiekanal geöffnet bleibt.

Affektionale Intelligenz bei der Transformation negativer Gefühle

Wie wir auf unserer Emotions-Landkarte gesehen haben, tauchen auf der Schnellstraße zum Glück und zur Liebe immer wieder Hindernisse auf, die uns in die Seitenstraßen von Trauer oder Ärger abdrängen. Wir brauchen deshalb Skills zur Transformation dieser Negativ-Emotionen, um schnellstmöglich auf die Straße der Emotionen zurückzukommen, die unsere Stärken stärken.

Die Transformation von Trauer:

Trauer ist immer ein Zeichen von Verlust: Dabei kann es sich um einen Verlust von Potenzial oder Einfluss, den Verlust eines Menschen, einer Sache, eines Konzepts oder auch um den Verlust von Genugtuung oder Status handeln.

Trauer impliziert, dass wir das, was wir verloren haben, vorher geliebt haben und davon ausgingen, es gehöre zu uns und dies würde auch weiter so sein.

Die Basis von Trauer ist also immer der teilweise oder vollständige Verlust des „Ich kann"-Gefühls,[30] *das durch den Verlust zu*

---

[30] Vgl. dazu Elaine Beauport, a.a.O., S. 141 ff., deren Werk wir jedem empfehlen, der sich mit der Landkarte unserer Emotionen noch intensiver beschäftigen möchte.

einem „Ich kann nicht" geworden ist. Die folgenden Übungen können uns helfen, die Botschaft unserer Trauer zu verstehen und sie zu transformieren.

Die Botschaft unserer Traurigkeit erkennen

1. Praktizieren Sie die Schritte 1 bis 6 der Emotionsverstärkerübung und spüren Sie hinein in Ihre Unfähigkeit zu handeln.
2. Was will dieses Gefühl Ihnen sagen? Spüren Sie hinein und warten Sie, ohne zu analysieren.
3. Bleiben Sie bei Ihrer Trauer, bis Sie relaxen oder anfangen zu weinen. Warten Sie, bis Informationen kommen, und erlauben Sie sich, durch das Weinen zu entspannen.

Die Trauer heilen

Um unsere Trauer zu transformieren und zur emotionalen Schnellstraße des Glücks zurückzugelangen, können wir entweder den Weg von der Trauer zum Kämpfen wählen oder von der Trauer zur Liebe zurückkehren.

Von Trauer zur Liebe

1. Praktizieren Sie die Schritte 1 bis 6 und fühlen Sie den Verlust.
2. Visualisieren Sie Ihre Liebe für den verlorenen Menschen oder die verlorene Situation. Spüren Sie das Gefühl der Liebe intensiv.
3. Wechseln Sie zwischen dem Gefühl des Verlusts und der Liebe hin und her. Machen Sie sich bewusst, dass Sie wählen können zwischen dem Fokus auf dem Verlust und dem Fokus Ihrer Liebe.
4. Wann immer Sie in den Fokus des Verlusts zurückfallen, machen Sie sich bewusst, dass Sie immer wieder zum Fokus der Liebe kommen können.

Bei sehr traumatischen Verlusten – zum Beispiel dem Tod eines Lebenspartners oder Kindes – kann und sollte diese Grundstruktur vertieft und um angemessene Rituale bereichert werden.[31]

Wenn wir aus dem Gefühl der Trauer zurück wollen zum Gefühl des Begehrens und Kämpfens, empfiehlt sich folgendes Vorgehen:

Von der Trauer zum Kämpfen

1. Was will ich, von dem ich jetzt glaube, dass ich es nicht erreichen kann?
   Was ich verloren habe, ist _____.
   Und was ich erreichen wollte, war _____.
2. Erlauben Sie sich, das „Ich kann nicht" … anzuschauen und konzentrieren Sie sich dann auf ein oder mehrere „Ich kann".
3. Spüren Sie den Kampf zwischen „Ich kann" und „Ich kann nicht".
4. Spüren Sie das Wollen und Begehren.
5. Bleiben Sie im Wollen und Begehren, bis Sie neue Gedanken oder Einsichten haben, die Ihnen helfen können das zu erreichen, was Sie erreichen wollen.
6. Spüren Sie das Wollen und Begehren, bis sie Sie zum Handeln motivieren.

Die Transformation von Ärger

Ärger nutzen, um die eigene Kraft besser managen zu lernen

Ärger ist – wie wir gesehen haben – unsere emotionale Reaktion auf ein Hindernis und den Verlust unseres „Ich kann"-Gefühl. Es ist ein Signal, das uns zeigt, dass es uns wichtig ist, in einer bestimmten Situation oder mit einem bestimmten Menschen unsere Kraft zu spüren und Einfluss nehmen zu können. Unsere Lebenskraft ist unsere Energie und unser Ärger zeigt uns genau, wo es

---

[31] Vgl. dazu Beauport, S. 152

Widerstände gegen die Entfaltung dieser Energie gibt. Es zeigt uns auch, wo wir uns vor der Blockade im Besitz unserer Kräfte gefühlt haben.

1. Fragen Sie sich, bei welcher Aktivität Sie gerade waren, als Sie ärgerlich wurden.
2. Diese Aktivität zeigt Ihnen, wo Sie Ihre Energie investiert hatten. Auch wenn Sie sich gerade schwach fühlen und nicht in der Lage sind fortzufahren, erinnern Sie sich daran, dass es Ihr Handeln und Ihre Energie waren, die unterbrochen wurden, als Ihr Ärger begann. Ergänzen Sie den Satz: „Was mir wichtig ist und wobei ich unterbrochen wurde, war . . . ."
3. Schließen Sie die Augen und stellen Sie sich vor, wie Sie diese spezielle Energie besser managen können: Wie können Sie besser für den Einsatz dieser Energie sorgen, die Ihnen so wichtig ist? Brauchen Sie mehr Zeit, mehr Planung, mehr Sensibilität oder irgendeine andere Art besserer Unterstützung?

Den Ärger heilen

1. Vollziehen Sie den Perspektivenwechsel von: „Du bist die Ursache meines Ärgers" zu „Ich bin die Ursache meines Ärgers". Denn die Situation weckt etwas in *Ihnen* und Ihrer emotionalen Geschichte.
2. Fragen Sie sich nicht: „*Warum* bin ich sauer", sondern: „*Wann* wurde ich sauer?" Fragen Sie sich, wann solche Situationen zuvor in Ihrem Leben abgelaufen sind. Gehen Sie zurück in Ihrer Erinnerungsdatenbank. Typischerweise sind die ersten Frustrations- und Ärgererlebnisse, die wir mit unseren Eltern in jüngster Kindheit erlebt haben, diejenigen, die sich am tiefsten eingeprägt haben.
3. Durchleben Sie die frühere Situation erneut, bis Sie durch Ihr Mitgefühl für sich selbst berührt sind.

4. Fragen Sie sich, was Sie damals wirklich gewollt und begehrt haben.

5. Fragen Sie sich, ob Sie sich heute selbst geben können, was Sie wollen, oder ob Sie darauf bestehen müssen, dass der andere es Ihnen gibt. Sie haben jetzt die Wahl: Entweder Sie geben sich, was der andere Ihnen nicht geben konnte oder wollte, oder Sie bleiben in Ihrem Ärger, dass der andere es Ihnen nicht gegeben hat.

6. Wenn Sie sich entscheiden, sich selbst zu geben, was die Welt Ihnen verweigert hat, dann seien Sie konkret und legen Sie fest, wann, wo und wie Sie es sich selbst zukommen lassen. Die Erfahrung, sich beispielsweise selbst die Wertschätzung, Zuwendung, Genugtuung oder Großzügigkeit geben zu können, die der andere oder die Welt uns damals verweigert haben, ist für die meisten von uns sehr heilsam und Balsam für unsere Seele.

7. Je mehr Ihnen bewusst wird, dass Ihr Ärger mit dem anderen Ihnen gezeigt hat, was Ihnen bislang gefehlt hat, um so besser werden Sie sich ihm oder ihr gegenüber fühlen.

Ärger-Programme umgestalten

Manche Entscheidungen, die wir in früher Kindheit getroffen haben, um mit unserem Ärger umzugehen, sind nicht dem angemessen, was wir heute sind. Da wir alte Programme nicht löschen können, sondern sie nur dadurch neutralisieren, dass wir neue Programme darüber legen, brauchen wir eine Technik, die diese neuen Reaktionen vorbereitet:

1. Durchleben Sie erneut die frühe Situation, die Ihren Ärger ausgelöst hat, doch sehen Sie sich diesmal mit all den Ressourcen, die Sie heute haben.

2. Visualisieren Sie Ihren Gegenüber und geben Sie ihm Gelegenheit, seinen Standpunkt erneut darzulegen oder sich zu verteidigen.

3. Beginnen Sie diesmal einen Dialog mit dem anderen in Ihrer Vorstellung. Bringen Sie all Ihre Ressourcen ein und zeigen auf, dass Sie von ihm ein anderes Verhalten erwarten. Fahren Sie mit dieser inneren Energieschlacht – den Willen des anderen gegen Ihren Willen – fort, bis Sie eine Lösung oder ein Win-Win-Ergebnis haben.

4. Aufgeben oder das Schlachtfeld verlassen, ist keine Lösung. Kämpfen Sie, bis Sie den Sieg davontragen (schließlich ist es Ihre Vorstellung!). Wenn Sie gesiegt haben, werden Sie sich gut fühlen und ein wohliges Wärmegefühl verspüren. Sie werden den Wechsel in Ihrer Energie deutlich bemerken.

5. Gehen Sie zurück zur gegenwärtigen Situation und visualisieren Sie Ihr neues Verhalten auf der Basis dessen, was Sie gerade gelernt haben.

9. Kapitel:
Bedienungsanleitung zur Entfaltung
unserer Motivationsintelligenz

Die zweite zentrale Komponente unserer intrapersonalen Intelligenz ist die Motivationsintelligenz. Sie ist definiert als unsere Begabung, uns selbst zum Handeln zu bringen. Sie umfasst die Fähigkeit zu erkennen, was wir wirklich wollen, die Kenntnis dessen, was uns zum Handeln bringt und die Fähigkeit, uns selbst in Bezug auf unser Wollen und Begehren zu führen und zu steuern.

Unsere Motivationsintelligenz macht dabei von einem sehr komplexen Zusammenspiel unserer Gehirne Gebrauch:

1. Zur Entwicklung von Visionen und Träumen nutzen wir vor allem neuronale Netze der rechten Hemisphäre.
2. Unsere Ziele planen wir dann logisch-sequenziell durch Einsatz unseres rationalen Denkens.
3. Wollen, Begehren, Leidenschaft, Passion und Liebe produzieren wir – wie wir schon gesehen haben – im limbischen System.
4. Unser Stammhirn stellt darüber hinaus tief konditionierte Verhaltensmuster zur Verfügung, die unser Handeln unterstützen oder behindern können.

Motivationsintelligenz ist vor allem die Fähigkeit, zum Meister des eigenen Wollens und Begehrens zu werden. Da unsere westlichen Kulturen durch jahrhundertealte lust- und wollensfeindliche Traditionen des christlichen Abendlandes geprägt sind, müssen wir unser Wollen und Begehren zunächst von dem Schutt befreien, unter dem wir es im Laufe der Jahrhunderte beerdigt haben.

Falls Sie übrigens glauben, Ihr emotionales Verhältnis zum Wollen sei unbelastet und positiv, dann lassen Sie einmal langsam die Begriffe Wollen, Begehren, Lust, Leidenschaft, Passion und

Ekstase auf sich wirken. Wenn Ihnen zu keinem Begriff Bedenken, negative Assoziationen oder die Vermutung in den Sinn kommt, man solle diese Energien nur homöopathisch einsetzen, um sich nicht selbst zu gefährden, dann dürfen Sie sich gratulieren: Ihnen sind viele Motivationsbremsen erspart geblieben. Vielleicht werfen Sie trotzdem einen Blick auf den nächsten Absatz, um zu sehen, welches Bild die Neurowissenschaften vorurteilsfrei von unserem Wollen zeichnet:

1. Neurowissenschaftlicher sind sich einig darüber, dass unser Wollen ein Masterphänomen ist, das nahezu alle anderen Gehirnbereiche beherrscht. Wir verstehen nur, was wir verstehen wollen, wir lernen nur, was wir lernen wollen und wir erinnern uns nur an die Dinge, an die wir uns erinnern wollen.
2. Wollen ist ein Schlüsselfaktor unseres Lebens – nämlich die ständige Schwingung unseres limbischen Systems.
3. Wollen ist das langsam brennende Feuer, das uns immer stärker in unsere anderen Gefühle hineinträgt. Wenn wir lernen, im Motivationsfeuer des Wollens zu bleiben und durch es hindurchzugehen, kommen wir zum Glück, zum Mitgefühl und zur Liebe.
4. Wollen beeinflusst unseren ganzen Körper, weil unser limbisches System eng mit unserem autonomen Nervensystem und unseren inneren Organen verbunden ist.
5. Unser limbisches System und die mit ihm verbundenen Organe brauchen Lust und Vergnügen. Wenn wir länger nicht bekommen, was wir wollen, begibt sich unser Körper in einen inneren Halbschlaf.
6. Wollen hört niemals auf, sondern ist ein Schlüsselprozess, der unser ganzes Leben lang fortdauert. *Unser Begehren ist für immer, unsere Befriedigung ist auf Zeit.*
7. Wollen und Begehren sind der emotionale Prozess des ständigen Expandierens. Befriedigung ist die zeitweilige Rast beim Erfolg auf dem Weg zu weiteren Erfolgen. Wenn die Genugtu-

ung des Erfolgs eintritt, sollten wir uns also ausruhen und den Erfolg feiern, statt uns zu kritisieren, dass wir immer weiter wollen wollen.

8. So wie unser Gehirn aufgebaut ist, ist Wollen für unser limbisches System, was Denken für unsere Neokortex ist. Mit dem Wollen aufzuhören ist ähnlich Erfolg versprechend, wie das Denken einzustellen.

9. Intensives Begehren ist die Voraussetzung jeder Schöpfung. Jesus beispielsweise war ein leidenschaftlicher Sucher. Auch Buddha, dessen Anhänger uns raten, das Begehren aufzugeben, war ein leidenschaftlicher Sucher der Wahrheit. Er wollte mehr als wir alle: Er wollte die absolute Realität kennen lernen und er fand sie. Und er hätte das Absolute nicht gesehen, wenn er sich dafür durch sein brennendes Verlangen nicht so geöffnet hätte. Dass das Feuer der Leidenschaft der Schlüssel zu außergewöhnlichen Erfolgen ist, lässt sich auch bei weltlicheren Karrieren nachweisen. Arnold Schwarzenegger beispielsweise, den seine Motivationsintelligenz befähigte, vom österreichischen Polizistensohn zu einem der erfolgreichsten Sportler und Filmschauspieler des 20. Jahrhunderts aufzusteigen, findet in seiner Biografie letztlich nur ein Schlüsselkriterium, das ihn von allen Mitbewerbern unterscheidet: „Ich wollte den Erfolg mehr als alle anderen. Ich wollte ihn so sehr, dass es schmerzte..."[32]

Wenn also unser Wollen und Begehren die entscheidenden Voraussetzungen für die Entfaltung unserer Stärken sind, dann müssen wir unser Talent zur Selbstmotivation bestmöglich nutzen.

Nicht jeder wird das Wollen eines Arnold Schwarzenegger in die Wiege gelegt bekommen haben, aber auch für unser Wollen gilt: Wir können es nicht delegieren. Und deswegen sollten wir zweierlei tun: Erstens uns anschauen, welche Hindernisse sich un-

---

[32] Arnold Schwarzenegger, Die Karriere eines Bodybuilders, Gossau 1979, S. 51

serem Wollen in den Weg stellen, um sie ausräumen zu können. Und zweitens sollten wir unser Wollen sorgfältig studieren. Wenn wir die Nuancen und Feinheiten unserer Begehren unterscheiden können, sind wir auf dem Weg zur Entfaltung unserer Motivationsintelligenz – ist doch unser Differenzierungsvermögen ein wichtiger Indikator jedweder Intelligenz…

Hindernisse auf dem Weg des Wollens

1. Das erste Hindernis, das wir auf dem Weg zum Wollen überwinden müssen, ist die Wollens- und Lustfeindlichkeit unserer Kultur. Im Christentum ist Hedonismus eben seit vielen hundert Jahren out. Und die Spuren davon sind in jedem von uns zu erkennen: Wir überlegen uns großartige Begründungen, warum wir einen Porsche 911 brauchen („Ich bin beruflich viel unterwegs") oder warum wir Fußball spielen gehen („Wenn man so viel sitzt, sollte man halt an seine Fitness denken") statt schlicht mitzuteilen, dass unser verrücktes Auto oder das Manövrieren einer Lederkugel mit dem Fuß über größere Entfernungen einfach Spaß machen.

2. In unserer Kindheit wurde der Prozess des Wollens auch als egoistisch und deshalb familien- und teamfeindlich gebrandmarkt: „Kinder, die was wollen, kriegen was auf die Bollen" lautete dazu die Spruchweisheit meines Großvaters.
   Darüber hinaus gibt es individuelle Faktoren, die unser Wollen behindern.

3. Viele von uns können im eigenen Erleben den Unterschied zwischen dem Wunsch (einen Gedanken, der von der Neokortex kommt) und unserem Wollen und Begehren (einem starken Bauchgefühl, das von unserem limbischen System produziert wird) nicht unterscheiden: *Solange wir einen Wunsch (die kognitive Handlungsabsicht) nicht mit Wollen (der Begeisterung aus dem Bauch) aufgeladen haben, brauchen wir*

*uns nicht zu wundern, wenn unsere Motivation kümmerlich
bleibt.*

4. Manche Menschen glauben an das Prinzip „Taten sagen mehr
als Worte". Es stimmt oft, aber leider nicht immer, denn unser
Handeln wird auch von der Routine des Stammhirns gesteuert und nicht wenige Menschen stecken tief in den Routinen ihrer familiären und beruflichen Aufgaben. Ihr Rou-
tinehandeln ist kein Ausdruck von Motivation, sondern lässt
im Gegenteil jedes Aufkommen von Leidenschaft im Keim er-
sticken.

5. Manchmal zerstreuen wir die Energie unseres Wollens, indem
wir zu lange vom Handeln träumen. Bei anderen Gelegenhei-
ten verraucht unser anfängliches Wollen in aufwändiger büro-
kratischer Planung. Und in einigen Fällen verzichten wir darauf, am Wollen festzuhalten, weil wir rationalisieren, dass der
Erfolg uns nicht länger interessiert: Wir sagen uns „der Aufwand ist zu hoch". Wir behaupten, das Feedback sei zu
schlecht. Oder aber unser Wollen verschwindet hinter der Mi-
niaturausgabe dessen, was wir für erreichbar halten.

6. Ein weiteres wichtiges Handicap für unser Wollen ist unsere
Fokussierung auf das Endergebnis. Wir fixieren uns darauf, jemanden zu lieben oder eine bestimmte Summe Geld zu besitzen und verlieren darüber das Momentum für den Prozess, dieses Ergebnis auch zu erreichen.

Wenn wir diese Fallgruben, in denen unser Wollen komplett verschwinden kann, vermeiden wollen, müssen wir dem Prozess des
Wollens Priorität einräumen und uns fragen, *wie wir uns für den
gesamten Prozess genauso motivieren können wie für das gewünschte Ergebnis.*

Einer der einfachsten und präsisesten Wege herauszufinden,
welche Auslöser das Feuer unseres Wollens und Begehrens zuverlässig entfachen, haben vor Jahren russische Sportpsychologen
mit der so genannten Motivatorenanalyse entwickelt.

Dieses Verfahren, das ich an anderer Stelle ausführlich beschrieben habe,[33] basiert auf einem faszinierenden Grundgedanken: Wenn ein Athlet an zehn Profiwettkämpfen teilnimmt und bei dreien weit über sich hinauswächst und neue persönliche Bestleistungen aufstellt, dann – so die Hypothese der sowjetischen Wissenschaftler – könnten diese überragenden Ergebnisse auch damit zusammenhängen, dass der Athlet ganz besonders motiviert war.

Die Sowjets vermuteten, dass es bei jedem Menschen Motivationsauslöser geben könnte, die uns helfen, über uns hinauszuwachsen. Untersuchungen an mehreren hundert Weltklasseathleten brachten dann den wissenschaftlichen Nachweis, dass die Hypothese der russischen Wissenschaftler berechtigt war: Wir alle haben „Knöpfe" im Kopf, auf die wir nur zu drücken brauchen, um auf Kommando motiviert Gas zu geben.

Eine wichtige Komponente zur Entfaltung unserer Motivationsintelligenz besteht darin, unsere individuellen Motivatoren zu kennen und systematisch zur Verfolgung unserer Ziele einzusetzen. Dazu haben wir für Sie folgenden Test entwickelt.

Die Motivatorenanalyse

1. Schritt: Listen Sie mindestens fünf Situationen auf, in denen Sie weit über Ihre normalen Leistungen hinausgewachsen sind.

a) Gefragt wird allein nach Situationen, in denen Sie weit besser waren als sonst. Genauso wie es Tage gibt, an denen wir deutlich hinter unseren gewohnten Leistungen zurückbleiben, gibt es Tage, an denen wir uns positiv überraschen. Und genau um diese positiven Ausreißer nach oben geht es!

b) Es ist unerheblich, ob es sich bei Ihren Superleistungen um berufliche oder private Erfolgserlebnisse handelt. Der Gewinn

---

[33] Alexander Christiani, Weck den Sieger in dir, Wiesbaden 1997, S. 159 ff.

eines Tischtennisturniers oder Ihre erste Passfahrt mit einem Mountainbike bietet sich also genauso für die Analyse an wie Ihr mündliches Abitur, Ihr Doktorexamen, eine exzellente Messepräsentation oder der mitreißendste Vortrag, den Sie je gehalten haben.

c) Unerheblich ist weiterhin, wie lange der Erfolg zurückliegt: Wenn Ihnen zu Ihrem mündlichen Abitur noch 60 Stichwörter in den Sinn kommen und sich 30 davon um die Komplimente ranken, die Sie für Ihre Superleistung bekommen haben, dann wissen Sie Bescheid. Die Vermutung, dass Anerkennung für Ihr Ego wohl ein ganz besonderer Motivator ist, lässt sich auch an Erfolgserlebnissen aufzeigen, die schon Jahrzehnte zurückliegen.

d) Für Ihre Analyse kommen auch Leistungen in Betracht, bei denen sich der Arbeitsprozess über einen längeren Zeitraum erstreckt hat (etwa eine Diplom- oder Doktorarbeit, Projekte etc.). Um ein möglichst klares Erinnerungsbild als Grundlage für die weitere Analyse zu bekommen, empfiehlt es sich hier, an Arbeitsphasen zurückzudenken, in denen sich viele Projektelemente in der Erinnerung verdichten (zum Beispiel mündliche Diplomprüfung, Richtfest beim Hausbau, Messepräsentationen von Projekten usw.).

e) Entscheidend ist – wie gesagt – die Auswahl von Leistungen, bei denen Sie stark *über sich* hinausgewachsen sind. Es ist also völlig unerheblich, wie Sie bei diesen Ereignissen im *Verhältnis zu anderen* abgeschnitten haben. Angenommen, Sie wären bei einem großen Städtemarathon mit 10000 Teilnehmern 9537 geworden. Wenn das Ihr erster Marathon war und Sie damit Ihre bisherigen Joggingleistungen weit überboten haben, dann ist dies für Sie ein Erfolg, der die Analyse verdient.

2. Schritt: Wählen Sie von Ihrer Liste der Erfolgserlebnisse eines aus, für dessen Analyse Sie sich spontan interessieren. Gehen Sie anschließend in Gedanken zurück zu diesem Ereignis und lassen

Sie es mit geschlossenen Augen in etwa zehn Minuten noch einmal vor Ihrem geistigen Auge ablaufen. Starten Sie zum Beispiel am Vorabend des großen Erfolgstages.

Erinnern Sie sich daran, wann Sie zu Bett gegangen sind, welche Gedanken Sie hinsichtlich des nächsten Tages hatten und wie Sie eingeschlafen sind. Erleben Sie dann Ihren Erfolgstag dreidimensional: Was haben Sie *gesehen, gehört, gefühlt, getan* und – wenn dies zusätzliches Kolorit gibt – *geschmeckt* und *gerochen?* Verfolgen Sie das Erlebnis durch Ihre eigenen Augen, sehen Sie sich also als Darsteller und nicht als Beobachter von außen. Konzentrieren Sie sich in Ihrem Erinnerungsprozess auf drei Komponenten:

a) *Was höre und sehe ich?* Das heißt, welche Eindrücke von diesem Ereignis hätte eine Fernsehkamera eingefangen?

b) *Was sage ich zu mir selbst in dieser Situation?* Protokoll des inneren Dialogs, wie er von einem „inneren Tonband" festgehalten worden wäre.

c) *Welche entscheidenden Phasen gab es in der Vorbereitung?* Machen Sie eine Rückblende wie in einem Dokumentarfilm, die zeigt, wie es zu dieser hervorragenden Leistung kam.

3. Schritt: Nachdem Sie Ihre Erinnerung aufgefrischt haben, protokollieren Sie Ihr Erfolgserlebnis in Stichworten. Je mehr Ideen Ihnen einfallen und je konkreter diese Gedanken sind, um so besser. Setzen Sie sich zum Ziel, in 20 Minuten mindestens 50 Erinnerungsstichwörter zu protokollieren.

4. Schritt: Werten Sie das Erinnerungsprotokoll anhand der folgenden Checkliste aus:

	schwach 1	2	mittel 3	4	stark 5
1. Selbst in Aktion sein					
2. Anderen zuschauen können					
3. Vergangene Erlebnisse					
4. Zukunftsperspektive					
5. Identifikation mit dem Sinn der Aufgabe					
6. Wohlgefühl während des Ereignisses					
7. Wettkampf- oder Rekordorientierung					
8. Allein arbeiten können					
9. Companionship					
10. Äußere Faktoren					
11. Anerkennung					
12. Sachfeedback					
13. Herausforderung					
14. Gute Vorbereitung					
15.					
16.					

Hier eine kurze Beschreibung der einzelnen Motivatoren:

1. *Selbst in Aktion sein* meint die Frage: Wie stimulierend war es für Sie, sich während des Ereignisses „lustvoll im Vollzug der eigenen Möglichkeiten und Talente" zu erleben?
2. *Anderen zuschauen können*: Inwieweit haben Sie sich durch das Vorbild anderer zu Ihrem Erfolg anspornen lassen? Gibt Ihnen die Überlegung: „Was der kann, schaffe ich schon lange" Mut und Zuversicht?

3. *Erinnerungen an vergangene Erfolge oder Misserfolge* können ebenfalls einen erheblichen Motivationsschub freisetzen: Wer beim Marathon zwischen dem 32. und 34. Kilometer gegen „die Wand" läuft, dem kann die Erinnerung an sein bisheriges erfolgreiches Überwinden dieses toten Punktes genauso helfen wie einem Läuferkollegen das mahnende Beispiel, an dieser Stelle beim letzten Mal aufgegeben zu haben.

4. *Zukunftsperspektive:* Für eine bessere Zukunft sind manche Menschen bereit, in der Gegenwart hart zu arbeiten und auf vieles zu verzichten. Solche Menschen interessieren sich zum Beispiel bei einer neuen Arbeitsstelle viel stärker für den Karriereplan als für das aktuelle Gehalt und lassen sich mit dem Versprechen einer neueren Zukunft immer wieder neu motivieren.

5. *Wettkampf- und Rekordorientierung*: Der Wunsch, Erster zu sein, ist für einige Menschen ein starker Motivator, der sich wie ein roter Faden durch ihr ganzes Leben zieht.

6. *Allein arbeiten können:* Für manche Menschen ist es ausgesprochen anspornend, selbst in der Verantwortung und damit Herr des Geschehens zu sein. Andere würden von der Vorstellung: „Alle schauen auf mich und wenn's schief geht, habe ich den schwarzen Peter" eher gebremst. Die Frage ist: Wie stark motiviert es Sie, für Ihr Ergebnis allein und selbst geradezustehen?

7. *Anerkennung* meint: Wie wichtig war es für Sie *während der Leistungserbringung*, dass Sie anschließend für eine gute Leistung von anderen gelobt und anerkannt werden wollten? Ein indirekter Hinweis auf unseren Bedarf an Streicheleinheiten ist die Anzahl der Komplimente, die uns nach einer Spitzenleistung noch in Erinnerung ist.

8. *Sachfeedback* oder die „Anerkennung durch die Sache": Wer als Anstreicher morgens in ein schmutziges Zimmer kommt und dem Raum bis zum Feierabend mit einer Tapete zu neuem Glanz verhilft, der kann das Ergebnis seiner Arbeit anschauen und sich daran erfreuen. Für manche Menschen ist der Motiva-

tor Sachfeedback ein so wichtiger Baustein dauerhafter Motivation, dass sie in Berufen, die ein solches Feedback nicht bieten, regelrecht versauern.

9. *Äußere Faktoren*, die sich auf unsere Fähigkeit zur Spitzenleistung auswirken, sind zum Beispiel große Zuschauerzahlen oder die Anwesenheit von Menschen, deren Urteil uns wichtig ist (Freund, Freundin, Ehepartner, Eltern, Coach, Chef usw.). Darüber hinaus können neue Arbeits- oder Sportgeräte, unsere Lieblingsgarderobe oder andere konditionierte „Positivanker" (Maskottchen) eine wichtige Rolle spielen.

10. *Companionship* beschreibt den Motivator, etwas gemeinsam mit anderen tun zu können. Ich habe diesen Motivator bewusst nicht Teamfähigkeit oder Teamgeist genannt, weil Companionship tatsächlich etwas anderes meint: Es ist durchaus möglich – und auch gar nicht selten –, dass ein Mensch teamfähig ist und auch über Teamgeist verfügt, es unter Motivationsaspekten aber trotzdem vorzieht, als Alleinarbeiter verantwortlich zu sein. Companionship bezeichnet also nicht die Teamfähigkeit, sondern die Aktivierbarkeit und Motivierbarkeit durch die Möglichkeit gemeinsamen Arbeitens.

11. *Herausforderung:* Sind Sie einer dieser „Jetzt-erst-recht!"-Typen? Je weniger andere Ihnen zutrauen, um so mehr Ehrgeiz entwickeln Sie? Wenn Sie ein „Wenn's-schwierig-wird-fängt-der-Spaß-erst-an"-Mensch sind, werden Herausforderungen Sie stark motivieren.

12. *Gute Vorbereitung:* Gute Vorbereitung ist in aller Regel Voraussetzung für jeden Erfolg – mit Ausnahme von Situationen, die spontanes Improvisieren erfordern. Es geht deshalb hier allein um die Frage, inwieweit die gute Vorbereitung Ihnen ein zusätzliches (subjektives) Sicherheitsgefühl vermittelt hat, das Sie unterstützt hat, hier über sich hinauszuwachsen.

13. *Sinn und Identifikation mit der Aufgabe*: Manche Menschen werden in ihrer Motivation stark davon geprägt, etwas Sinnvolles oder Wertvolles zu tun. Ein typisches Beispiel hierfür

sind Menschen in Pflegeberufen und solche, die sich ehrenamtlich karitativen Aufgaben widmen. Der stärkste Demotivator für sinnorientierte Menschen ist das Gefühl, etwas Unnützes zu tun oder für den Papierkorb zu arbeiten.

Nachdem Sie nun die einzelnen Motivatoren besser einschätzen können, analysieren Sie Ihr Erfolgsprotokoll bitte in mehreren Schritten. Fragen Sie sich:

1. Welche drei bis maximal fünf Motivatoren haben mich bei diesem Erfolg am stärksten angespornt? Geben Sie sich bei diesen Motivatoren fünf Punkte.
2. Welche Motivatoren haben bei diesem Erfolg praktisch keine Rolle gespielt? Geben Sie sich hier jeweils einen Punkt.
3. Nachdem Sie die stärksten und schwächsten Motivatoren als Eckpfeiler bestimmt haben, ordnen Sie die übriggebliebenen Motivatoren mit zwei, drei oder vier Punkten dem Mittelfeld zu.
4. Fragen Sie sich anschließend, ob diese erste Analyse Ihre Hauptmotivatoren bereits vollständig beschreibt. Etwa 90 Prozent unserer Seminarteilnehmer erkennen spontan, dass sich die von ihnen bei der ersten Analyse gefunden Motivatoren wie ein roter Faden durch ihr ganzes Leben ziehen.
5. Sollten Sie noch Zweifel haben, ob Sie alle wichtigen Motivationsknöpfe schon im ersten Durchgang entdeckt haben, so wiederholen Sie die Übung mit einem anderen Spitzenleistungserlebnis.

Auf Wunsch vieler Seminarteilnehmer und insbesondere zahlreicher Anfragen von Vertriebsteams arbeiten wir daran, die Motivatorenanalyse in einer internetfähigen Testversion zur Verfügung zu stellen. Als Coautoren für dieses Projekt habe ich den amerikanischen Testpsychologen Prof. Dr. Richard Bents und seinen deutschen Kollegen Dr. Rainer Blank gewinnen können. Wenn Sie also Ihre Testergebnisse aus diesem Buch weiter objektivieren wollen oder eine Motivatorenanalyse für Ihr ganzes Team brauchen, finden Sie zusätzliche Informationen über die Homepage der Christiani Unternehmer AG unter www.christiani-ag.de.

10. Kapitel:
Verhaltensintelligenz: Das eigene Verhalten erkennen und zutreffend einschätzen

„Erkenne Dich selbst" lautet die Inschrift auf dem Tempel des Orakels in Delphi, das nicht zufällig Sokrates als den Weisesten aller Weisen bezeichnete, weil er der Einzige sei, der wisse, dass er nichts wisse. Den Philosophen in Delphi war also schon vor 2 000 Jahren klar, dass wir Menschen einerseits nicht zu objektiver Erkenntnis fähig sind, uns andererseits aber nichts übrig bleibt, als nach ihr zu streben und sich ihr bestmöglich anzunähern.

Nachdem Sie im zweiten Teil dieses Buches die Gelegenheit hatten, Ihre so genannten Testintelligenzen zu erheben und Ihren Talenten durch unser „Enthusiasmus-Profil" auf die Spur zu kommen, laden wir Sie in diesem Kapitel zu einem weiteren, spannenden Persönlichkeitstest ein – der so genannten INSIGHTS Potential Analyse®.[1]

Die INSIGHTS MDI®-Analysen ermittelt drei zentrale Dimensionen unseres Verhaltens:

1. **Unsere Werte und Grundüberzeugungen:** Wie die Gallup-Untersuchung mit dem Herausarbeiten von 34 Talentmustern deutlich gezeigt hat, lassen wir Menschen uns bei der Kombination unserer angeborenen Grundintelligenzen entscheidend von den Werten leiten, die uns am wichtigsten sind. Die INSIGHTS-Werte-Analyse gibt Ihnen deshalb die Gelegenheit, die bewussten und unbewussten Werte und Grundüberzeugungen, die Ihr Verhalten bestimmen, näher kennen zu lernen.
2. **Unsere Verhaltenspräferenzen:** Unser Stammhirn speichert die Muster unseres Verhaltens im jeweiligen Kontext, um uns im Wiederholungsfall durch Verhaltensgewohnheiten die Si-

---

[1] Frank M. Scheelen, Menschenkenntnis auf einen Blick, München 2002

cherheit der Erfahrung zu geben. Die INSIGHTS-Potential-Analyse® erlaubt Ihnen deshalb, sich einen sorgfältigen Überblick über von Ihnen bevorzugte Verhaltensweisen – die so genannten Verhaltenspräferenzen – zu verschaffen.

3. **Unsere Verhaltenskompetenzen:** Kompetenzen sind das Produkt aus unseren angeborenen Talenten, die wir mit Wissen und Skills zu unseren Stärken entwickelt haben. Die IN-SIGHTS-Kompetenz-Analyse ermittelt deshalb in Ihrem Persönlichkeitsprofil auch Ihre Verhaltensstärken.

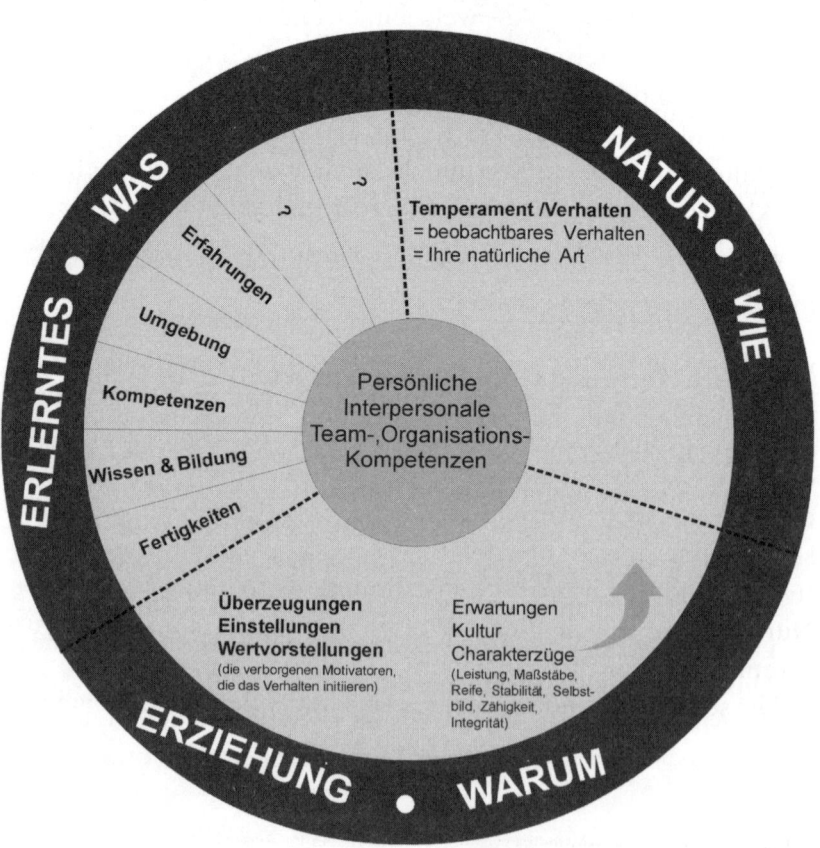

Wenn Sie diese drei Dimensionen Ihres Verhaltens kennen, dann haben Sie eine exzellente Ausgangsbasis, um zu entscheiden, in welche Richtung Sie Ihre Verhaltensintelligenz weiter ausbauen wollen.

Werte und Grundüberzeugungen

Warum wir uns für bestimmte Berufe und Aufgaben entscheiden, hat vor allem mit unseren Werten und Überzeugungen zu tun. Diese Wertvorstellungen steuern unser Verhalten und motivieren uns, uns Ziele zu stecken und sie umzusetzen. Unsere Werte beantworten die Frage: „Aus welchem Grund verhalten wir uns gerade auf diese Weise?" Sie geben also Aufschluss über die zugrunde liegenden Motive unseres Handelns.

Oft sind die eigenen Werte unreflektiert und steuern unser Verhalten aus dem Untergrund. Deshalb macht es Sinn, sich über sie klar zu werden. Sie mögen ein Grund sein, warum Sie mit einem Job permanent unzufrieden sind, ohne genau zu wissen warum.

Die INSIGHTS-Werteanalyse unterscheidet zwischen sechs grundlegenden Werten. Diese Klassifizierung basiert auf den Erkenntnissen des deutschen Kulturphilosophen und Psychologen Eduard Spranger, die er in seinem Buch *Lebensformen*[34] 1914 darlegte. Selbstverständlich verfügt jeder Mensch über mehr als einen dieser sechs Werte. Doch in der Regel sind zwei Werte besonders stark ausgeprägt. Sie bewirken, dass wir mit Energie, Motivation und Begeisterung an bestimmte Aktivitäten herangehen. Nur wenn wir uns an diesen Werten orientieren, sind wir mit unserem Leben wirklich zufrieden.

Die sechs Werte unterscheiden sich folgendermaßen voneinander:

---

[34] Eduard Spranger, Lebensformen. Psychologie und Ethik der Persönlichkeit, Tübingen 1966

- **Der theoretische Wert**: Menschen mit hohem theoretischem Wert wollen ihr Wissen ständig erweitern und „die Wahrheit" entdecken. Sie wollen die Hintergründe und Ursachen von allem entdecken und geben sich nicht mit dem äußeren Anschein zufrieden. Dabei geht es ihnen weniger um die Anwendbarkeit ihres Wissens, sondern um die Erkenntnis selbst. Sie fällen deshalb kaum Urteile, sondern beobachten, ordnen, systematisieren und suchen nach objektiven Erkenntnissen. In praktischen und alltäglichen Dingen sind sie dagegen schnell hilflos, ihre Gefühle zeigen sie nicht gerne. Sie bevorzugen Kontakte mit Menschen, die über viel Wissen verfügen, um von ihnen zu lernen.

- **Der ökonomische Wert**: Hier wird alles an seinem praktischen Nutzen gemessen. Menschen mit einem hohen ökonomischen Wert möchten viel Geld verdienen (möglichst mehr als die anderen!), in Wohlstand leben, sich für die Zukunft absichern. Was sie unternehmen, sollte sich „auszahlen" und Nutzen bringen. Deshalb wollen sie Ergebnisse sehen, die messbar sind, und ihre Zeit nicht verschwenden. Werte wie Schönheit oder Harmonie haben für sie keine Bedeutung.

- **Der ästhetische Wert**: Das Hauptaugenmerk gilt der äußeren Form, der Schönheit und Ästhetik. Nutzen und Anwendbarkeit sind dagegen ebenso unwichtig wie die Frage, warum etwas so schön ist. Hauptsache, es sieht gut aus oder fühlt sich gut an. Menschen mit hohem ästhetischen Wert sind Genießer, denen ein harmonisches Ambiente, Kunst, Lebensgenuss und intensive emotionale Erlebnisse am wichtigsten sind. Sie wollen sich selbst verwirklichen, aber das muss nicht unbedingt in Arbeit ausarten. Für die praktischen oder finanziellen Aspekte des Lebens haben sie wenig Verständnis.

- **Der soziale Wert**: Menschen mit hohem sozialen Wert nehmen an ihren Mitmenschen großen Anteil und sind beständig darum bemüht, anderen zu helfen und ihnen das Leben angenehmer zu machen. Dabei stellen sie sich selbst gerne zurück. Sie sind großzügig, offen, emotional und haben eine positive Lebens-einstellung. Ihr Leben ist erfüllt, wenn sie Menschen haben, die sie lieben und mit denen sie möglichst ohne Konflikte auskommen.

- **Der individualistische Wert**: Macht, Führung und Karriere stehen für Menschen mit hohem individualistischen Wert im Vordergrund. Sie wollen Einfluss nehmen, Ansehen erringen und sich von anderen abheben. Sie haben große Ziele und setzen diese mit klugen Strategien um. Zu anderen Menschen entwickeln sie keine tiefen Beziehungen, weil sie weitgehend mit sich selbst beschäftigt sind.

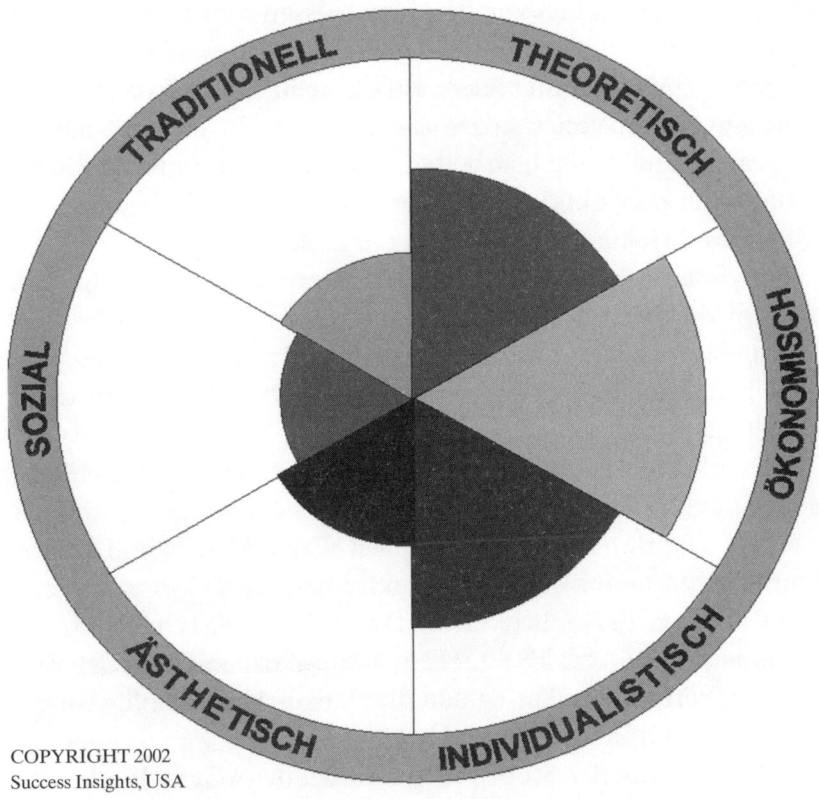

COPYRIGHT 2002
Success Insights, USA

- **Der traditionelle Wert**: Feste Überzeugungen leiten Menschen mit hohem traditionellen Wert. Für diese setzen sie sich engagiert ein und sind in ihrem Glauben an sie kaum zu erschüttern. Deshalb mögen sie keine Veränderungen, sondern beharren auf ihrer Weltanschauung. Sie versuchen den höheren Sinn des Lebens zu begreifen und sind deshalb meist an Religion oder Philosophie interessiert.

Stellen Sie sich vor, ein Mensch mit einem überwiegenden sozialen Wert würde als Wissenschaftler in einem Forschungslabor arbeiten. Sicherlich wäre er sehr um das Wohlergehen seiner Kollegen bemüht – aber ob ihm das reichen würde? Wäre er nicht zufriedener in einer Tätigkeit, in der er unmittelbar mitansehen könnte, wie Menschen von den Ergebnissen seiner Wissenschaft profitieren?

Oder ein Mensch mit hohem ästhetischen Wert würde als Sachbearbeiter einer Versicherung tagein, tagaus an seinem Schreibtisch sitzen und Akten bearbeiten. Als Gutachter für Kunstwerke, Mitarbeiter im Auktionshaus oder Verkäufer von Designermode wäre er wahrscheinlich viel stärker in seinem Element.

Nur wenn unsere Arbeit unseren inneren Werten entspricht, sind wir wirklich mit Feuereifer dabei. Und nur dann sind wir bereit, uns einzusetzen, uns zu engagieren und zu kämpfen, und werden nicht gleich bei der ersten beruflichen Durststrecke frustriert aufgeben.

Das Scheelen-Institut testete im Auftrag eines führenden Allfinanzunternehmens die Führungskräfte und Verkäufer, erhoben wurden die Betriebswirtschaftlichen Ergebnisse wie Umsatz, Storno, Mitarbeiterwachstum, Fluktuation, diese Werte wurden dann mit den Persönlichkeitsmerkmale der INSIGHTS-Potential-Analyse® und der INSIGHTS-Werte-Analyse korreliert. Ziel war, das Personalmarketing und die Personalauswahl des Unternehmens zu optimieren.

Das Ergebnis der Studie zeigte eindeutig, welche Werte und

Verhaltensdimensionen bei den erfolgreichen Allfinanz-Führungskräften besonders stark und welche weniger stark ausgeprägt waren. Die erfolgsrelevanten Ausprägungen waren das ökonomische und individualistische Motiv verbunden mit einem Anteil sozialer Ausprägung (stärkster Wert bei niedriger Fluktuation im Team). Zudem konnten eindeutige Verhaltensdimensionen zugeordnet werden. In der Folge konnte das Unternehmen gezielt potentielle Führungskräfte und Verkäufer mit diesem Werteprofil und Persönlichkeitsprofil ansprechen, auswählen und somit nachweislich die Fluktuation reduzieren. (Die Gesamtstudie kann beim SCHEELEN Institut angefordert und eingesehen werden unter www.Scheelen-Institut.de.)

Übung: Welche Werte dominieren bei Ihnen?

Mithilfe des folgenden Tests können Sie einen Eindruck davon gewinnen, welche Werte bei Ihnen besonders stark ausgeprägt sind.

Theoretischer Wert

Welche Aussagen treffen auf Sie zu? 1 = überhaupt nicht, 2 = ein bisschen, 3 = manchmal, 4 = häufig, 5 = immer

Ich gehe den Dingen gerne auf den Grund und möchte immer mehr über etwas wissen.	
Es macht mir Spaß zu lesen, zu lernen und Zusammenhänge zu entdecken.	
Ich befasse mich gerne mit Theorien, ziehe Vergleiche und entdecke Unterschiede.	
Für mich sind Fakten wichtiger als Meinungen oder Gefühle.	
Ich versenke mich stundenlang alleine in Bücher.	

Ökonomischer Wert

Welche Aussagen treffen auf Sie zu? 1 = überhaupt nicht, 2 = ein bisschen, 3 = manchmal, 4 = häufig, 5 = immer

Für mich ist es wichtig, viel zu verdienen und langfristig abgesichert zu sein.	
Bei neuen Dingen denke ich zuerst, wie man es praktisch nutzen und anwenden könnte.	
Ich versuche Investitionen zu machen, die sich in absehbarer Zeit auszahlen.	
Ich weiß immer, wie viel Geld auf meinem Konto ist.	
Ich plane meine Zeit genau und hasse es, wenn ich unerwartet aufgehalten werde.	

Ästhetischer Wert

Welche Aussagen treffen auf Sie zu? 1 = überhaupt nicht, 2 = ein bisschen, 3 = manchmal, 4 = häufig, 5 = immer

In einer schönen Landschaft oder einem stilvollen Ambiente fühle ich mich am wohlsten.	
Mein Arbeitsplatz ist mit Bildern, Kunstwerken oder künstlerischen Gegenständen geschmückt.	
Menschen, die sich für Musik, Literatur oder Kunst begeistern können, sind mir am sympathischsten.	
Ich höre mehr auf meine Gefühle als auf meinen Kopf.	
Ich kann schöne Situationen und Erlebnisse in vollen Zügen genießen und auskosten.	

Sozialer Wert

Welche Aussagen treffen auf Sie zu? 1 = überhaupt nicht, 2 = ein bisschen, 3 = manchmal, 4 = häufig, 5 = immer

Ich habe viele Freunde und Bekannte und bin grundsätzlich immer interessiert, mit anderen ins Gespräch zu kommen.	
Am Wohlergehen der anderen ist mir viel gelegen, dafür setze ich mich stark ein.	
Ich empfinde großes Mitgefühl mit Menschen, die Not leiden müssen.	
Ich höre anderen Menschen eher zu, als dass ich selbst rede und von mir erzähle.	
Ich brauche Harmonie und kann Streit und Konflikte nicht gut aushalten.	

Individualistischer Wert

Welche Aussagen treffen auf Sie zu? 1 = überhaupt nicht, 2 = ein bisschen, 3 = manchmal, 4 = häufig, 5 = immer

Ich gehe gerne in Konkurrenz zu anderen und möchte am liebsten immer der Sieger sein.	
Ich nehme auch in meiner Freizeit an Wettbewerben teil.	
In Gruppen übernehme ich rasch die Leitung, bin Wortführer oder Moderator.	
Ich gebe nie auf, sondern kämpfe auch, wenn es schwierig wird.	
Es ist mir wichtig, mich von anderen abzuheben und etwas Besonderes darzustellen.	

Traditioneller Wert

Welche Aussagen treffen auf Sie zu? 1 = überhaupt nicht, 2 = ein
bisschen, 3 = manchmal, 4 = häufig, 5 = immer

Ich habe feste Überzeugungen und versuche immer danach zu handeln.	
Ich philosophiere gerne mit anderen über das Leben und versuche, sie von meiner Haltung zu überzeugen.	
Was ich mache, muss für mich einen tieferen Sinn haben, ich mache nichts nur „zum Spaß".	
Ich bin Mitglied in Organisationen, die die gleichen Überzeugungen vertreten wie ich.	
Ich brauche Zeit, um mich auf Veränderungen einzustellen.	

Zählen Sie die Punkte, die Sie sich bei den einzelnen Werten gegeben haben, zusammen und erstellen Sie eine Rangliste.

Theoretischer Wert	
Ökonomischer Wert	
Ästhetischer Wert	
Sozialer Wert	
Individueller Wert	
Traditioneller Wert	

Werte, denen Sie insgesamt 18–25 Punkte gegeben haben: Diese Werte sind ausschlaggebend für Sie. Sie bestimmen Ihr Handeln und beeinflussen Sie bei der Auswahl Ihrer beruflichen Tätigkeit. Je höher Ihre Punktzahl, desto höher auch die Wahrscheinlichkeit, dass diese Werte bei Ihnen ausgeprägter sind als beim Durchschnitt der Bevölkerung. Sie müssen also damit rechnen, dass andere Menschen wenig Verständnis für Ihre starken Überzeugungen bzw. die daraus resultierenden Handlungen haben.

Werte, denen Sie insgesamt 8–17 Punkte gegeben haben: Diese Werte sind Ihnen wichtig, aber nicht ausschlaggebend für Ihr Handeln. Erst wenn Ihre wichtigsten Werte erfüllt sind, kommen diese Überzeugungen zum Tragen.

Werte, denen Sie insgesamt 0–7 Punkte gegeben haben: Diese Werte spielen in Ihrem Leben eine geringe oder gar keine Rolle. Wahrscheinlich sind Sie bei Ihnen sogar geringer ausgebildet als beim Durchschnitt der Bevölkerung. Bei anderen Menschen, denen diese Werte sehr wichtig sind, werden Sie Erstaunen oder Ablehnung hervorrufen.

Eine genauere Analyse können Sie anhand des INSIGHTS-Leadership-Checks erstellen. So lernen Sie Ihre verborgenen Motivatoren besser zu verstehen und zu erkennen, welche Werte Sie zum Handeln veranlassen. Die Ergebnisse des Tests geben Ihnen außerdem einen Überblick darüber, wie stark Ihre Werte im Vergleich zum Durchschnitt der Bevölkerung ausgeprägt sind. Unterscheiden sich Ihre Anschauungen gravierend von denen der anderen, so werden Sie als jemand wahrgenommen, der „anders" oder „gegen den Strom" schwimmt. Das Bewusstsein darüber kann Ihnen helfen, sich eine Umgebung zu suchen, in der Ihre spezielle Werteausprägung akzeptiert wird, oder auch besser mit der Reaktion Ihrer Umwelt zurechtzukommen.

Verhaltensstärken und -präferenzen

Auf dem Weg zum „Erkenne Dich Selbst" beantwortet die Werteanalyse die Frage nach dem „Warum" unseres Handelns.

Die Frage nach dem „Wie" gibt uns dann die Antwort, wo wir Verhaltensstärken und Verhaltenspräferenzen haben:

Welche Vorlieben haben Sie? Wie gehen Sie an Aufgaben heran? Wie verhalten Sie sich in konkreten Situationen? Welches Verhalten liegt Ihnen besonders, was sind Ihre Stärken, was Ihre Schwächen?

Machen Sie einmal folgende kleine Übung. Schreiben Sie auf ein Blatt Papier Ihren Namen. Zuerst mit der Hand, die Sie immer zum Schreiben benutzen. Anschließend schreiben Sie Ihren Namen mit der anderen Hand. Wenn Sie Rechtshänder sind, dann mit Ihrer linken Hand, als Linkshänder bitte mit der rechten Hand. Sicherlich geht es Ihnen dabei wie den meisten Menschen: Sie haben eine bestimmte Präferenz, mit welcher Hand Sie schreiben. Müssen Sie entgegen Ihrer Präferenz mit der ungewohnten Hand schreiben, so fällt Ihnen das viel schwerer, Sie brauchen länger und das Ergebnis ist ziemlich krakelig und unansehnlich.

Diese Übung ist in doppelter Hinsicht besonders aufschlussreich, wenn Sie von Ihrer angeborenen Veranlagung her Linkshänder sind, Ihre Eltern Sie aber zum Schreiben mit der rechten Hand umerzogen haben.

Die Übung zeigt Ihnen dann einerseits, dass wir durch jahrelanges Training durchaus auch Präferenzen dort entwickeln können, wo wir kein besonderes Talent haben. Wenn „umerzogene Linkshänder" sich allerdings entscheiden, wie Leonardo da Vinci an ihrer Beidhändigkeit zu arbeiten, dann lernen sie das Schreiben mit der linken Hand sehr viel schneller als jeder normale Rechtshänder, was wiederum die Rolle unserer angeborenen Talente verdeutlicht.

Ähnlich verhält es sich mit unserem Beruf. Entspricht dieser nicht Ihren natürlichen Präferenzen, so müssen Sie viel Energie verwenden, um ihn einigermaßen auszufüllen. Wahrscheinlich werden Sie ihn aber nie so gut machen wie jemand, dessen Präferenzen genau zu dieser Tätigkeit passen. Für Sie dagegen ist der Aufwand immens und das Ergebnis frustrierend.

Deshalb ist es wichtig, dass Sie Ihre natürlichen Präferenzen kennen. Dann können Sie sich noch bewusster Tätigkeiten und Positionen suchen, die Ihrem natürlichen Verhalten entsprechen und in denen Sie Ihre Stärken gezielt einsetzen können.

Verhaltensweisen sind natürlich äußerst vielschichtig. Jeder Mensch entwickelt im Laufe seines Lebens sein ganz eigenes Repertoire, das er individuell dosiert und je nach Situation einsetzt. Deshalb haben die Menschen schon seit Jahrhunderten versucht, Verhaltensweisen auf charakteristische Züge zu reduzieren, um „typische" Unterschiede deutlich zu machen.

Bereits der griechische Arzt Hippokrates teilte seine Patienten in Choleriker, Sanguiniker, Phlegmatiker und Melancholiker ein, um sich und seinen Schülern die Diagnose und Behandlung der Patienten zu erleichtern. Er machte damals die unterschiedlich stark wirkenden „Körpersäfte" für die unterschiedlichen Temperamente verantwortlich.

Heute sind die Unterscheidungskriterien differenzierter, aber die Erkenntnis, dass Menschen bei all ihrer Unterschiedlichkeit und Individualität Gemeinsamkeiten und Ähnlichkeiten im Verhalten zeigen, hat sich gehalten und bewährt.

Die INSIGHTS-Methode® zur Persönlichkeitserkennung geht auf die Erkenntnisse des Schweizer Tiefenpsychologen C. G. Jung zurück. Er veröffentlichte 1929 sein Werk *Psychologische Typen*,[35] in dem er grundlegend acht Persönlichkeitstypen unterschied. Er differenzierte nach den beiden Kriterien „Präferenzen" und „Funktionen":

---

[35] Carl Gustav Jung, Gesammelte Werke in 20 Bänden, Band 6: Psychologische Typen, Düsseldorf 1995.

- **Präferenzen**: Je nachdem, ob ein Mensch eine Vorliebe für die „innere" oder die „äußere" Welt hat, ist er introvertiert oder extravertiert. Ist jemand introvertiert, so beschäftigt er sich eher mit seinem Innenleben, seinen Werten, Ideen und Gefühlen. Ist jemand dagegen eher extravertiert, so gilt seine Orientierung stärker der äußeren Welt, der er größere Energie und Aufmerksamkeit schenkt.
- **Funktionen**: Jung unterschied vier Grundfunktionen: Denken, Fühlen, Empfinden und Intuition. Während jeder Mensch prinzipiell über alle Funktionen verfügt, nutzt er eine dieser Funktionen vorrangig.

Aus der Kombination dieser beiden Kriterien ergeben sich die acht Grundtypen Jungs:

1. Introvertiertes Empfinden
2. Introvertierte Intuition
3. Introvertiertes Denken
4. Introvertiertes Fühlen
5. Extravertiertes Empfinden
6. Extravertierte Intuition
7. Extravertiertes Denken
8. Extravertiertes Fühlen

Viele Typologiemodelle nach Jung bezogen sich auf diese acht Persönlichkeitstypen. Die INSIGHTS-Methode® ist eine der wenigen, bei der das noch deutlich abzulesen ist.

Übung: Welche Tendenzen hat Ihr Verhalten?

Machen Sie einen ersten Check:
In welche Richtung weist Ihr Verhalten? Denken Sie einmal an private Situationen, wenn Sie mit Ihrer Familie oder Freunden zusammen sind. Und dann an berufliche Ereignisse. Wohin tendiert Ihr Verhalten jeweils?

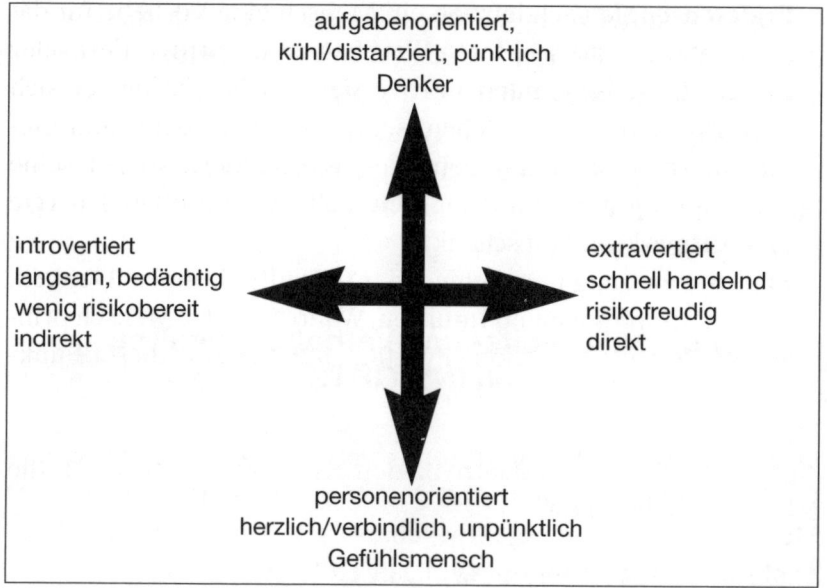

Extravertiert versus introvertiert

INSIGHTS fokussiert vor allem auf die Präferenzen extravertiert und introvertiert. Sie sind entscheidend dafür, wie wir uns in bestimmten Situationen verhalten. Ein extravertierter Mensch wird mit Freude auf eine Party gehen, neue Menschen kennen lernen und sich bestens amüsieren. Für einen introvertierten Menschen ist das ein Gräuel. Er fühlt sich wohl, wenn er stundenlang mit einem Buch oder vor dem Computer verbringt und sich seine Gedanken über sich und die Welt machen kann. Für den Extravertierten eine überaus langweilige Perspektive. Keine der beiden Präferenzen ist besser oder schlechter. Sie sind einfach nur unterschiedlich. Und genauso unterschiedlich sind demnach auch die Präferenzen der beiden Typen. Was sich natürlich auch auf den Job auswirkt. Ein Extravertierter kann nicht Bestleitung in einem Job erbringen, in dem er den ganzen Tag Probleme analysieren und Berichte schreiben soll. Ein Introvertierter kommt an seine

Grenzen, wenn er mehrere Projekte gleichzeitig bearbeiten soll und ständig das Telefon klingelt. Würden die beiden tauschen, hätten sie den idealen Job für ihre Präferenzen.

Deshalb ist es wichtig, die eigenen Vorlieben zu kennen und nicht unnötig Energie und Kraft an Arbeitsplätzen und in Umgebungen zu verschwenden, die einfach nicht der natürlichen Präferenz entsprechen.

Persönlichkeits- und Verhaltensanalyse mit INSIGHTS

Der Amerikaner Bill Bonnstetter entwickelte das erste umfassende Softwareprogramm, mit dem Verhaltensausprägungen bei Menschen rasch und objektiv gemessen werden können. Dieses Tool nutzen wir schon seit acht Jahren für Personalauswahl und Talenterkennung, es wurde in Deutschland als erstes Diagnostiktool nach ISO 9126 zertifiziert und mit der Note „Sehr gut" ausgezeichnet. Mithilfe dieser Potenzialanalyse von INSIGHTS ist es möglich, eine individuelle Persönlichkeitsanalyse zu erstellen, die typische Verhaltensweisen, Stärken und Schwächen einer Person klar beschreiben.

INSIGHTS misst im Gegensatz zu anderen Methoden sowohl einen natürlichen als auch einen „angepassten" Stil – ähnlich wie beim rechtsschreibenden Linkshänder. Oft erfordert die berufliche Tätigkeit Fähigkeiten, die „natürlicherweise" nicht besonders stark entwickelt sind. Man kann sich aber an die beruflichen Erfordernisse anpassen und diese Fähigkeiten stärker entwickeln als es einem „eigentlich" entspricht. Das sind die Menschen, deren Verhalten im Beruf von dem im Privatleben weit auseinander klafft. In ihrer privaten Umgebung sind sie plötzlich kaum mehr wiederzuerkennen: der autoritäre Chef, der plötzlich liebevoll mit seinen Kindern spielt, der sachliche Datenbearbeiter, der privat Gedichte schreibt.

Optimal ist, wenn der natürliche Stil mit dem im Beruf adaptierten Stil zusammenfällt – dann üben Sie den Beruf aus, der wirklich zu Ihren natürlichen Fähigkeiten passt. Sie können beruflich das Verhalten zeigen, das Ihnen auch privat entspricht.

Es ist letztlich sinnvoll, eine individuelle Persönlichkeitsanalyse erstellen zu lassen. Einen Minicheck können Sie auf der Homepage der Autoren kostenlos erstellen (www.talant-check.de – Informationen über eine ausführliche und wissenschaftliche Analyse mit bis zu 34 Seiten finden Sie auf der gleichen Internetseite.)

Für erste weiterführende Erkenntnisse über die Stärken hilft sicherlich, wenn Sie sich mit den acht Haupttypen von INSIGHTS auseinander setzen und so Ihren eigenen Verhaltenstendenzen genauer auf die Spur kommen.

Die acht Haupttypen der INSIGHTS-Methode®

Die INSIGHTS-Methode® unterscheidet acht Haupttypen:

1. **Direktor**: Er ist ein Macher und Bestimmer. Ziel- und ergebnisorientiert zählt für ihn nur die Leistung.
2. **Motivator**: Seine Fähigkeit ist, andere für die Ziele, die er sich gesteckt hat, zu gewinnen.
3. **Inspirator**: Er ist eloquent, stark im Kontakt mit anderen Leuten, sehr ideenreich und flexibel.
4. **Berater**: Er denkt an andere und das Team, ist auf Harmonie und Ausgleich der Interessen bedacht.
5. **Unterstützer**: Er leistet die beste Arbeit, wenn er klare Anweisungen hat sowie ein überschaubares und konstantes Umfeld. Dann kann er seine große Beziehungsstärke ungehindert einsetzen.
6. **Koordinator**: Er ist hilfsbereit und entgegenkommend, aber auch stark im Erkennen komplexer Zusammenhänge.
7. **Beobachter**: Er beschäftigt sich lieber mit Sachen als mit Men-

schen. Er ist ein Denker und Tüftler, der, sofern er genügend Zeit hat, hervorragende Lösungen erarbeitet.

8. **Reformer**: Er braucht ein klares Ziel und kann schwierige Zusammenhänge auch unter Zeitdruck bearbeiten. Sein Perfektionsdrang und sein Wunsch, etwas in die Tat umzusetzen, dominieren bei seiner Arbeit.

Je nach den Anforderungen, die eine Tätigkeit stellt, sind unterschiedliche Fähigkeiten erforderlich. Übernimmt ein Inspirator einen Job, der überwiegend Büroarbeit erfordert und wenig Kontakt mit anderen Menschen ermöglicht, so wird er nach kürzester Zeit die Lust verlieren – und keine gute Arbeit abliefern. Ein Beobachter im ständigen Kundenkontakt wäre ebenso überfordert wie ein Unterstützer, der laufend Entscheidungen treffen müsste.

Was nach außen wie „Versagen" aussieht, legt bei näherem Hinsehen die Erkenntnis nahe: Hier sitzt der falsche Typ am falschen Platz. Für den persönlichen Erfolg und für den Erfolg eines Unternehmens ist es deshalb ungemein wichtig, dass die unterschiedlichen Typen adäquat zu ihren Fähigkeiten und Stärken eingesetzt werden. Dann sind sie nicht nur für ihre Tätigkeit qualifiziert, sondern auch motiviert und werden diese mit innerem Engagement und Begeisterung ausüben.

Direktor

Der Direktor ist eine Führungspersönlichkeit. Er ist ehrgeizig, hat einen starken Willen und möchte etwas erreichen im Leben. Er setzt seine Ziele oder die seines Unternehmens erfolgreich durch. Er möchte, privat und beruflich, das Besondere erreichen und sich von anderen Menschen unbedingt abheben.

Stärken

Der Direktor kann sich durchsetzen, auch wenn ihm starker Wind entgegenbläst. Er verliert seine Ziele nicht aus den Augen und kann klare, effektive Strategien entwerfen, um diese zu erreichen. Er ist vorausschauend, wägt die Konsequenzen seiner Entscheidungen ab und hat keine Mühe, sich aufgrund der vorliegenden Informationen rasch für eine Vorgehensweise zu entscheiden. Er ist entschlussfreudig und arbeitet schnell und meist unter Hochdruck. Von seiner Umgebung erwartet er das Gleiche. Er ist ein klarer, kühler Denker, der rasch Zusammenhänge begreift. Scharfsinnig geht er an die Lösung von

Problemen heran, je herausfordernder eine Sache erscheint, desto lieber nimmt er sie in Angriff. Er gibt sich stets selbstbewusst und von seinen Qualitäten überzeugt und wirkt so auf andere sehr überzeugend.

Der Direktor hat hohe Maßstäbe und gibt sich nicht mit mittelmäßiger Arbeit zufrieden. Deswegen ist er beruflich auch so erfolgreich und hat den nötigen Ehrgeiz, bis in die höchsten Führungspositionen zu gelangen. Er ist auf den eigenen Vorteil bedacht und kann sich eloquent und taktisch klug durchsetzen.

Der Direktor kann gut delegieren und andere für seine Ziele einsetzen. Er erkennt schnell, wo die Stärken der anderen liegen und wie er sich diese zunutze machen kann.

Schwächen

Rücksichtnahme und Einfühlungsvermögen gehören nicht zu den Stärken des Direktors. Auf die Bedürfnisse und Gefühle anderer Menschen geht er nicht gerne ein. Andere sollen seiner Ansicht nach klar und deutlich sagen, was sie wollen und ihn nicht lange raten lassen. Er fragt nicht viel nach und nimmt sich auch nur ungern Zeit, um anderen zuzuhören. Braucht jemand viel Zeit, um sein Anliegen zu vertreten, wird er ungeduldig und hört nicht mehr richtig hin. Er denkt, dass er rasch versteht, was andere ihm sagen wollen. Dabei entgehen ihm aber auf die Schnelle doch wichtige Informationen. Vor allem auf das Gefühlsleben anderer Menschen nimmt er wenig Rücksicht, weil ihm selbst Gefühle nicht wichtig sind. Am ehesten spürt er selbst Ärger, den er auch umgehend zeigt. Damit wirkt er auf viele Menschen einschüchternd, die sich dann um so weniger trauen, ihm ihre Meinung ehrlich zu sagen.

Menschen mit wenig Selbstbewusstsein kann er nicht respektieren und ihre Bedürfnisse nicht ernst nehmen. Am liebsten meidet er den Kontakt mit ihnen. Andere empfinden ihn deshalb als verletzend und arrogant.

Der Direktor hat nicht gerne Vorgesetzte über sich. Hat er einen Chef, muss dieser sich ihm gegenüber deutlich positionieren und durchsetzen. Ansonsten wird der Direktor in Konkurrenz gehen und versuchen, seine eigenen Entscheidungen zu treffen. Auch mit der Akzeptanz von Kritik tut er sich schwer, eigene Fehler sieht er nicht gerne ein. Er wird versuchen, die Schuld auf andere abzuwälzen und sich sehr eloquent und entschieden zur Wehr setzen.

Unter Stress gerät ein Direktor, wenn er sich zu viel auflädt und aufgrund des Zeitdrucks Fehler macht. Weil er diese nicht nach außen zugeben will, wird er seine Energie in Methoden und Strategien verwenden, um sie zu verbergen. Läuft es schief, steht er am Ende vor einem Scherbenhaufen.

Stress bereitet ihm auch Zeitverschwendung jeder Art. Er hat einen vollen Terminkalender, worin weder ein Stau auf der Autobahn noch ein Mitarbeiter, der seine Aufgabe nicht begreift, eingeplant sind. Beides macht ihn schnell ärgerlich, weil er das Gefühl hat, andere bestimmen über seine Zeit.

Erhält er nicht die Gelegenheit, sich zu beweisen und sich von anderen positiv abzuheben, wird der Direktor versuchen, Ärger und Unruhe zu stiften, bis er auf diese Weise „berühmt und berüchtigt" wird.

Motivation

Persönlich ist er an Macht, Ansehen und Geld interessiert. Führungspositionen, Titel, Symbole, die seine Macht demonstrieren, motivieren ihn für seine Arbeit. Ausschlaggebend ist aber die Entscheidungskompetenz, die ihm gewährt wird. Je mehr er eigenständig entscheiden, seine eigenen Strategien entwickeln und diese in eigener Verantwortung umsetzen kann, desto engagierter geht er an die Arbeit. Neue Projekte, neue Herausforderungen begeistern ihn, Routine und Alltagsarbeit schrecken ihn ab.

Direktor	
Ziel	Dominanz, Unabhängigkeit, Veränderung, Ergebnisse
Verhalten	schnell, entschlossen, scharfsinnig, unter Umständen rücksichtslos
Stärken	Führung, Ziele umsetzen, Herausforderungen annehmen, Risiken eingehen, delegieren, selbstsicher, mutig
Schwächen	ungeduldig, auf sich bezogen, konkurrierend

Motivator

Ähnlich wie der Direktor führt der Motivator gerne andere Menschen. Aber nicht, indem er ihnen Anweisungen gibt, sondern indem er sie mitreißt. Denn er verfügt über große Beziehungsstärke.

Stärken

Das Ziel des Motivators ist, andere Menschen zu gewinnen. Er hat seine Ziele oder die seines Unternehmens klar vor Augen und ist entschlossen und ehrgeizig, sie zu erreichen. Anders als der Direktor ist er aber kein Einzelkämpfer, sondern führt am liebsten ein Team – am besten aus hochklassigen Leuten – zu hervorragenden Ergebnissen. Auch er möchte sich von der Masse abheben und etwas Besonderes schaffen. Er will seine eigenen Entscheidungen treffen, aber er bezieht andere in diese mit ein. Seine Stärke ist, dass er erkennt, wo wer am besten Platz ist, und jeden Einzelnen zu Höchstleistungen motiviert.

Der Motivator kann sehr gut auf andere Menschen eingehen. Er verfügt über eine große Intuition und besitzt auch die Fähigkeit zuzuhören. Beides befähigt ihn, andere Menschen zu verstehen und rasch herauszufinden, wie er mit ihnen umgehen muss, um seine Ziele zu erreichen. Er ist sehr umgänglich und gewinnt leicht die Sympathien anderer Menschen. Muss er sich aber zwischen seinen Zielen und den Interessen anderer entscheiden, so wird er letztlich zugunsten seiner Ziele handeln.

Der Motivator ist sehr eloquent und kann andere hervorragend überzeugen. Er hat eine ungemein positive Ausstrahlung, die sich auf andere überträgt. Er möchte gerne von anderen gemocht werden und vermeidet deshalb unpopuläre Maßnahmen. Lieber überzeugt er andere, als dass er sie zwingt.

Sein Optimismus bewirkt, dass er sich von Misserfolgen nicht lange frustrieren lässt, sondern umgehend wieder neue Pläne und Ideen entwirft.

Schwächen

Der Motivator ist unter Umständen zu optimistisch und verkennt darüber die Realität. Er lässt sich selbst mitreißen von seiner Begeisterung und muss dann feststellen, dass seine optimistischen Prognosen der genauen Analyse nicht standhalten. Mit Details gibt er sich nicht gerne ab und aus dieser Oberflächlichkeit heraus können ihm Fehler unterlaufen, die er nicht rechtzeitig bemerkt und beheben kann.

Menschen, die sehr sachlich sind und ihre Gefühle nicht äußern, langweilen ihn und es fällt ihm schwer, bei der Sache zu bleiben. Leicht passiert es auch, dass er zu viel redet und auf die anderen Menschen nicht mehr eingeht. Er wird dann redselig und schweift von seinem Thema ab. Der Motivator ist geltungssüchtig und der Wunsch, andere Menschen zu beeindrucken, kann ihn von seinen eigentlichen Zielen ablenken.

Unter Stress gerät der Motivator, wenn er merkt, dass andere ihn nicht beachten und seine Bedeutung nicht anerkennen. Dann wird er fahrig, unkonzentriert, redet zu viel und verliert sein gutes Gefühl für andere Menschen.

Motivation

Ein Motivator braucht viel Abwechslung und immer wieder neue Projekte. Außerdem braucht er Menschen um sich herum, die er für seine Ideen und Pläne gewinnen kann. Führungspositionen, Macht und Einfluss motivieren ihn, aber nur, wenn sie nicht verhindern, dass er in Kontakt mit anderen Menschen kommt. Der Zugang zu exklusiven Netzwerken, die Bekanntschaft mit prominenten Menschen, Reisen und viel Abwechslung sind zusammen mit Bezügen, die ihm einen hohen Lebensstandard sichern, sehr motivierend für ihn.

Motivator	
Ziel	Macht, Anerkennung, Ergebnisse mithilfe von anderen erzielen
Verhalten	überzeugen, mitreißen, motivieren, reden
Stärken	Optimismus, Beziehungs- und Kontaktstärke, Begeisterungsfähigkeit, gute Laune
Schwächen	Vertrauensselig, zu optimistisch, geltungssüchtig, oberflächlich

Inspirator

Der Inspirator ist ein lebhafter, meist gut gelaunter Mensch voller Ideen, Plänen und Einfällen. Er sprüht vor Energie und liebt es, vor vielen Menschen aufzutreten und zu reden.

Stärken

Die Redegewandtheit ermöglicht es dem Inspirator, andere für seine Ideen und auch für sich selbst einzunehmen. Er ist umgänglich, freundlich, humorvoll und voller witziger Geschichten und Einfälle. Er kann seine Zuhörer unterhalten und sie mit seinem Charme und Witz fesseln. Er steht gerne im Rampenlicht, je mehr Zuhörer er hat, desto besser. Lampenfieber oder Selbstzweifel kennt er nicht, er ist voller Optimismus und geht grundsätzlich davon aus, dass er andere für sich einnehmen kann. Deshalb macht es ihm auch nichts aus, mit fremden Menschen in Kontakt zu treten. Schwellenängste sind ihm unbekannt.

Eine weitere große Stärke des Inspirators ist seine Kreativität. Da er unstrukturiert denkt, kann er Querverbindungen herstellen und Einfälle entwickeln, auf die andere mit logischem Vorgehen nicht kämen. Wenn er sich inspiriert fühlt, dann kann er einmalige Ideen kreieren oder Visionen malen. Er sieht nicht die Probleme, sondern die Chancen und Möglichkeiten und kann so anderen Lust machen, sich für seine Ideen zu begeistern.

Der Inspirator ist ein sehr flexibler Mensch, der sich schnell auf neue Situationen einstellen kann. Er hat ein hohes Grundtempo und kann viele Dinge parallel erledigen.

Schwächen

So viele Ideen der Inspirator auch hat, deren Umsetzung ist nicht seine Sache. Dazu ist er nicht konstant und konsequent genug. So schnell er sich für etwas begeistert, so schnell ist er auch wieder bei der nächsten Sache. Er ist sprunghaft und verzettelt sich in seinen vielen Aktivitäten. So verpuffen viele seiner guten Ideen oder andere profitieren davon, weil der Inspirator nicht die Geduld hat, sie bis zum Ende zu verfolgen.

Sein Optimismus verleitet ihn, wie auch den Motivator, die Realität manchmal zu rosig zu sehen und die Tragweite von auftauchenden Schwierigkeiten zu unterschätzen. Da er sich nicht intensiv mit den Dingen auseinander setzt, übersieht er vieles und kratzt oft nur an der Oberfläche.

Seine Kontaktstärke ist keine Beziehungsstärke, denn an dauerhaften Beziehungen ist ein Inspirator nicht interessiert. Er möchte immer wieder neue Menschen kennen lernen, auf intensive, tief gehende Freundschaften legt er keinen Wert. Er ist unzuverlässig, legt sich nicht gerne fest und kommt zu Verabredungen und Meetings meist unpünktlich. Er bereitet sich selten wirklich gut vor, weil er denkt, dass ihm seine Improvisationsgabe schon helfen wird.

Motivation

Einen Inspirator motivieren neue Projekte, neue Bekanntschaften, neue Ideen. Er ist gerne unterwegs: Viel zu reisen empfindet er nicht als Belastung, sondern als begrüßenswerte Abwechslung. Er verfügt gerne über einen gewissen Freiraum, in dem er seine Zeit selbst einteilen kann. Die Möglichkeit, sich zu inszenieren und einen großen Auftritt hinzulegen, spornt ihn zu Höchstleistungen an. Demotivierend wirken Routine, wenig Kontakt mit Menschen, ein immer gleiches Arbeitsumfeld und zu viel Kontrolle von Vorgesetzten.

Inspirator	
Ziel	Popularität, Bestätigung, Ideen anregen
Verhalten	spontan, begeisternd, sprunghaft, eloquent
Stärken	Redegewandtheit, Begeisterungsfähigkeit, Kontaktstärke, Humor
Schwächen	Oberflächlich, unzuverlässig, unorganisiert

Berater

Der Berater ist ein Familienmensch, der Job zählt für ihn bei weitem nicht alles. Er ist sehr warmherzig und anderen Menschen zugewandt.

Stärken

Im Gegensatz zum Inspirator verfügt der Berater über eine große Beziehungsstärke. Er kommt ebenfalls leicht in Kontakt mit anderen, ist aber wirklich an ihnen interessiert, hört zu und versucht, sie und ihre Anliegen genau zu verstehen. Dadurch baut er intensive Kontakte auf. Zwar nicht so viele wie der Inspirator, dafür halten sie aber über eine lange Zeit. Denn er pflegt sie immer wieder und lässt die anderen wissen, dass ihm persönlich an ihnen liegt.

Er hilft anderen gerne und versucht Lösungen zu finden, die genau auf ihre Situation passen. Er hat die Kompetenz und Geduld, Strukturen und Prozeduren zu entwickeln, mit denen er die ihm gestellten Aufgaben lösen kann.

Der Berater ist ein guter Teamarbeiter, der sich die Ziele des Teams zu Eigen macht und sich intensiv dafür einsetzt. Er hat keinen Wunsch, sich von anderen abzuheben, sondern fügt sich gerne ein und ist absolut loyal. Er erledigt die ihm übertragenen Aufgaben gewissenhaft. Er setzt sich für ein gutes Arbeitsklima ein und versucht, auftretenden Spannungen zwischen Teammitgliedern entgegenzuwirken.

Schwächen

Der Berater übernimmt nicht gerne die letzte Verantwortung. Er hat gerne eine Führungskraft, die die großen Leitlinien bestimmt, denen er sich gerne unterwirft. Muss er zu selbstständig arbeiten, wird er unsicher und hat Schwierigkeiten, Entscheidungen zu treffen. Er verzögert sie und überlegt so lange hin und her, bis der beste Moment für die Entscheidung verstrichen ist.

Ist er von Menschen persönlich enttäuscht, dann vergisst er das nie und ist über lange Zeit sehr nachtragend. Das kann seine Arbeitsleistung erheblich beeinflussen. Er stellt seine eigenen Interessen gegenüber den Interessen anderer zurück und ist dabei oft zu nachgiebig. Der Widerspruch von anderen verunsichert ihn leicht, er ist kein harter Verhandler.

Motivation

Der Berater braucht ein harmonisches Umfeld, um sich auf seine Arbeit konzentrieren zu können. Außerdem braucht er Stabilität und genügend Vorbereitungszeit auf Veränderungen. Er ist kein Arbeitstier, der bis spät in den Abend oder am Wochenende im Büro sitzt. Findet er zu wenig Zeit für seine Familie oder Freude, dann verliert er die Lust an der Arbeit.

Berater	
Ziel	Fürsorge, Unterstützung geben, Harmonie, Stabilität, Ideen umsetzen
Verhalten	emphatisch, zuhören, nachfragen, nach Gemeinsamkeiten suchen
Stärken	tolerant, zuverlässig, loyal, verständnisvoll
Schwächen	vermeidet Entscheidungen, zögern, zu stark auf Personen fixiert

Unterstützer

Der Unterstützer ist ein beständiger Mensch, der zuverlässig und loyal seine Arbeit leistet. Er braucht Zeit, bis er mit anderen Menschen in Kontakt kommt, aber dann ist er bereit, sich selbstlos und engagiert für sie einzusetzen.

Stärken

Im Gegensatz zum Berater wirkt der Unterstützer auf den ersten Blick eher reserviert und misstrauisch. Er schaut sich andere Menschen erst einmal genau an, ehe er mit ihnen in Kontakt tritt. Er kann aber sehr enge Beziehungen zu einer kleinen Gruppe von Menschen entwickeln, zu denen er Vertrauen gefasst hat. Deshalb ist er, ebenso wie der Berater, ein hervorragender Teamarbeiter, dem die Ziele des Teams mehr am Herzen liegen als seine eigenen.

Typisch für den Unterstützer ist, dass er ein Spezialgebiet hat, in das er sich über Jahre mit großer Geduld und Interesse eingearbeitet hat und in dem er sehr effektiv und erfolgreich arbeitet.

Er kann sehr konstant arbeiten und braucht gleich bleibende Arbeitsstrukturen und -prozesse, um sich ganz auf seine Arbeit konzentrieren zu können.

Der Unterstützer hat starke Überzeugungen. Er setzt sich enorm für eine Sache ein, die diesen entspricht.

Schwächen

Der Unterstützer beschränkt sich lieber auf einen kleinen gewohnten Kreis an Menschen. Reden vor großem Publikum, Verhandlungen mit bisher unbekannten Geschäftspartnern oder Messeauftritte liegen ihm überhaupt nicht. Da wirkt er auf andere verschlossen und abweisend.

Mit Veränderungen kommt der Unterstützer überhaupt nicht klar, er braucht viel Zeit, um sich darauf einzustellen. Gehen sie ihm zu schnell, schaltet er auf stur und leistet passiven Widerstand.

Übt man Druck auf ihn aus, so passt er sich an. Er ist kein Kämpfer und hält lieber den Mund, ehe er sich über etwas beschwert.

Motivation

Einen Unterstützer motivieren Routine, Überschaubarkeit und Ruhe. Er braucht Zeit und kann sich nicht schnell auf etwas Neues einstellen. Er setzt sich für alles vehement ein, was seinen Werten und Überzeugungen entspricht. Umgekehrt würde er nicht für viel Geld und schöne Worte etwas tun, was diesen widerspricht.

Unterstützer	
Ziel	Stabilität, Pläne umsetzen
Verhalten	beständig, ruhig, hilfsbereit
Stärken	Umsetzung, großer Einsatz, Selbstlosigkeit
Schwächen	angepasst, unterwürfig

Koordinator

Ein Koordinator stellt hohe Ansprüche an seine Arbeit und seine Umgebung, aber auch an sich selbst. Er macht Wertarbeit, was seine Zeit braucht.

Stärken

Mit viel Disziplin und Sorgfalt geht ein Koordinator an die Arbeit. Er arbeitet sehr präzise und strukturiert. Selten finden andere Fehler in seiner Arbeit, da er sie so lange überprüft, bis sie einwandfrei ist. Er tüftelt gerne und sucht nach Lösungen für komplexe Probleme. Meist hat er ein Gebiet, auf dem er Spezialist ist. Er kann sich in eine Arbeit komplett vertiefen und so lange Fakten und Daten sammeln und aufbereiten oder Prozesse optimieren, bis er eine perfekte Lösung gefunden hat. Er hat eine Begabung dafür, Konzepte zu entwerfen, die maßgeschneiderte Lösungen für den Kunden bieten.

Doch er verliert sich nicht völlig in der Sacharbeit. Er ist ebenso wie der Koordinator interessiert an Kontakten zu wenigen Menschen, für die er sich sehr einsetzt. Deshalb kann er sich in ein Team integrieren, wenn man ihm immer wieder genügend Zeit für seine Denkarbeit lässt. Er ist sehr hilfsbereit und zuverlässig. Vereinbarungen und Termine sind für ihn absolut bindend, er wird auch stets pünktlich erscheinen. Kritik und Einwände bringt er diplomatisch vor, um andere nicht zu verletzen.

Schwächen

Seine Arbeit braucht Zeit. Er läuft oft in Gefahr, sich im Detail zu verlieren und kann unter Druck nicht mehr unterscheiden, was wirklich wichtig ist. Mit Stress oder Chaos konfrontiert, wird er nervös und zieht sich zurück. Er zeigt keinen Ärger, aber er vergisst ihn auch nicht und das kann das Arbeitsverhältnis belasten.

Der Kordinator kommt nur schwer in Kontakt mit Leuten, die er nicht kennt, und wirkt auf diese sehr abweisend und unnahbar. Er hat Angst, von anderen ausgenutzt zu werden, und muss dieses Misstrauen erst langsam überwinden. Deshalb ist er im unmittelbaren Kundenkontakt nicht gut einsetzbar – außer es sind langjährige Kunden, von denen er sich geschätzt und geachtet fühlt.

Er übernimmt nicht gerne Verantwortung über seine unmittelbare Projektarbeit hinaus und ordnet sich gerne einer Führungskraft unter. Diese darf ihn nicht mit häufigen Veränderungen konfrontieren und auch nicht oft aus seiner Arbeit herausreißen, um ihm neue Projekte zu übertragen. Sonst wird er chaotisch und verliert den Überblick.

Motivation

Ähnlich wie der Unterstützter braucht der Koordinator ein stabiles Umfeld, das wenig Veränderungen bringt. Anspruchsvolle Aufgaben, bei denen er sein Expertenwissen einbringen kann, motivieren ihn ebenso wie die Aussicht, genügend Zeit dafür zu haben.

Koordinator	
Ziel	Sicherheit, Präzision, Umsetzung
Verhalten	nachdenklich, präzise, genau
Stärken	Zuverlässigkeit, Genauigkeit, konzeptuelle Stärke, Loyalität
Schwächen	misstrauisch, reserviert

Beobachter

Er ist ein Denker und Analytiker, der rein an der Sache und so gut wie gar nicht an anderen Menschen interessiert ist.

Stärken

Der Beobachter ist ein Experte, der gerne komplizierte Probleme löst, Untersuchungen durchführt oder Analysen erstellt. Mit Geduld und Akribie versenkt er sich in seine Arbeit und ist froh, wenn ihn keiner dabei stört. Seine Arbeit ist sehr anspruchsvoll und herausfordernd. Er legt hohe Maßstäbe an ihre Qualität und auch an sich selbst. Er versucht, jeden Fehler zu vermeiden. Tritt dennoch einer auf, forscht er so lange nach dessen Ursachen, bis sichergestellt ist, dass er ihn in Zukunft vermeiden kann.

Der Beobachter hat die Fähigkeit, den Überblick über das Gesamte zu bewahren und eine Gesamtschau zu liefern. Damit ermöglicht er es anderen, Orientierung zu finden und ihren Beitrag zum Gesamten zu erkennen. Er ist sehr scharfsinnig, kann schnell logische Schlussfolgerungen ziehen und Probleme aus unterschiedlichen Perspektiven betrachten.

Trotz seiner überwiegend sehr rationalen Herangehensweise an seine Arbeit, verfügt der Beobachter über eine hohe Intuition. Sie warnt ihn oft vor Fehlern oder Fehleinschätzungen und hilft ihm, das Kernproblem zu erkennen.

Schwächen

Der Beobachter hat im Grund kein Interesse an anderen Menschen, außer seiner ganz engen Familie. Bei anderen Menschen beeindrucken ihn Wissen und Verstand. Er pflegt überwiegend fachlichen Austausch zu Menschen, die er respektiert. Für Plausch und Smalltalk ist er nicht zu haben, da wirkt er steif und unbeholfen und entzieht sich solchen Situationen am liebsten.

Allem Neuen gegenüber ist der Beobachter skeptisch. Er braucht Zeit, sich durch intensive Analyse von dessen Nutzen zu überzeugen. Deshalb sträubt er sich auch gegen Veränderungen, deren Sinn er nicht nachvollziehen kann. Leuchten sie ihm ein, unterstützt er sie allerdings auch.

Mit Fehlern kann der Beobachter nur schlecht umgehen. Er trachtet danach, sie zu vermeiden, aber unterlaufen sie ihm doch, wird er versuchen, sie von sich abzuwälzen und anderen anzuhängen.

Motivation

Herausforderungen, die Möglichkeit, sein Wissen zu erweitern und sich intensiv mit einem Problem zu befassen, motivieren einen Beobachter. Zeit, ein stabiles Umfeld und wenig Kontakt mit Menschen sind ihm wichtiger als Geld oder Boni.

Beobachter	
Ziel	Gesamtschau, Vorhersehbarkeit
Verhalten	genau, analysierend
Stärken	analytisches Denken, Strategien, Intuition, Zuverlässigkeit
Schwächen	kühl, reserviert

Reformer

Der Reformer ist ähnlich wie der Beobachter ein Denker. Aber er schließt
den Kreis zum Direktor und hat wie
dieser einen großen Ehrgeiz und den
Willen, Erster zu sein.

Stärken

Der Reformer will Ergebnisse sehen
und die sollen möglichst erstklassig
sein. Bei ihm paaren sich Perfektionis-
mus mit Entscheidungsstärke und Wettbewerbsdenken. Er kennt
seine Ziele und verliert sich nicht im Detail. Andererseits bietet er
gut durchdachte und brillante Lösungen.

Der Reformer ist sehr gut organisiert und strukturiert. Er geht
entschlossen an seine Projekte und ist sehr wettbewerbsorien-
tiert. Er kann schnell und scharfsinnig denken und kann sich hundertprozentig auf das konzentrieren, was er gerade macht.

Gegenüber Neuerungen und Innovationen ist er sehr aufgeschlossen, wenn sie ihm ermöglichen, seine Arbeit zu verbessern
oder zu beschleunigen. Er beschreitet selbst gerne neue Wege
oder sucht nach neuen Möglichkeiten, wie Überkommenes verbessert werden kann.

Schwächen

Sein Anspruch, gleichzeitig perfekt und der Erste am Markt zu
sein, ist manchmal wie die Quadratur des Kreises. Es frustriert
den Reformer auch immer wieder, dass er nicht alles bedenken
und im Voraus planen kann. Wenn er die Konsequenzen nicht ab-
sehen kann, dann hemmt ihn das in seinen Entscheidungen. Risiken geht er nicht gerne ein. Mit Fehlern kann er schlecht umgehen
und ist von Misserfolgen zutiefst enttäuscht.

Der Umgang mit Menschen ist nicht seine Stärke. Er ist am Erfolg interessiert und stellt die Sache in den Vordergrund. Dabei vergisst er leicht, dass er seine Mitarbeiter motivieren und auf sie eingehen muss. Das liegt ihm nicht besonders. Er gibt sich autoritär und zurückhaltend, persönliche Beziehungen interessieren ihn kaum. Für Menschen, die einfühlsam und umgänglich mit anderen sind, hat er nicht viel übrig, er hält sie für zu weich und zu wenig sachorientiert.

Motivation

Der Reformer wird durch Siege und Erfolge motiviert. Wenn es ihm tatsächlich gelingt, ein erstklassiges Produkt als Erster auf den Markt zu bringen, ist das die größte Motivation für seine Arbeit. Freiraum und der Umstand, dass ihm niemand in seine Arbeit reinredet, sind außerdem wichtig.

Reformer	
Ziel	Erstklassigkeit, Ergebnisse, neue Ideen
Verhalten	analysierend, entscheidend
Stärken	Herausforderungen, Sorgfalt, Beständigkeit
Schwächen	Zweifel, Pessimismus, autoritäres Auftreten

Übung: Welcher Typ sind Sie?

Lesen Sie sich die einzelnen Typen aufmerksam durch und schreiben Sie auf, was von welchem Typ für Sie charakteristisch ist. Es gibt nur wenige Menschen, die ein reiner Beobachter oder ein eindeutiger Reformer sind. Meistens haben wir Anteile von verschiedenen Typen. Mit Sicherheit können Sie eine Hauptausprägung erkennen.

Individueller Leadership-Kompetenz-Check

Wenn Sie eine genaue Standortbestimmung Ihres Verhaltens haben möchten, dann ist eine ausführliche Analyse mithilfe eines computergestützten Tests empfehlenswert. Sie können ihn bequem zu Hause am Bildschirm je nach Umfang in etwa 20 bis 45 Minuten ausfüllen und erhalten umgehend per Computer die Auswertung. Dieser Test gibt Ihnen eine sehr individuelle Antwort darauf, welche Verhaltensstrategien Sie bevorzugen. Es gibt 384 verschiedene Kombinationen und 60 Positionen auf dem Success INSIGHTS®-Rad und 19 200 individuelle Textvarianten. Der Test misst außerdem nicht nur Ihren bewusst im Beruf gezeigten Verhaltensstil, sondern auch Ihren natürlichen Basisstil. So können Sie feststellen, ob das Verhalten, das Sie derzeit in Ihrem Job zeigen müssen, Ihnen tatsächlich liegt.

Einen Eindruck vom Leadership-Kompetenz-Check bietet Ihnen ein kostenloser Minicheck, den Sie auf der Homepage www.talent-check.de finden.

11. Kapitel:
Welche Berufe passen zu Ihren Verhaltenspräferenzen am besten?

Stellen Sie sich vor, ein Beobachter wäre Verkäufer in einem Spielwarenladen. Meinen Sie, er wäre dort glücklich? Glauben Sie, seine Kunden wären glücklich mit ihm? Wahrscheinlich sind beide Fragen zu verneinen. Ein Beobachter eignet sich nicht für einen Beruf, der den ständigen herzlichen und entgegenkommenden Kontakt mit anderen Menschen erfordert. Um Spielwaren authentisch anzubieten, ist es sicher hilfreich, selbst spielerisch zu sein und den großen und kleinen Kunden geduldig und humorvoll das Passende herauszusuchen – eher ein Job für einen Berater oder einen Inspirator.

Oft genug wundern wir uns, warum Menschen ihre Arbeit lustlos und unmotiviert ausüben. Manchmal fragt man sich, warum sie ihren Beruf gewählt haben, wenn er sie so offensichtlich nicht ausfüllt. Aber oft ist es eben so: Eine Ausbildungsgelegenheit bietet sich, ein Job wird einem angeboten, man ergreift den Beruf, den die Eltern oder Freunde ausüben. Und macht sich keine Gedanken, ob man dort wirklich seine Stärken einbringen kann. Was oft genug nicht der Fall ist.

Im Folgenden geben wir Ihnen eine Übersicht, welche Berufe und Tätigkeiten zu den Stärken und Verhaltensweisen der einzelnen Typen passen. Wenn Sie Erkenntnisse darüber gewonnen haben, welcher Typ Sie sind, erhalten Sie hier Anregungen, um notwendige Änderungen vorzunehmen.

Jobs für Direktoren

Der Direktor braucht eine Tätigkeit, in der er

- Entscheidungen treffen,
- zielführende Strategien entwickeln,
- sichtbare und schnelle Ergebnisse erzielen,
- sich Herausforderungen stellen,
- Projekte planen, managen und überwachen,
- Regeln setzen oder auf deren Einhaltung achten,
- verhandeln, präsentieren, überzeugen,
- andere führen, Arbeiten delegieren, Teams anleiten,
- Detailarbeit vermeiden und delegieren sowie
- sich profilieren und von anderen abheben kann.

Direktoren findet man in allen Branchen. Charakteristisch ist, dass sie dort in führenden Positionen stehen. Oft sind sie Wirtschaftsführer in großen Unternehmen, aber auch florierende Mittelstands- oder Kleinunternehmen werden oft von einem „Direktor" geführt. Auch in der Beratungsbranche, in technischen oder EDV-Berufen, sogar im sozialen Bereich sind sie zu finden. Mutter Teresa, die viele spontan für einen Berater oder Unterstützer halten, hatte sicherlich hohe Anteile eines Direktors – sonst hätte sie nicht ihren eigenen Orden aufgebaut, sondern sich in eine bestehende Organisation eingefügt. Auch in der Politik finden sich viele Direktoren, da sie dort Gestaltungsmöglichkeiten sehen sowie die Chance, sich zu profilieren.

Geeignete Berufe für Direktoren	
Führungspositionen in allen Branchen, Selbstständiger Unternehmer	Möglichkeit der Gestaltung, Einflussnahme und Prestige
Unternehmensberater, Key-Account-Manager, Venture Capitalist, Controller	Hohe Verantwortung für Budget, wirtschaftlichen Erfolg, wichtige Kunden oder Geschäftsbericht, Nähe zur Unternehmensleitung
Banker, Fondmanager, Analysten	Große Verantwortung für hohe Summen, persönliche Entscheidungen
Richter, Notar, Rechtsanwalt, Arzt (Oberarzt, Chirurg), Professor, IT-Trainer, Offizier, Immobilienmakler	Berufe mit großem sozialen Prestige, Verantwortung, Herausforderungen und hohen Verdienstmöglichkeiten

Jobs für Motivatoren

Der Motivator braucht eine Tätigkeit, in der er

- andere Menschen zu etwas bewegen,
- andere von etwas überzeugen, Verhandlungen führen, Veranstaltungen leiten,
- Ergebnisse erzielen,
- Routine und starre Strukturen vermeiden, Abwechslung haben,
- rasch handeln, seine Flexibilität und Spontaneität einsetzen, sich schnell an neue Gegebenheiten anpassen,
- Kontakt mit vielen (prominenten) Menschen pflegen,

* Spaß sowie
* Freiraum haben kann.

Motivatoren übernehmen gerne führende Positionen, es muss aber nicht die Spitze sein. Wichtig ist, dass sie viel Kontakt mit anderen Menschen haben. Sie eignen sich hervorragend für Berufe, in denen man sich an ständig neue Situationen anpassen muss, etwa den Wertpapiermarkt, die Medienbranche oder den EDV-Bereich. Auch Berufe, die schnelle Entscheidungen oder rasches und entschlossenes Handeln erfordern, sind für sie geeignet. Sie können gut mit Konflikten umgehen und sind überzeugt, dass sie durch ihre Eloquenz andere für sich oder ihre Ziele einnehmen können.

Geeignete Berufe für Motivatoren	
Medien- und Filmbranche, Unterhaltungskünstler, Moderator, A&R-Manager (spürt Künstler für Musikbranche auf), Regisseur, Produzent, Künstler	Umgang mit kreativen, extravertierten Menschen, schnelle Ergebnisse, rasches und spontanes Handeln, guter Verdienst
Key-Account-Manager, Pressesprecher, Marketingleiter, Leiter der Öffentlichkeitsarbeit, Werbeleiter, Art Director, Modedesigner, Anbieter von Abenteuerreisen, Starfriseur, Hotelmanager, Designer, Eventmanager	Umgang mit verschiedenen, „wichtigen" Leuten, verantwortlich für Außendarstellung, Kreativität, spontanes Handeln, Abwechslung, Selbstdarstellung, Nervenkitzel
Venture Capitalist, Aktienhändler, Börsenmakler	Umgang mit viel Geld, hohe Verantwortung, eigene Entscheidungen, spielerische Einstellung

Mediator, Verhandlungsführer, Politiker, Trainer	Andere überzeugen und mitreißen, Möglichkeit der Selbstdarstellung, hohes Prestige
Notarzt, Rettungsdienst, Bergrettung, Lebensrettung, Inspektor, Ermittler, Agent	Spontanes schnelles Handeln, schnelle Entscheidungen, ständig neue Situationen, Abwechslung

Jobs für Inspiratoren

Der Inspirator braucht eine Tätigkeit, in der er

- Umgang mit vielen, verschiedenen Menschen pflegen,
- kreativ sein und Ideen entwickeln,
- andere inspirieren und anregen,
- Neues ausprobieren, Veränderungen bewirken,
- unabhängig agieren und dennoch an ein Team angebunden sein,
- sich mit der Zukunft befassen, an progressive Ideen oder Projekten arbeiten,
- möglichst wenig Regeln und Strukturen folgen und über persönliche Freiräume verfügen sowie
- ein schnelles Tempo gehen kann.

Inspiratoren sind in allen kreativen Berufen zu finden, in denen ihre Ideen gefragt sind und ihr oft eigenwilliger Arbeitsstil geduldet wird. Sie sind gerne mit anderen Inspiratoren zusammen und entwickeln gemeinsam die besten Ideen: in Werbeagenturen, Film- und Medienunternehmen, Theatern, Museen etc. Sie sind nicht an leitenden Positionen interessiert, da sie die Verantwortung scheuen, und arbeiten lieber mit Menschen zusammen, die ihre Ideen anschließend realisieren. Da sie gute Redner sind, sind Berufe in der Kommunikationsbranche gut für sie geeignet. Auch Berufe oder Abteilungen in Unternehmen, die sich mit der Zukunft befassen, interessieren Inspiratoren.

Geeignete Berufe für Inspiratoren	
Medien- und Komunikations-branche, künstlerische Berufe, Schauspieler, Komponist, Schriftsteller, Berufe in der Öffentlichkeitsarbeit und Werbung	Möglichkeit, sich selbst darzustellen, zu reden, Ideen zu entwickeln, kurze Projekte, viel Abwechslung
Verkäufer (von innovativen oder Prestigeprodukten), Rechtsanwalt, Marketing-Leiter	Überzeugen, viel Kontakt mit Menschen, kreativ
Trainer, Redner, Entertainer, Animateur, Farb- und Stilberater	Kontakt mit vielen Menschen, inspirieren, mitreißen
Astronaut, Luft- und Raumfahrttechniker, Systementwickler, Spieleerfinder, CBT/WBT-Autor, Architekt, Fundraiser	Ausgefallen, zukunftsorientiert, kreativ

Jobs für einen Berater

Der Berater braucht eine Tätigkeit, in der er

- Menschen beraten, unterstützen, ihnen helfen,
- Beziehungen zu anderen Menschen aufbauen,
- seine Gefühle einbringen und zeigen,
- etwas Nützliches, Sinn stiftendes bewirken,
- Gruppen oder Teams koordinieren oder leiten,
- anderen etwas beibringen, sie trainieren oder coachen,
- anderen etwas verkaufen sowie
- seine Überzeugungen einbringen kann.

Er ist, wie sein Name sagt, ein hervorragender Berater, egal in welcher Branche. Er braucht Kontakt zu anderen Menschen, zu Kunden oder Kollegen, am besten steht dieser Kontakt im Mittelpunkt seiner Tätigkeit. Es sollte aber kein zu kurzer Kontakt sein, der Berater ist daran interessiert, längerfristige Beziehungen aufzubauen und die Umsetzung und Ergebnisse seiner Berater- oder Dienstleistertätigkeit mitzuverfolgen.

Geeignete Berufe für einen Berater	
Lehrer, Sozialarbeiter, heilende Berufe (Arzt, Kinderarzt, Krankengymnast etc), Kosmetikerin, Verkäufer von Produkten, die Menschen helfen	Helfen, unterstützen, beraten, Kontakt mit anderen Menschen, Möglichkeit des Beziehungsaufbaus
HR-Manager, Personalberater, Trainer, Coach, Supervisor, Psychologe, Psychiater, Eheberater	Wie oben

Office-Manager, Sekretärin, Account-Manager, Kundenberater, Rechtsanwalt, Flugbegleiter	Koordinieren, planen, Menschen zusammenführen und unterstützen

Jobs für einen Unterstützer

Der Unterstützer braucht eine Tätigkeit, in der er

- im Hintergrund wirken,
- wenig Kundenkontakt haben,
- ein stabiles, verlässliches und harmonisches Umfeld haben,
- in ein festes Team integriert sein,
- etwas Nützliches und Sinnvolles bewirken,
- seine Überzeugungen einbringen,
- wenig reden, mehr zuhören sowie
- andere unterstützen und zu ihrem Erfolg beitragen kann.

Der Unterstützer ist für alle Tätigkeiten geeignet, bei denen er langfristige Beziehungen zu einem festen Kundenstamm aufbauen kann und sie als Experte auf einem bestimmten Sachgebiet berät. Er wirkt lieber im Hintergrund und ordnet sich gerne einem Vorgesetzten unter oder in ein Team ein. Er braucht positives Feedback, kann aber auch ganz in einer Sache aufgehen und die Interessen anderer stärker berücksichtigen als seine eigenen.

Geeignete Berufe für einen Unterstützer	
Versicherungsmakler, Immobilienmakler, Psychologe, Therapeut	Langfristige Kundenkontakte, Expertenwissen erforderlich, Vertrauen als Grundlage des Geschäfts
Biologe, Chemiker, Koch, Ingenieur	Beitrag zu einem „großen Ganzen", Teamarbeit, Expertenwissen
Steuerfachangestellter, Rechtsanwalts-, Notargehilfe, Sachbearbeiter	Geregelte Abläufe, Arbeit im Hintergrund, geregelte Zuarbeit für andere
Arbeit im Umweltschutz, Mitarbeiter in Non-Profit-Organisation, Arbeit mit Kindern, Benachteiligten, Randgruppen	Überzeugungen, Engagement für andere

Jobs für einen Koordinator

Der Koordinator braucht eine Tätigkeit, in der er

- Abläufe und Prozesse bis ins Detail managen und optimieren,
- sich nach klaren Regeln und Abläufen richten,
- systematisch und nach einem vorher genau überlegten Plan vorgehen,
- in einem fest umrissenen Wissensgebiet arbeiten,
- Umgang mit wenigen ihm bekannten Menschen pflegen,
- im Hintergrund arbeiten, öffentliche Auftritte meiden,
- etwas umsetzen und erledigen,
- sich auf Veränderungen und Neuerungen frühzeitig vorbereiten,

- sich genügend Zeit für die Bearbeitung nehmen, eine Sache nach der anderen bearbeiten sowie
- Entscheidungen mit anderen abstimmen oder anderen überlassen kann.

Der Koordinator ist ein Spezialist, der sich gerne mit Einzelheiten und Hintergründen befasst. Trotzdem arbeitet er gerne unter Einbindung in ein Team. Er braucht feste Vorgaben, an die er sich zuverlässig hält und absolut verlässlich und präzise die ihm zugewiesene Arbeit erfüllt. Er durchdenkt und setzt um, was andere sich ausgedacht haben, aber nur in Bereichen, in denen er sich auskennt.

Geeignete Berufe für einen Koordinator	
Sachbearbeiter in der Verwaltung, Buchhaltung, Steuer- und Rechtsabteilung	Hintergrund, fachliche Arbeit, Spezialgebiet, genaues Arbeiten erforderlich
Anwalt mit Spezialgebiet, Ingenieur, Handwerker, EDV-Spezialist, Analyst, Pilot	Qualitätsarbeit, Fachwissen, überschaubarer Kontakt mit Menschen
Technischer Assistent, Sekretärin	Zuverlässige Zuarbeit, Arbeit nach klaren Vorgaben
Tätigkeiten in der Datenverarbeitung, Recherche	Systematisieren und Aufbereiten von Informationen

Jobs für einen Beobachter

Der Beobachter braucht eine Tätigkeit, in der er

- logisches, systematisches Denken anwenden,
- Prozesse optimieren,

- Informationen recherchieren, analysieren und verarbeiten,
- forschen, beobachten und analysieren,
- sich die Zeit selbst einteilen, über genügend Zeit verfügen,
- Lösungen für komplexe Probleme finden,
- Qualitätsarbeit verrichten,
- im Hintergrund arbeiten, seine Person heraushalten,
- Verantwortung für Zeitpläne, Budget oder andere Menschen vermeiden sowie
- mit wenigen, aber kompetenten Spezialisten Austausch pflegen kann.

Der Beobachter ist ein Wissenschaftler, Forscher und Analyst, der sich am liebsten mit Fakten und Daten beschäftigt. Er will wissen, wie und warum etwas funktioniert und wie man es vielleicht noch verbessern könnte. Er fällt gerne Urteile aufgrund eingehenden Studiums und ist deshalb ein guter Richter, Anwalt, Professor, Wissenschaftler oder Forscher. An Verantwortung für Menschen ist er nicht interessiert.

Geeignete Berufe für einen Beobachter	
Richter, Anwalt, Analyst, Forscher, Wissenschaftler, Facharzt	Urteile aufgrund eingehender Analyse
Programmierer, EDV-Entwickler, Ingenieur, Techniker in Forschung und Entwicklung, Mathematiker	Prozesse optimieren und weiterentwickeln, Wissen erweitern
Konstrukteur, Bauingenieur, Architekt	Spezialistenwissen

Jobs für einen Reformer

Der Reformer braucht eine Tätigkeit, in der er

- neue Wege, Methoden, Anwendungsmöglichkeiten oder Prozesse ersinnen und ausprobieren,
- selbst dazulernen und sein Wissen erweitern,
- komplexe Probleme oder Fragestellungen bearbeiten,
- qualitativ hochwertige Arbeit verrichten,
- sich mit intellektuellen Herausforderungen beschäftigen,
- Probleme von verschiedenen Perspektiven beleuchten,
- etwas umsetzen und Ergebnisse erreichen,
- unabhängig und in einer herausgehobenen Rolle arbeiten sowie
- mit einer begrenzten Anzahl von Menschen in Kontakt treten kann.

Reformer lieben kniffelige Aufgaben, über denen sie sich den Kopf zerbrechen können. Sie dringen tief in die Materie ein und suchen nach neuen Lösungsmöglichkeiten, nach Wegen, die vor ihnen noch keiner beschritten hat. Sie sind aber auch stark auf die Realität bezogen und forschen nicht um der Forschung willen, sondern weil sie anwendbare Lösungen suchen. Nur die sollten eben nicht gewöhnlich sein. Sie hinterfragen das, was bereits existiert, und versuchen darin neue Aspekte zu erkennen oder zu neuen Schlussfolgerungen zu gelangen.

Geeignete Berufe für einen Reformer	
Architekt, Künstler, Designer, Schriftsteller, Publizist	Suche nach neuen Ausdrucksformen, Ergebnis sichtbar
Physiker, Ingenieur, Psychologe, Anwalt, Umwelttechniker	Durchdringung der Materie, immer neue Anwendungsmöglichkeiten
Unternehmensberater, Organisationsentwickler, Professor, Trainer, EDV-Spezialist, Marketing-Experte, Finanzplaner	Weiterentwicklung nach gründlichem Nachdenken

12. Kapitel:
So können Sie Ihre Verhaltensstärken zuverlässig erkennen und einschätzen

Faktenwissen erwerben wir in der Schule, während der Ausbildung, beim Studium, in Fortbildungen, Schulungen, Trainings oder im Coaching. Auch durch Bücher, Computer-Lernprogramme oder Gespräche mit anderen Menschen erweitern wir unsere Wissensbasis und sind so in der Lage, neue Aufgaben zu übernehmen oder die alten besser auszuüben. Dabei geht es zunächst um Fachwissen, das je nach Berufszweig auch spezifisches Wissen wie Sprachkenntnisse oder EDV-Know-how umfassen kann.

Zu unserer Wissensbasis gehört darüber hinaus unser Erfahrungswissen – all das, was wir beim „learning on the job" dazu erwerben oder – wie Mark McCormack es ausdrückt: „What they don't teach you at Harvard Business School." Ein Verkäufer kann beispielsweise sein Produktwissen oder seine Argumentationstechniken (Wissen und Skills) im Seminarraum erwerben, die Erfahrungswerte, welcher Kunde auf welche Argumente besonders positiv reagiert, erlernt er dagegen nur im „Versuch-und-Irrtum"-Klassenraum der Praxis.

Wie schnell und wie viel er in der Praxis dazulernt, hängt dann wiederum von seinen angeborenen Talenten ab. Um es an bekannten Namen der Politik zu illustrieren: Wenn Gregor Gysi, Oskar Lafontaine und Rudolf Scharping nach einer gemeinsamen Grundausbildung im Verkauf (Faktenwissen und Skilltraining) in der Praxis Erfahrungen sammeln, dann würde die Verbindung von Fakten- und Erfahrungswissen in Verbindung mit den unterschiedlichen kommunikativen Talenten der Herren zu deutlich unterschiedlicher verkäuferischer *Kompetenz* führen.

Zu unseren Kompetenzen, die wir durch die Entfaltung von Talenten mit Wissen und Skills erwerben, gehören auch die so genannten Soft Skills.

Für unseren beruflichen Erfolg von besonderer Bedeutung sind dabei personale und soziale Kompetenzen, wie zum Beispiel die Stärke, an sich selbst zu arbeiten und permanent zu lernen, oder die Fähigkeit, mit anderen angemessen und zielgerichtet zu kommunizieren und umzugehen.

Die Entwicklung unserer interpersonalen Intelligenz in diesem Bereich wird zwar im geltenden Bildungssystem wenig gefördert – Kurse und Übungen zu Konfliktmanagement oder teamorientiertes Arbeiten sind an Schulen und Universitäten immer noch rar –, sie ist aber in der beruflichen Praxis längst ein wichtiger Faktor bei der Auswahl von Personal geworden. Da bei uns allen einige soziale Begabungen stärker sind als andere, ist es unrealistisch anzunehmen, dass ein Bewerber über „alle" sozialen Kompetenzen verfügt (von wenigen „Leonardo da Vincis" der intrapersonalen Intelligenz einmal abgesehen).

Wichtig ist jedoch, dass ein Bewerber möglichst viele der Soft Skills besitzt, die in seiner Position benötigt werden. Ein Sachbearbeiter braucht keine Führungskompetenzen, ein Computerexperte ohne Kundenkontakt kein Verhandlungsgeschick.

Das bedeutet für Sie in der Praxis:

- Sie können und sollten einen Beruf wählen, der zu Ihren Soft Skills passt.
- Sie sollten mit dem Training von Soft Skills aus den Talenten am meisten machen, die in Ihrem Job erforderlich sind.

Wie können Sie herausfinden, welche sozialen Kompetenzen zu Ihren Stärken gehören? Der INSIGHTS-Kompetenz-Check beruht auf Untersuchungen über soziale Kompetenzen, die in vielen Jobs wichtig sind. Dabei kristallisierten sich 23 Kompetenzfelder als besonders wichtig heraus, allerdings nicht alle in allen Jobs gleichermaßen. Über alle 23 Soft Skills verfügt deshalb auch kaum ein Mensch. Die interessante Frage ist, ob Sie die sozialen Kompetenzen, die Sie sicher beherrschen, in Ihrem gegenwärtigen Job tatsächlich einsetzen können. Die 23 sozialen Kompetenzen umfassen folgende Fähigkeiten:

1. **Analytisches Problemlösen**: Probleme vorwegnehmen, analysieren, diagnostizieren und lösen; logisches und systematisches Vorgehen; Ursachen, Auswirkungen und Dimension von Problemen erkennen; Zusammenhänge von Problemursachen verstehen; Prioritäten zur Problemlösung setzen; Kriterien für eine optimale Problemlösung definieren; die Auswirkungen verschiedener Problemlösungen vergleichen und abwägen.

2. **Coaching**: Die berufliche Entwicklung von anderen aktiv fördern und unterstützen; Entwicklungsschritte von anderen erkennen; andere zu Initiative und Entwicklung motivieren; Trainingsmöglichkeiten bieten; anderen herausfordernde berufliche Aufgaben übertragen; Fortschritte erkennen und anerkennen; Fehler als Entwicklungschance begreifen.

3. **Diplomatie**: Takt, Diplomatie und Verständnis für die Organisationskultur und Hintergründe im Umgang mit anderen; mit Schlüsselfiguren und über Hierarchien hinweg informelle und formelle Beziehungen und Netzwerke aufbauen und Einfluss ausüben.

4. **Entscheidungsfreudigkeit**: Zur rechten Zeit Entscheidungen treffen; die notwendigen Informationen dafür einholen; die Entscheidungen vor anderen begründen und vertreten; die Konsequenzen abwägen; trotz Widerstand und Hindernissen entschlossen handeln; falsche Entscheidungen korrigieren.

5. **Flexibilität**: Veränderungen begrüßen oder akzeptieren und sich schnell an Änderungen der Richtung, Prioritäten oder Zeitplänen anpassen; neue Konzepte, Anwendungen oder Methoden rasch begreifen und übernehmen; verschiedene Aufgaben und Prioritäten miteinander vereinbaren; den eigenen Stil an die Bedürfnisse unterschiedlicher Zielgruppen anpassen; auch im Chaos arbeiten können.

6. **Führungsstärke**: Andere zu außerordentlichen Ergebnissen führen; sie durch Visionen überzeugen und motivieren; Risiken eingehen; Vertrauen und Integrität durch Einheit von Worten und Taten ausstrahlen; angemessen Verantwortung delegieren; andere in Entscheidungen, die sie betreffen, einbeziehen; auf die Bedürfnisse anderer eingehen; negative Konsequenzen für andere vermeiden; Loyalität gegenüber Mitarbeitern demonstrieren.

7. **Konfliktmanagement**: Konstruktiv Konflikte angehen und lösen; positive Lösungsmöglichkeiten von Konflikten erkennen; kritische Situationen frühzeitig erkennen; zuhören; widerstreitende Perspektiven verstehen; andere dabei unterstützen, Gemeinsamkeiten zu finden; Beziehungen trotz sachlicher Konflikte aufrechterhalten.

8. **Kreativität**: Bewährte Methoden, Konzepte, Modelle, Prozesse, Technologien oder Systeme anpassen oder neue erfinden; einzigartige Strukturen, Prozesse oder Beziehungen erkennen; Daten, Modelle oder Prozesse vereinfachen; eingefahrene Theorien und Methoden infrage stellen; Neues, Revolutionäres, Ungetestetes ausprobieren.

9. **Kundenorientierung**: Die Bedürfnisse, Wünsche und Erwartungen von Kunden vorwegnehmen, erfüllen oder/und übertreffen; Kundenwünsche mit Dringlichkeit behandeln und umsetzen; geduldig und höflich mit Kunden umgehen; auf Beschwerden von Kunden eingehen und Lösungen finden; Beziehungen zu Kunden aufbauen; die Kunden dabei unterstützen, ihre Ziele zu erreichen; sich zum Anwalt für die Kundenwünsche machen.

10. **Management**: Außerordentliche Resultate durch effektives Management von Ressourcen, Systemen und Prozessen erreichen; hohe Standards setzen; Risiken eingehen, um Ziele und Ergebnisse zu erreichen; andere in die Verantwortung nehmen, delegieren; Hindernisse erkennen und ausräumen; für ausreichend Ressourcen sorgen, um die Ziele zu errei-

chen; Entscheidungen treffen, sodass sich Investitionen auszahlen.

11. **Mitgefühl**: Sich mit anderen identifizieren und um sie besorgt sein; echte Besorgnis für andere empfinden; andere respektieren und achten; die Gefühle anderer wahrnehmen und beachten; die Bedürfnisse, Befürchtungen und Stimmungen von anderen herausfinden und verstehen; sich für die Interessen, Bedürfnisse und Wünsche anderer einsetzen; Verständnis für andere Kulturen aufbringen; persönliches und berufliches Risiko für andere auf sich nehmen.

12. **Permanentes Lernen**: Initiativen ergreifen, um permanent neue Konzepte, Technologien und Methoden kennen zu lernen und umzusetzen; Neugier und Begeisterungsfähigkeit in Bezug auf Lernen zeigen; Kompetenzen und Wissen, das für eine Aufgabe erforderlich ist, aktiv erwerben; Informationen über Neuheiten sammeln.

13. **Planung/Organisation**: Logische, systematische und geordnete Vorgehensweisen anwenden, um Ziele präzise und akkurat zu erreichen; Zeitpläne und Prioritäten einhalten; wahrscheinliche Auswirkungen, Ergebnisse und Risiken abwägen; Pläne entwickeln, um Verschwendung, Fehler und Risiken zu vermeiden; Ressourcen organisieren und managen, um Ziele zu erreichen; die Umsetzung überwachen und notwendige Änderungen vornehmen.

14. **Präsentation**: Effektiv vor Gruppen präsentieren; Informationen in logischer, überzeugender Reihenfolge ordnen und darstellen; abstrakte und komplexe Zusammenhänge verständlich machen; sprachliche Bilder, Geschichten, Metaphern und Humor angemessen einsetzen; über eine große Bandbreite an körpersprachlichen, lautmalerischen und nonverbalen Ausdrucksmitteln verfügen; die Aufmerksamkeit der Zuhörer durch audiovisuelle Effekte gewinnen und behalten; die Zuhörer zum Nachdenken oder bestimmten Verhaltensweisen motivieren; Authentizität, Vertrauen und

Überzeugung vermitteln; den Vortrag an die Zielgruppe anpassen.

15. **Schriftlicher Ausdruck**: Klar, logisch und verständlich schreiben; abstrakte und komplizierte Sachverhalte und Zusammenhänge einfach darstellen; eine große Bandbreite an schriftlichen Ausdrucksmitteln, Wörtern und sprachlichen Bildern benutzen; Informationen so darstellen, dass der Leser von selbst logische Schlüsse zieht; entscheiden, welche Informationen wichtig für den Leser sind; den Leser in die Lektüre einbeziehen; den Schreibstil an die Zielgruppe anpassen.

16. **Selbstmanagement**: Selbstdisziplin und Fähigkeit, die eigene Zeit und verschiedene Prioritäten zu managen; seine Gefühle und spontanen Impulse kontrollieren und bewusst zeigen oder unterdrücken; sich selbstbewusst zeigen; auch in einer Krise die Haltung bewahren; sich permanent selbst verbessern wollen; eine Balance zwischen Privat- und Berufsleben finden; eigene Initiative zum Handeln ergreifen, ohne auf Anweisungen zu warten; Verantwortung für das eigene Handeln und dessen Ergebnisse übernehmen.

17. **Teamarbeit**: Mit anderen effektiv und effizient zusammenarbeiten; andere Ansichten im Team verstehen und respektieren; das Ziel und den Auftrag des Teams vor persönliche Ziele stellen; sich für einen Konsens im Team einsetzen; Verantwortung und Einsatz für das pünktliche Erreichen der Teamziele; andere Teammitglieder informieren und ihnen konstruktives Feedback geben; Feedback von anderen annehmen; den Beitrag anderer Teammitglieder zum Erfolg würdigen; Schwierigkeiten, die den Teamzielen entgegenstehen, ansprechen und zur Lösung beitragen.

18. **Überzeugung**: Andere davon überzeugen, dass sie ihre Ansichten, ihr Verhalten oder Denkweisen verändern; Vertrauen, Glaubwürdigkeit und Beziehung zu anderen aufbauen, ehe man etwas verändern will; andere durch Argu-

mente und Logik überzeugen; die sozialen, emotionalen, wirtschaftlichen oder praktischen Hindernisse erkennen, die der Veränderungsbereitschaft von anderen im Wege stehen und Mittel finden, um sie dennoch zu überzeugen.

19. **Verantwortungsbereitschaft**: Initiative, Selbstvertrauen und Willen demonstrieren, die Verantwortung für eigene Entscheidungen zu übernehmen; die Fähigkeit, sich nach Niederlagen rasch wieder aufzurichten, Fehler zuzugeben und aus ihnen zu lernen; sich auch in widrigen Umständen nicht entmutigen lassen.

20. **Verhandlung**: Vereinbarungen zwischen zwei oder mehr Parteien herbeiführen oder erleichtern; verstehen, was den Parteien wirklich wichtig ist, um zu einer Einigung zu kommen; zuhören, um die Parteien zu verstehen; eine Umgebung schaffen, die allen Vertrauen einflößt und sie zu einem offenen Austausch anregt; die Inhalte einer Vereinbarung so entwerfen, dass sie für alle verständlich ist; mündliche oder schriftliche bindende Vereinbarungen mit oder zwischen allen Parteien herbeiführen.

21. **Zielorientierung**: Energie und Konzentration darauf richten, ein Ziel oder einen Auftrag ohne Aufsicht zu erfüllen; Chancen, das Ziel zu erreichen, erkennen und nutzen; Strategien zur Zielerreichung entwickeln; Ergebnisse messen und beurteilen können; mit Zähigkeit Hindernisse und Schwierigkeiten, die dem Ziel entgegenstehen, überwinden; kalkulierte Risiken eingehen.

22. **Zukunftsorientierung**: Zukünftige Entwicklungen oder Ereignisse vorwegnehmen, vorhersagen, aufzeigen oder ersinnen; große Zusammenhänge erkennen; die gegenwärtigen Entwicklungen identifizieren, die langfristige Auswirkungen haben; Fakten und Daten ebenso wie Intuition und Gefühl anwenden, um Entwicklungen zu erkennen; progressive Ideen unterstützen, vertreten oder erdenken; künftige Möglichkeiten und Chancen erkennen; aufgrund logischen und

deduktiven Denkens Veränderungen in der Zukunft vorhersagen oder vorstellen.

23. **Zwischenmenschliche Beziehungsfähigkeit**: Mit verschiedenen Persönlichkeitstypen gut kommunizieren und Beziehungen aufbauen; echtes Interesse an anderen sowie Respekt, Verständnis und Achtung für andere zeigen; unterschiedliche Sichtweisen wahrnehmen und respektieren.

Übung: Welche sozialen Kompetenzen beherrschen Sie?

Lesen Sie sich die oben beschriebenen 23 Soft Skills aufmerksam durch und entscheiden Sie dann, wie viele Punkte Sie sich auf einer Skala von 0 bis 10 geben würden (0 = noch keine Beherrschung; 10 = volle Beherrschung).

	Soziale Kompetenz	**Punkte**
1	Analytisches Problemlösen	
2	Coaching	
3	Diplomatie	
4	Effektivität (personal effectiveness)	
5	Entscheidungsfreudigkeit	
6	Flexibilität	
7	Führung	
8	Konfliktmanagement	
9	Kreativität	
10	Kundenorientierung	
11	Management	
12	Mitgefühl	

13	Permanentes Lernen	
14	Planung/Organisation	
15	Schriftlicher Ausdruck	
16	Selbstmanagement	
17	Selbstpräsentation	
18	Teamarbeit	
19	Überzeugung	
20	Verhandlung	
21	Zielorientierung	
22	Zukunftsorientierung	
23	Zwischenmenschliche Kompetenz	

Ordnen Sie anschließend die Ergebnisse in drei Gruppen:

- Soft Skills, denen Sie 7–10 Punkte gegeben haben: Sie können davon ausgehen, dass Sie diese sozialen Kompetenzen sicher beherrschen. Beobachten Sie, wie häufig Sie diese in Ihrem aktuellen Job einsetzen können.
- Soft Skills, denen Sie 4–6 Punkte gegeben haben: Die sozialen Kompetenzen beherrschen Sie teilweise, aber nicht sicher und nicht in allen Situationen. Lesen Sie die Beschreibungen noch einmal durch und notieren Sie sich, über welche Bestandteile der jeweiligen sozialen Kompetenz Sie noch nicht sicher verfügen. Brauchen Sie diese in Ihrem gegenwärtigen Job oder bedeutet es für Sie keinen Nachteil, wenn Sie sie nicht anwenden? Nur wenn Ihr Job es erfordert, sollten Sie sich Gedanken machen, wie Sie diese soziale Kompetenz weiterentwickeln können.

- Soft Skills, denen Sie 0–3 Punkte gegeben haben: Diese sozialen Kompetenzen beherrschen Sie noch nicht. Und das muss kein Nachteil sein. Wenn sie in Ihrem Beruf nicht erforderlich sind, dann verschwenden Sie nur Zeit und Energie, wenn Sie auch hier „perfekt" sein wollten. Nur wenn es Ihr Job erfordert, sollten Sie darüber nachdenken, was Sie ändern wollen.

Noch genauer gibt Ihnen natürlich die computergestütze Analyse des Kompetenz-Checks – zumal hier die Möglichkeit der „Selbsttäuschung" aufgrund blinder Flecken in der eigenen Selbsteinschätzung noch geringer ist. Mehr Information erhalten Sie ebenfalls unter www.talant-check.de.

13. Kapitel:
Das eigene Verhalten steuern und ändern

Die letzten drei Kapitel haben Ihnen unter verschiedenen Blickwinkeln wichtige Konzepte der modernen Persönlichkeits- und Verhaltenspsychologie vorgestellt. Wir wollten Ihnen damit eine ergänzende Unterstützung geben, die ewig aktuelle Frage des „Erkenne Dich selbst" von unterschiedlichen Perspektiven her zu beantworten, um sich selbst noch besser und fundierter kennen zu lernen. Vermutlich werden Sie im Rahmen dieser Selbsterkenntnis auf verschiedene Bereiche gestoßen sein, in denen eine Änderung und Optimierung Ihres Verhaltens hilfreich wäre, um Ihre Stärken weiter auszubauen.

Wie sind Ihre Erfahrungen mit dem Thema Verhaltensänderung? Haben Sie schon öfter versucht, „Kleinigkeiten" in Ihrem Leben zu verändern und mussten einsehen, dass dies viel schwieriger war als Sie dachten?

Vielleicht haben Sie sich ja auch schon mal vorgenommen, nach einem guten Spielfilm direkt den Fernseher auszuschalten und nicht noch durch alle Programme zu zappen, um sich anschließend von irgendeinem Mist kostbaren Nachtschlaf stehlen zu lassen?

Oder Sie hatten beschlossen, nach 20.00 Uhr nichts mehr zu essen, und dieser felsenfeste Beschluss hatte exakt zwei Tage Bestand.

Möglicherweise hatten Sie auch erkannt, dass morgendliche Hektik Ihnen schadet, und sich deshalb entschieden, 15 Minuten früher aufzustehen, um den Tag in Ruhe zu beginnen. Ein geniales Konzept, an dessen Umsetzung Sie vielleicht schon Jahre arbeiten, bei dem der Erfolg aber immer noch auf sich warten lässt.

Warum – verflixt noch mal – ist es so unglaublich schwer, unser Verhalten zu ändern?

Wenn Sie in die Erfolgsliteratur zum positiven Denken schauen, dann wird Ihnen dort erklärt, Sie brauchten zur Verhaltensänderung ein klares Ziel und viel Motivation: „Ein klares Ziel ist aller Leistung Anfang" heißt es dort beispielsweise oder aber „Motivation ist der Schlüssel".

Die meisten Menschen haben allerdings die leidvolle Erfahrung gemacht, dass klare Ziele und eine hohe Motivation allein nicht ausreichen, wenn es darum geht, dass wir unser Verhalten ändern. Da wir regelmäßig nicht wissen, was uns zum Erfolg fehlt, haben wir das Erklärungsmuster der „geringen Selbstdisziplin" erfunden. Wir fangen an, uns weniger zu mögen, getreu der Maxime: „Der, der ich bin, grüßt traurig den, der ich sein könnte..." Vorsichtshalber nehmen wir uns dann auch für die Zukunft weniger vor, damit wir unsere Enttäuschung im Griff behalten können. „Je sorgfältiger wir planen", sagte mir vor einiger Zeit ein Seminarteilnehmer, „desto härter trifft uns der Zufall. Deshalb plane ich nicht mehr, dann merke ich auch nicht, wo ich getroffen werde..."

Offensichtlich sind manche Menschen deutlich besser als andere in der Lage, sich regelmäßig so zu verhalten, wie sie es eigentlich wollen. Diese Fähigkeit, konstruktiv das eigene Verhalten steuern zu können, bezeichnen Wissenschaftler als Verhaltensintelligenz. Die Frage ist nun: Welches Wissen und welche Skills brauchen wir, um diese Fähigkeit zu entfalten?

Der Gehirnforscher Paul D. MacLean, dem wir die erste umfassende Landkarte über das Zusammenspiel unserer drei Gehirne verdanken, hat herausgearbeitet, dass unser Verhalten zu einem großen Teil von unserem Stammhirn gesteuert wird. Leider bekommen wir für dieses Gehirn in unserem Bildungssystem keine Bedienungsanleitung, sodass wir auf uns selbst gestellt sind, das entsprechende Wissen und die notwendigen Skills zusammenzutragen, wenn wir unsere Stärken stärken wollen.

Das Schlüsselwort, das die Organisation von Energie in unserem Stammhirn am besten charakterisiert, heißt Muster. Muster sind – so MacLean – organisierte Energie. Sie existieren, um unserer Energie eine erste Grundordnung zu geben und diese Grundordnung zu stabilisieren.

Neurowissenschaftler vermuten, dass Muster gerade wegen ihrer Funktion als Energie-Stabilisierer so schwer zu verändern sind – was auch erklären würde, warum Verhaltensänderung nicht so einfach ist, wie wir oft vermuten. Wir wissen heute auch, dass einmal konfigurierte Muster im Gehirn gespeichert bleiben. Sie werden nicht gelöscht und können nur durch neue Muster überlagert werden.

Unser Verhaltensgedächtnis codiert unsere Erfahrungen als Muster mit dem Ziel, sie in ähnlichen Kontexten wieder abrufen zu können. Zentrale Kontexte, nach denen wir unser Verhalten organisieren, sind beispielsweise die von Zeit und Raum: Kontexte der Zeit sind etwa „Zeit zum Arbeiten", „Zeit für mich", „Zeit für Weiterbildung" und „Zeit für die Familie". Kontexte des Raums sind zum Beispiel unser Zuhause, unser Arbeitsplatz, unser Lieblingssessel, der Platz, an dem wir meditieren, unsere Lieblingsgarderobe, unser Lieblingsurlaubsort usw. Zeit und Raum sind wichtige Kontexte unseres Verhaltens, aber keinesfalls die einzigen: Unsere Rhythmen und Routinen, unsere Rituale und Werte und andere mentale Konstrukte, wie zum Beispiel Archetypen, sind weitere entscheidende Kontexte, die unser Verhalten strukturieren.

Wer diese kleine Stammhirn-Landkarte von Paul MacLean[36] nimmt und mit diesem Wissenshintergrund Skills zur Verhaltenssteuerung entwickelt, der ist in der Entfaltung seiner Verhaltensintelligenz den meisten anderen weit voraus:

1. Erste zentrale Erkenntnis: Wir werden nach dem gerade Gelernten nie mehr über unser „Verhalten" nachdenken, sondern nur noch über unser „Verhalten im Kontext X".

---

[36] Paul D. MacLean, The Triune Brain in Evolution, New York 1990, S. 142 ff.

2. Zweite zentrale Erkenntnis: Unser Verhalten hängt nur zu einem Teil von unseren Zielen und unserer Motivation ab. Zu einem Großteil wird es durch die (uns regelmäßig nicht bewussten) Muster unseres Stammhirns bestimmt.

Wer erkannt hat, dass er sein Verhalten nur bedingt direkt steuern kann, wird sich fragen, über welchen Umweg er die Regie über die Musterbildung im Stammhirn übernehmen kann. Die Antwort nach MacLean lautet: Indem wir die Kontrolle über die Parameter übernehmen, die die Kontexte für unser Verhalten bilden. Das sind vor allem Rhythmen, Zeit- und Raumparameter, Routinen, Rituale, Werte und sonstige Konstrukte wie zum Beispiel Archetypen. Anders ausgedrückt: Unser Verhalten wird so lange bestehen bleiben oder wiederkommen, bis wir uns – am besten physisch – engagieren und neue Kontexte konstruieren: Solange wir keine neuen Sandbänke installieren, wird das Wasser weiter dahin fließen, wo es immer schon hingeflossen ist.

In diesem Sinne meint Verhaltensintelligenz vor allem die Fähigkeit, die Kontexte, in denen unser Verhalten strukturiert wird, bewusst auszuwählen und zu gestalten. Sechs Skills bringen uns entscheidend voran, unsere Verhaltensintelligenz zu entfalten: Der *Umgang mit Rhythmen*, der *Umgang mit Zeitkategorien*, die *Nutzung von Räumen und Raumankern*, die *Entwicklung von Routinen und Ritualen*, das *Nutzen von Werte-Mustern und Archetypen* und die *Entwicklung neuer Verhaltensmuster*.

Der Umgang mit Rhythmen

Wir alle kennen den Einfluss von Rhythmen auf unsere Performance: Skifahrer wissen, dass es in der Buckelpiste die halbe Miete ist, in den ersten Buckeln den richtigen Rhythmus zu finden; Tänzer wissen, wie aufbauend es ist, im Einklang mit dem Partner genau im Rhythmus der Musik zu schwingen, und wie frustrierend es sein kann, wenn wir diese Bewegungs- und Melodiesynchronie immer wieder verlieren. Ob Tennis, Fußball oder Badminton: In keiner Ballsportart wird auf das Einspielen verzichtet; Turner turnen sich ein, um den richtigen Rhythmus zu finden, und Rennfahrer drehen ihre Aufwärmrunden, die für sie selbst mindestens so wichtig sind wie für den Motor und die Reifen. Journalisten und Buchautoren kennen die Aufwärmphase, bis „es läuft", genauso wie Redner, die in den ersten Minuten zusammen mit dem Publikum den richtigen Rhythmus finden müssen. Mit einem Satz: *Spitzenleister aller Disziplinen wissen um die Bedeutung des Einschwingens in den richtigen Rhythmus – und sie kennen alle auch die Performance-Defizite, wenn dieses Einschwingen nicht gelingt.*

Die Frage ist: Warum ist uns im Alltag die Notwendigkeit des Hineingleitens in unseren Rhythmus so wenig bewusst. Warum klingt es so komisch, wenn wir sagen würden: Ich muss erst noch meinen Rhythmus zum Aufräumen der Garage finden? Bei einer Bergtour finden wir es doch auch völlig normal, bei der simpelsten aller Alltagtätigkeiten – dem Gehen – in den ersten 20 Minuten unseren Schrittrhythmus finden zu müssen.

Der Psychologe Mihaly Csikszentmihalyi bezeichnet den Zustand des Mitschwingens im eigenen Rhythmus als Flow-Erlebnis. Er weist nach, dass wir in diesem Bewusstseinszustand unsere besten Leistungen mit den geringsten Reibungsverlusten erbringen.

Wir alle kennen diesen Flow-Zustand. Und wir wissen auch, dass er von unserer Grundmotivation für eine Tätigkeit völlig unabhängig ist. Ich kann das Rennfahren lieben und das Aufräumen meiner Garage hassen und trotzdem an einem Tag feststellen: Heute morgen beim Garageaufräumen war ich im Flow und habe ein Hochgefühl von Effizienz, Effektivität, Mühelosigkeit und dem Fließen von Energie gespürt. Und heute Nachmittag war ich auf dem Nürburgring und nichts hat gepasst: Die Linie hat nicht gestimmt, die Kurven waren nicht „rund" und viele Bremspunkte zu früh.

Werden Sie sich deshalb Ihrer Rhythmen bewusst. Ihr Lohn werden immer häufigere Flow-Erlebnisse und das mit ihnen verbundene Hochgefühl sein. Fragen Sie sich also:

1. Welche wiederkehrenden Tätigkeiten fallen mir viel leichter (bringen auch bessere Ergebnisse und machen mehr Spaß), wenn ich im richtigen Rhythmus bin?
2. Beobachten Sie, mit welchen Schritten Sie sich in die Rhythmen zu diesen Tätigkeiten einschwingen.
3. Finden Sie heraus, was Ihnen an „rhythmusfernen" Tagen fehlt.
4. Testen Sie Ihre Hypothese.
5. Entwickeln Sie Ihre „Rhythmusintelligenz" bei Tätigkeiten, die Ihnen besonders wichtig sind, damit Sie sich mit höchster Zuverlässigkeit in Ihren Rhythmus einschwingen können.

Machen Sie sich auch bewusst, dass Rhythmen uns helfen können, einem Menschen, einem Publikum oder einer Kultur näher zu kommen: Um andere zu respektieren, müssen wir uns auf ihre offensichtlichen Rhythmen einlassen – sie beobachten, imitieren, lernen und anerkennen. Und da wir alle in fast allen Ländern der Welt Ausländer sind, tun wir gut daran, uns einzuschwingen in die Rhythmen unseres Gastlandes: „In Rom do as the Romans do!" sagt ein altes englisches Sprichwort.

Der Umgang mit Zeitkategorien

Wenn Sie Ihr Bewusstsein für Zeitkategorien schärfen, werden Sie schnell eine faszinierende Beobachtung machen:

Wann immer ein Mensch keine Zeit für Muße, keine Zeit für sich selbst, keine Zeit für Weiterbildung oder keine Zeit für seine Familie findet, dann hat er in seinem „Zeitraum" für diese Kategorie keinen fest definierten „Platz". Er findet dann in seinem Leben klar definierte „Zeiträume" für alles Mögliche (zum Beispiel zum Zeitungslesen von Montag bis Freitag von 7.00 Uhr bis 7.15 Uhr beim Frühstück, samstags von 8.00 Uhr bis 10.00 Uhr auf dem Sofa), aber es gelingt ihm nicht, Muße-Zeit unterzubringen, weil alle „Plätze" seines „Zeitraums" unbewusst oder bewusst durch Muster strukturiert und damit besetzt sind.

Und solange derjenige, der mehr Muße will, nicht hingeht und „eine Sandbank umbaut", wird seine durch Verhaltensmuster strukturierte Energie auch nicht in andere Zeitkategorien fließen. Wer dagegen eine neue Zeitkategorie schafft – indem er zum Beispiel morgens zwei Brote und etwas Obst zur Arbeit mitnimmt und auf die bisherige 60-minütige Pause in der Kantine verzichtet – hat auf einmal im Stadtpark von 13.30 Uhr bis 14.00 Uhr Zeit für sich selbst.

1. Erstellen Sie eine Liste mit allen Zeitkategorien, die Ihnen wichtig sind.
2. Überprüfen Sie, welche Kategorien Sie bereits leben und welche nur auf dem Papier stehen.
3. Prüfen Sie, welche Kategorien sich überschneiden (wenn Sie immer dann aufräumen, wenn „eigentlich" Familienzeit ist, ist Ihre Wohnung auf lange Zeit sauber, aber irgendwann niemand mehr da!).
4. Entkoppeln Sie Kategorien, die sich überlappen.
5. Geben Sie neuen Aktivitäten einen „Zeitraum", in dem Sie sie praktizieren können.

Der bewusste Einsatz von Raumkategorien

Studenten, die in ihren Einzimmer-Appartements auf dem Bett liegend lernen und sich wundern, warum sie schon vor dem Mittagessen ihr erstes Nickerchen machen, zeigen keine große Verhaltensintelligenz bei der Nutzung von Raumkategorien. Ähnliches gilt für den Manager, der stundenlang im Bett arbeitet und telefoniert und anschließend nicht weiß, warum er dort nicht einschlafen kann.

Grundsätzlich gilt: Je mehr Kontexte wir übereinander legen, um so „physischer" wird die Sandbank, die das Wasser umleitet: Wenn Sie also morgens die Zeit zwischen 6.00 Uhr und 7.00 Uhr als „Zeit für mich zum Joggen" kategorisieren *und* Ihren Ehepartner zum Mitjoggen gewinnen *und* am Anfang immer die gleiche Strecke joggen *und* die gleiche Dehnungsgymnastik vorneweg machen, dann optimieren Sie die Musterbildung.

Und wenn Sie dann drei Wochen später auf Dienstreise sind und Ihnen erhebliche Teile Ihres Kontexts (der mitlaufende Ehepartner, das gleiche Zimmer, die gleiche Strecke) fehlen, dann wissen Sie, dass Sie kein Willensschwächling sind, wenn es mit dem Laufen allein aufgrund des gleichen Zeitkontexts noch nicht klappt. Hundert weitere Wiederholungen wirken hier Wunder: Wer jeden Morgen um 6.00 Uhr aufwacht, dessen Zeitkontext wird auch dann von seinem Aufwachen gesteuert, wenn er es im Urlaub lieber anders hätte.

Je bewusster wir uns werden, wie sehr wir mit unseren Verhaltensmustern von Zeit- und Raumkategorien abhängig sind, um so bewusster werden wir nach dem suchen, wovon wir abhängig sein wollen:

* Wir begreifen auf einmal, warum der Umzug in ein neues Zuhause uns alle viel mehr stresst, als wir erwartet haben.
* Wir verstehen, warum das Überwechseln der 90-jährigen Großeltern in eine Seniorenresidenz, wo fast alles für sie getan wird, durch das Wegfallen der vertrauten Raumanker zum fast tödlichen Stressfaktor werden kann.
* Wir wissen auf einmal, wie wichtig es ist, dass wir und unsere Familie zuhause feste Plätze zum Arbeiten, Spielen, Kommunizieren und auch zum Zurückziehen in uns selbst haben.
* Wir erkennen, dass wir mit den Raumkontexten, die uns umge-

ben, sehr bewusst umgehen sollten, weil sie zu Raumankern werden: „Halte deine Plätze sauber" bekommt dann eine neue, viel tiefere Bedeutung.

Von Routinen und Ritualen

Verhaltensintelligenz kann uns helfen, für viele wiederkehrende Aufgaben des Alltags den besten und zeitsparendsten Ablauf zu finden. Wenn wir bestimmte Handlungen immer wieder in derselben Reihenfolge wiederholen, dann entwickelt unser Stammhirn auch daraus ein Muster. Wer sich zum Beispiel angewöhnt hat, sich morgens zuerst zu rasieren und dann die Zähne zu putzen, wird oft erstaunt feststellen, dass er am Wochenende, wenn er sich nicht rasiert, auch vergisst, die Zähne zu putzen.

Wie man Routinen optimal in unserem Stammhirn verankert, zeigen uns Militärs und Kirchenfürsten seit Jahrhunderten: Institutionen, die ihre Mitglieder seit Generationen für ihre Zwecke einsetzen, wissen sehr genau, wie man Routinen immer exquisiter ausarbeitet, bis sie zum Ritual werden: *Aufmerksamkeit, Sorgfalt, Ordnung, Musik, Kunst, Schönheit, Übereinstimmung* und der *Glaube an den Sinn* sind die Mixtur, die neben unserem Stammhirn auch das limbische System gewinnt.

Fragen Sie sich also:

1. Welche Tätigkeiten sind mir so wichtig, dass es sich für mich lohnt, eine Routine zu entwickeln?
2. Und welche Routinen bedeuten mir so viel – sind mir sozusagen heilig –, dass sich sogar die Weiterentwicklung zu einem Ritual lohnt. Wie wäre es zum Beispiel mit einem Weiterbildungs-, Gesundheits- oder Muße-Ritual?

Von Werten, Archetypen und anderen kontexterschaffenen Konstrukten

Wenn wir die gleichen Ideen wieder und wieder hören, das gleiche Lieblingsessen essen, unsere Lieblingsmelodie nicht oft genug hören können und vielleicht seit Jahren in den gleichen Urlaubsort fahren, dann spüren wir alle: Wiederholungen geben uns Sicherheit.

Das gilt nicht nur für das bewegte Leben von Politikern, die sich Jahr für Jahr zu ihrem Ruhepol an den Wolfgangsee hingezogen fühlen, sondern genauso für unseren Dreijährigen, der zum 200. Mal als Gute-Nacht-Geschichte das Märchen von Schneewittchen und den sieben Zwergen hören möchte.

Auch wenn wir uns darüber lustig machen, dass manche Menschen zum 250. Mal „Was bin ich" oder „Aktenzeichen XY ungelöst..." schauen, der tiefe Wunsch nach dem immer Gleichen ist uns allen eigen – und unabhängig davon, wie viel Abwechslung wir an der Oberfläche zu brauchen scheinen.

Zu den elegantesten Kontexten, die unserem Verhalten ein ganzes Leben lang einen ständig wiederkehrenden Kontext bieten können, gehören unsere Werte: Viele Eltern sind zum Beispiel lebenslang dem Prinzip der Fairness und der Gleichbehandlung ihrer Kinder verpflichtet und haben damit einen sicheren und akzeptierten Rahmen, an dem sie ihr Verhalten ausrichten können (was manchmal dazu führt, dass ein bedürftiges Kind nicht mehr Unterstützung bekommt, als die Eltern gleichzeitig auch den nicht Bedürftigen gewähren können).

Ein besonders faszinierender Kontext, der Verhalten strukturiert, sind die Archetypen, in denen sich das Weisheitswissen aller Kulturen und Zeiten verdichtet. Es ist sicher kein Zufall, dass die Märchen der Brüder Grimm und andere mündliche Überlieferungen, die seit Jahrhunderten von Generation zu Generation Archetypen weitergeben, nach wie vor zu den Lieblings-Gute-

Nacht-Geschichten unserer Kinder gehören, die nicht oft genug wiederholt werden können.

Wenn Sie also als Mann hin- und hergerissen sein sollten zwischen den Rollenextremen „harter Macho" und „verständnisvoller Softie", weil die Frauen Ihres Lebens sich alle paar Jahre umentscheiden, dann könnten Sie sich beispielsweise mit den Archetypen beschäftigen, in denen sich seit Jahrtausenden zentrale Strukturen der männlichen Psyche verdichten: *King, Warrior, Magician, Lover*[37] ist beispielsweise ein Grundportfolio von Archetypen, die Sie nach eigenem Gutdünken gewichten können.

Eine Werte- und Weisheitslandkarte, die den Strukturen unserer Psyche entspricht und an der wir unsere Verhaltensmuster durch hunderte Wiederholungen ausrichten können, könnte für die Entwicklung unserer Verhaltensintelligenz deutlich produktiver sein als die 400. „Was bin ich?"-Sendung zu sehen – *Sicherheit und Stabilität durch ständige Wiederholung kann in unserem Stammhirn also durchaus auf unterschiedlichem Niveau stattfinden.*

Fragen Sie sich also:

1. Welche Werte sind mir so wichtig, dass ich sie wieder und wieder praktizieren möchte, um meinem Leben den Sicherheitsrahmen zu geben, der wir alle im Zeitalter des Werteverlusts dringend brauchen?
2. Welche Archetypen – das heißt, welche Strukturen und Bilder, in denen sich menschliches Erfahrungswissen über Jahrtausende verdichtet hat – faszinieren mich so, dass ich mir vorstellen kann, sie als Kontexte zur Entwicklung meines Verhaltens zu nutzen?

---

[37] So der Titel des ausgezeichneten Buches von Robert Moore und Douglas Gillette, New York 1990

Die Entwicklung neuer Verhaltensmuster

Um neue Verhaltensweisen zu entwickeln, stehen uns prinzipiell zwei Wege offen: Wir können entweder durch Muster-Intervention eine Kette alter Verhaltensschritte neu zusammenstellen oder völlig neue Muster aufbauen, die dann die alten überlagern.

Die Verhaltensintervention:

1. Listen Sie alle Elemente des bisherigen Verhaltens auf.
2. Entscheiden Sie, wo die Kette unterbrochen werden soll.
3. Visualisieren Sie ein Unterbrechersignal, das Sie während des Verhaltens an den Ausstieg erinnert.
4. Praktizieren Sie das neue Verhalten und seien Sie sich bewusst, dass es sich am Anfang notwendig „unrund" anfühlt und Sie sich nicht auf Ihre Gefühle verlassen können.
5. Rechnen Sie mit einem Umlerntief „in der Mitte des Flusses".
6. Unterstützen Sie das neue Verhalten, bis es sitzt.

Der Aufbau neuer Verhaltensweisen:

Der Aufbau neuer Verhaltensweisen erfordert reale neue Erlebnisse, die uns neues Feedback geben. In diesen neuen Kontexten entwickeln wir dann neue Muster. Ein neuer Job, neue Hobbys, eine neue Liebe, ein neues Zuhause und neue Formen der Unterhaltung und Freizeitgestaltung erlauben über neue Erfahrungen neues Lernen und führen durch neues Feedback zu neuem Verhalten.

Die Evolution unseres Verhaltens kommt, wenn wir uns neuen Erfahrungen aussetzen, neues Feedback bekommen und bereit sind, dieses Feedback in neues Verhalten zu integrieren.

Dies ist sicher der Königsweg zu neuem Verhalten. Den Grund, ihn hier eher kurz zu behandeln, liegt darin, dass er gleichzeitig so leicht und so schwer ist. Leicht, weil wir alle wissen, wie wir uns Neuem aussetzen können. Schwer, weil wir alle dazu unsere Komfortzone verlassen müssten – etwas, was nur wenigen von uns ohne äußeren Druck aus eigenem Antrieb gelingt.

Stellen Sie sich also folgende Fragen:

1. Mit welchem Verhalten von mir in welchen Kontexten bin ich unzufrieden?
2. Bei welchen dieser Verhaltensweisen sollte ich den alten Verhaltensauslöser nutzen, um in Zukunft souveräner zu reagieren?
3. Welcher Auslöser in der realen Situation kann mir am besten meinen Vorsatz bewusst machen, mich anders zu verhalten?
4. Visualisieren Sie das neue Wunschverhalten in allen Einzelheiten.
5. Nutzen Sie mentales Training zur mehrfachen Vorstellung der neuen Verhaltensweise, bis Sie bemerken, dass Sie das neue Verhalten auch im Alltag praktizieren.
6. Praktizieren Sie das neue Verhalten wiederholt, auch wenn es sich am Anfang „unrund" anfühlt – wer dieses Umlerntief erkennt und erwartet, hat sehr viel bessere Chancen, erfolgreich hindurchzugehen.
7. Welches Verhalten von mir missfällt mir in einem größeren Kontext (zum Beispiel die Angewohnheit, das ganze Wochenende zu vertrödeln)?
8. Welche neuen Alternativ-Aktivitäten könnten mir helfen, das alte Verhalten komplett zu überlagern (zum Beispiel der Beitritt zu einem Verein, dessen Aktivitätsprogramm mir an jedem Wochenende hilft, meine Zeit anders und sinnvoller als mit Vertrödeln zu strukturieren)?

14. Kapitel:
Interpersonale Intelligenz

Als *interpersonale Intelligenz* haben wir die Fähigkeit definiert, die Absichten, Wünsche und Motive anderer Menschen zu verstehen.

Je nachdem wie ausgeprägt und trainiert unsere interpersonale Intelligenz ist, gelingt es uns, andere Menschen zu „lesen": Das heißt, wir können innerhalb kurzer Zeit erkennen, welches Verhalten bei ihnen besonders ausgeprägt ist und was sie steuert und motiviert. Denn das ist die Voraussetzung dafür, dass wir mit ihnen schnell in Kontakt und in Beziehung treten und mit ihnen zusammenarbeiten können.

Bisher galt für den Aufbau von zwischenmenschlichen Beziehungen die goldene Regel der Bergpredigt: „Was Du willst, dass andere Dir tun, das tue ihnen zuerst!"

Wenn Sie sich allerdings vor Augen halten, wie unterschiedlich Menschen sind, dann erkennen Sie die Grenzen dieser Maxime.

Stellen Sie sich vor, der „Direktor", den wir im vergangenen Kapitel skizziert haben, würde einen „Berater" so behandeln, wie es dem eigenen Typ entspräche: kurz angebunden, sachlich, emotionslos. Damit würde er beim Berater auf wenig Verständnis stoßen, wahrscheinlich Widerstand auslösen und die Beziehung mit Sicherheit nicht fördern.

Besser ist deshalb die Leitlinie: „Behandle andere so, wie *sie* behandelt werden wollen."

Damit gehen Sie auf die Beziehungsbedürfnisse der anderen ein. Sie geben zu erkennen, dass Sie sich mit Ihrem Gegenüber auseinander setzen, ihn verstehen und bereit sind, sich seinem Verhaltensstil anzupassen. Womit Sie Ihren eigenen nicht aufgeben. Aber Ihr Verhalten wird flexibler und Sie können müheloser mit anderen Menschen umgehen.

Das ist nicht selbstverständlich. Mit manchen Menschen liegen wir sofort auf einer Wellenlänge. Wir haben gemeinsame Themen, können uns austauschen und die Art des anderen spricht uns an. Und dann gibt es Menschen, mit denen der Umgang anstrengend und zäh ist. Wir wissen nicht, worüber wir reden sollen, ständig kommt es zu kleinen oder großen Missverständnissen.

Mit Menschen, die gänzlich anders sind als wir selbst, fällt uns der Umgang naturgemäß schwerer: Wir müssen uns mit ihrem Anderssein auseinander setzen, sie verstehen und in ihrem Anderssein würdigen. Das ist oft nicht leicht – nicht umsonst werden „Fremde" misstrauisch beäugt und ausgeschlossen.

Im Grunde ist Ausschluss aber keine Lösung. In Ihrem Privatleben können Sie sich Ihre Freunde aussuchen. Wenn Sie hier andere „Typen" meiden, dann ist das Ihr gutes Recht – auch wenn Sie sich damit wahrscheinlich um interessante Bereicherungen und Anregungen bringen.

Aber im Berufsleben ist das nicht möglich, wenn wir Erfolg haben wollen. Dort setzt Erfolg notwendig voraus, dass wir mit den unterschiedlichsten „Arten" von Menschen kooperieren können:

- **In der Teamarbeit**: Die unterschiedlichen Stärken verschiedener Persönlichkeitstypen ergänzen sich und bewirken, dass eine Aufgabe in allen ihren Phasen erfolgreich initiiert, durchdacht, umgesetzt und überprüft werden kann.
- **Im Kundenkontakt**: Sie können nicht nur mit den Menschen Geschäfte abschließen, die Ihnen liegen. Erfolgreicher Kundenservice bedeutet, mit jedem Kunden eine Beziehung aufbauen zu können – so wie es seinem Typ entspricht.
- **In einer Führungsposition**: Ihre Aufgabe besteht darin, Aufgaben den Stärken und Fähigkeiten Ihrer Mitarbeiter entsprechend zu delegieren. Außerdem müssen Sie Ihre Mitarbeiter motivieren können – und das funktioniert bei jedem Typen anders.
- **In einer Beratungs- und Trainingssituation**: Sie geben Ihr Wissen weiter, beraten oder trainieren andere – und sind dann am

erfolgreichsten, wenn es Ihnen gelingt, andere so anzusprechen, dass Ihre Botschaften ankommen. Nicht jeder spricht „Ihre" Sprache.

• **In der Öffentlichkeitsarbeit**: Es ist Ihre Aufgabe, der Öffentlichkeit, den Medien oder bestimmte Zielgruppen von Ihren Themen und Inhalten zu überzeugen und sie dafür zu gewinnen. Sie müssen diese so aufbereiten, dass sie von den jeweiligen „Typen" Ihrer Zielgruppe verstanden werden. Manager, also „Direktoren", wollen Inhalte kurz, knapp und klar. Ein Publikum von „Inspiratoren", etwa Lifestyle-Journalisten, will dagegen witzig und spritzig unterhalten werden.

Interpersonale Intelligenz ist also in allen Tätigkeiten wichtig, in denen Sie mit anderen Menschen kooperieren, sie beraten oder zu etwas motivieren wollen.

Wie schwer oder leicht es Ihnen fällt, sich auf andere Menschen einzustellen, ist zu einem Teil angeboren, wie alle anderen Talente auch. Intelligenzforscher wie Howard Gardner weisen allerdings daraufhin, dass unsere emotionalen und sozialen Intelligenzen stärker formbar sind als die so genannten „Testintelligenzen" und diese Entwicklung auch noch in späteren Jahren mit mehr Lebenserfahrung sehr produktiv ist. Jeder von uns kann also seine interpersonale Intelligenz mit viel Gewinn zeitlebens trainieren und perfektionieren – und das jeden Tag, an dem wir Kontakt mit anderen Menschen haben.

Der erste Schritt der erfolgreichen Kommunikation mit anderen besteht darin, den Typ Ihres Gegenübers zu erkennen. An der Körpersprache und am Auftreten können Sie, mit etwas Übung, ziemlich rasch „ablesen", welchen Persönlichkeitstyp Ihr Gegenüber verkörpert.

Im zweiten Schritt geht es darum, die geeigneten Kommunikationsstrategien anzuwenden, die diesem Menschen entsprechen. Sie stellen sich dazu in Ihrem Verhalten und Ihrer Kommunikation auf Ihr Gegenüber ein, sodass dieser Vertrauen entwickelt und sich im Umgang mit Ihnen wohl fühlt. Dazu müssen Sie sich selbst nicht verbiegen. Oft sind es Kleinigkeiten, die vom Gesprächspartner wohlwollend und dankbar registriert werden und dazu beitragen, dass auch er sich auf Sie einzustellen bereit ist.

„Lesen" Sie Ihre Gesprächspartner[1]

Wir sind es gewohnt, darauf zu achten, was andere uns inhaltlich sagen. Es gibt aber Untersuchungen von Kommunikationsforschern wie R. Birdwhistle, die belegen, dass die Wirkung, die andere auf uns oder wir auf andere ausüben:

- zu 7 Prozent durch Worte,
- zu 35 Prozent durch die Stimme und
- zu 58 Prozent durch die Körpersprache entsteht.

Meist ohne dass wir uns dessen bewusst sind, achten wir also sehr stark darauf, wie andere Menschen auf uns zugehen, auf ihre Mimik und Gestik, ihren Tonfall oder auch auf die Umgebung, in der sie sich bevorzugt aufhalten. Wenn Sie lernen, diese Signale bewusst wahrzunehmen, erhalten Sie wertvolle Hinweise über Ihr Gegenüber.

---

[1] Frank M. Scheelen, So gewinnen Sie jeden Kunden, Landsberg 1999

KUNDENBEZIEHUNGSANALYSE

Name: _____

Kreuzen Sie schnell, ohne lange zu überlegen, an, welche der angeführten Eigenschaften am ehesten auf die oben angeführte Person zutreffen.

	Direktor		Inspirator		Unterstützer		Beobachter	
Persönlichkeit	dominant	☐	offen	☐	unbekümmert	☐	reserviert	☐
Reaktion	rasche Antworten	☐	spricht frei heraus	☐	langsam/zögernd	☐	undurchschaubar	☐
Kleidung	pedantisch	☐	modisch	☐	angepasst	☐	konservativ	☐
Auto	beeindruckend	☐	sportlich	☐	funktionell	☐	traditionell	☐
Blickkontakt	direkt	☐	herzlich	☐	abschätzend	☐	flüchtig	☐
Körpersprache	ungeduldig	☐	offen	☐	reserviert/ruhig	☐	verschlossen	☐
Stimme	gefühlsbetont/direkt	☐	gefühlsbetont/lebhaft	☐	emotional/ruhig	☐	emotionslos/reserviert	☐
Schritt	energisch/schnell	☐	energisch/schwungvoll	☐	wenig Energie/ gleichmäßig	☐	wenig Energie/ beherrscht	☐
Gespräche	über Errungenschaften	☐	über Menschen	☐	über den Einkaufsvorgang	☐	über Details/Fakten	☐
Art des Zuhörens	ungeduldig	☐	abschweifen	☐	bereitwillig	☐	selektiv	☐
Wesensart	gebieterisch	☐	freundlich	☐	bejahend	☐	abschätzend	☐
Verhaltensweise	starkes Ego	☐	positiv/optimistisch	☐	nicht aggressiv	☐	kritisch/misstrauisch	☐
Ansprüche an	Design/Qualität	☐	Farbe/Style	☐	Zuverlässigkeit/Kosten	☐	technische Details	☐
Entschlossenheit	entschlossen	☐	unentschlossen	☐	unentschlossen	☐	entschlossen	☐
Befürchtungen	Zeit zu vergeuden	☐	jemand zu beleidigen	☐	Risiken einzugehen	☐	Fehler zu machen	☐
	TOTAL							

Im Folgenden geben wir Ihnen eine Übersicht, woran Sie die einzelnen Typen erkennen. Anschließend finden Sie hilfreiche Kommunikationsstrategien, die Ihnen den Kontakt mit den einzelnen Typen erleichtern.

Woran erkennen Sie einen Direktor?

Der Direktor wirkt unnahbar, verschlossen, fast unfreundlich. Ein kurzer kräftiger Händedruck reicht ihm zur Begrüßung. Er mustert Sie mit strengen, eingehenden Blicken, um rasch einschätzen zu können, was er von Ihnen halten soll. Er kommt umgehend zum Thema und spricht mit lauter, kräftiger Stimme. Er sitzt aufrecht und macht sich größer, als er tatsächlich ist. Dabei schaut er Ihnen klar und streng in die Augen, um Sie zu beeindrucken. Er hält körperlich Abstand zu Ihnen und wird Ihnen mit Sicherheit nie die Hand auf den Arm legen oder auf die Schulter klopfen.

Seine Gestik ist sehr zurückhaltend und unterstreicht nur hin und wieder seine Worte. Stirnrunzeln, ungeduldiges Klopfen auf die Tischplatte, wenn es ihm nicht schnell genug geht, oder ein ausgestreckter Zeigefinger, quasi als Bedrohung, gehören zu seinem Repertoire.

Emotionen zeigt er nur sehr sparsam, außer er gerät über ein erfolgreiches Projekt in echte Begeisterung bzw. über einen Misserfolg in Rage. Ärger äußert er am ehesten. Ist er unzufrieden, lässt er Sie das durch seinen Tonfall, Stirnrunzeln und natürlich seine Worte deutlich spüren. Ein Wutanfall ist bei einem Direktor keine Seltenheit, wobei sein Ärger auch rasch wieder verraucht.

Typisch für einen Direktor ist, dass er hinter einem breiten Schreibtisch sitzt und Sie davor auf einem kleineren Stuhl Platz nehmen lässt. Auch auf diese Art wahrt er den Abstand. Sein Schreitisch ist meist aufgeräumt, verschiedene Stapel und Unterlagen geben aber den Eindruck wieder, dass hier ein viel beschäftigter Mensch mit wenig Zeit sitzt. An den Wänden oder in Regalen finden Sie wahrscheinlich Auszeichnungen, Pokale oder sonstige Hinweise auf seine Erfolge. Sein Erscheinungsbild ist gediegen, konservativ und erlesen: teure Anzüge, schicke Kostüme, teurer Schmuck sind typisch für ihn oder sie.

Kommunikationsstrategien für den Direktor

Versuchen Sie nicht, mit einem Direktor Smalltalk zu machen, um „das Eis" zu brechen. Begrüßen Sie ihn höflich und mit seinem vollen Titel, sagen Sie einen verbindlichen Satz und kommen Sie dann umgehend auf das Geschäft zu sprechen.

Reden Sie kurz, knapp und präzise. Der Direktor schätzt es, wenn Sie seine Zeit so wenig wie möglich beanspruchen. Hilfreich ist, wenn Sie sich vorher gut überlegen, welche Punkte wichtig sind, und sich dann auf diese konzentrieren. Er mag keine langen Ausführungen, sondern möchte nur die wichtigsten Informationen. Nennen Sie ihm Zahlen, Fakten, Konsequenzen und Optionen. Seine gezielten Zwischenfragen mögen Sie irritieren, aber Sie zeigen Ihnen, welche Aspekte den Direktor interessieren.

Gehen Sie mit klaren Zielen in ein Gespräch mit dem Direktor. Dann können Sie es effektiv führen und verlieren Ihre eigenen Interessen nicht aus dem Auge.

Überlassen Sie ihm ruhig die Führung und Themensetzung des Gesprächs, wenn ihm das wichtig ist. Beharren Sie auf Ihrer eigenen Tagesordnung, dann könnte das in Konkurrenz darum ausarten, wer die Leitung hat.

Wichtig im Gespräch ist, dass Sie den Respekt des Direktors erlangen. Den zollt er nur Menschen, die sachlich, geschäftsmäßig, effektiv und selbstbewusst auftreten. Bringen Sie deshalb Ihre Ansichten mit Selbstsicherheit und Überzeugung vor. Das beeindruckt den Direktor, auch wenn er Ihnen das nicht zeigen wird. Er mag es, wenn jemand weiß, was er will. Wissen Sie es nicht, wird er Sie über den Tisch ziehen.

Zeigen Sie wenig Emotionen, bleiben Sie distanziert-freundlich und lassen Sie sich nicht von ihm provozieren. Ein Direktor testet gerne aus, ob sein Gegenüber die Fassung verliert, wenn er stichelt und ihn herausfordert. Zeigen Sie Beherrschung und wahren Sie unbedingt das Gesicht. Mit bestimmtem, aber gelassenem Tonfall und entschiedenen klaren Aussagen gewinnen Sie seine Achtung.

Einem Direktor dürfen Sie ruhig ein bisschen schmeicheln, indem Sie seine Erfolge anerkennen und ihn als harten Verhandlungspartner rühmen. Er wird zwar abwinken, aber im Grunde teilt er Ihre Meinung und hört sie gerne.

Geben Sie einem Direktor immer das Gefühl, als Gewinner aus dem Gespräch zu gehen. Das bedeutet: Überlegen Sie sich vorher, was Sie ihm zugestehen wollen und was nicht. Lassen Sie ihn in einzelnen Punkten gewinnen, ohne dass er den Respekt vor Ihnen verliert.

Seien Sie nicht überrascht, wenn Sie mit einem Direktor zu schnellen Ergebnissen kommen und das Gespräch viel schneller beendet ist, als Sie dachten. Der Direktor will Ergebnisse sehen und ist entscheidungsstark. Er erwartet von Ihnen, dass Sie sich ebenso schnell entscheiden. Deshalb ist es wichtig, dass Sie sich Ihre Ziele und mögliche Ergebnisse vorher gut überlegt haben. Dann können Sie entsprechend schnell reagieren.

Aussagen, die beim Direktor gut ankommen, sind:

- „Erstens ... zweitens ... drittens ..."
- „Folgende Vorteile haben Sie davon ..."
- „Sie haben drei Optionen ..."
- „Mit folgenden Konsequenzen müssen Sie rechnen ..."
- „Die Forderung ist für uns so nicht machbar. Vorstellbar ist ..."

Woran erkennen Sie einen Motivator?

Der Motivator ist wesentlich zugänglicher als der Direktor. Er wird Sie freundlich begrüßen und mit Ihnen zunächst ein bisschen plaudern. Seine Körperhaltung ist zugewandt und offen, er wird Sie in eine Sitzgruppe einladen und auf Einschüchterungsversuche verzichten. An Urkunden, Pokalen, Auszeichnungen, Symbolen wie teures Auto, wertvolles Bild, Designeranzug oder teuren Accessoires können Sie ablesen, dass Sie es mit einem erfolgreichen Menschen zu tun haben.

Der Motivator zeigt seine Gefühle wie Begeisterung und Freude, seine Mimik ist lebhaft und er unterstreicht seine Worte durch Gesten. Er strahlt Selbstbewusstsein aus, aber auch große Begeisterung für das, was er tut. Er wird Ihnen gerne über seine Erfolge berichten und versuchen Sie zu überzeugen, dass Geschäfte mit ihm auch zu Ihrem Vorteil sind. Er möchte Sie zu einem Teil seines Netzwerks oder Teams machen und Ihnen das Gefühl geben, dass Sie beide an einem Strang ziehen und dass dies für Sie vorteilhaft ist. Seine Art ist sehr mitreißend und Sie werden merken, dass Sie von seiner Begeisterung angesteckt werden.

So locker und angenehm das Gespräch mit dem Motivator verlaufen mag: Es entsteht daraus keine tiefere persönliche Beziehung. Letztlich geht es dem Motivator um Ergebnisse und um persönliche Anerkennung. Er vergisst rasch wieder, was er Ihnen oder Sie ihm erzählt haben.

Kommunikationsstrategien für den Umgang mit einem Motivator

Nach kurzem Smalltalk kommt der Motivator schnell zum Thema. Das Gespräch mit ihm verläuft verbindlich und in angenehmem Tonfall. Streiten werden Sie sich mit einem Motivator wahrscheinlich nicht. Lassen Sie sich aber davon nicht täuschen: Der Motivator weiß genau, was er will. Statt sich autoritär oder mittels Einschüchterung durchzusetzen wie der Direktor, wird er versuchen, Sie durch seine überzeugende, gewinnende Art und seine Liebenswürdigkeit für seine Ziele einzunehmen. Er macht Ihnen rasch Vorschläge, die gut klingen, und wenn Sie sich nicht vorher vorbereitet haben, werden Sie sich nach dem Gespräch wundern, zu was Sie alles Ihre Zustimmung gegeben haben. Klarheit über die eigenen Ziele ist also auch für das Gespräch mit dem Motivator wichtig.

Der Motivator hört nicht gerne lange zu. Konzentrieren Sie sich auf die wesentlichen Aspekte. Auch ihn interessieren vor allem die Konsequenzen seiner Entscheidung und welche Optionen sich ihm bieten. Können Sie Ihre Argumente gut präsentieren, so wird der Motivator Ihnen zuhören und versuchen, Ihre Seite zu verstehen. Mit ihm ist es möglich, Kompromisse zu machen. Feilschen Sie aber nicht lange um Details. Geben Sie sich großzügig, ist es der Motivator auch.

Mit Sachlichkeit, Logik und Selbstbewusstsein können Sie den Motivator beeindrucken. Zu viele Details langweilen ihn aber ebenso wie trockene Vorträge. Er erwartet von Ihnen, dass Sie sich auch ein Stück weit begeistern (lassen) und nicht nur emotionslos von Tagesordnungspunkt zu Tagesordnungspunkt schreiten. Mit freundlichem Lächeln und kleinen Schmeicheleien können Sie sich immer wieder auf seine Wellenlänge einschwingen.

Auch mit dem Motivator kommen Sie rasch zu Ergebnissen. Er entscheidet sich schnell und erwartet von Ihnen das Gleiche. Notieren Sie Ergebnisse, schicken Sie ihm kurze Zusammenfassungen von Gesprächen, damit Sie Ihre Vereinbarungen schwarz auf weiß haben. Sonst könnte es sein, dass Einzelheiten vergessen werden.

Aussagen, die beim Motivator gut ankommen, sind:

- „Folgende Punkte sind mir wichtig: Erstens ... zweitens ... drittens ..."
- „Ihre Begeisterung ist richtig ansteckend."
- „Das sind die Vorteile für Sie und Ihre Mannschaft ..."
- „Von diesem Ergebnis profitieren wir alle."
- „Toll, was Sie und Ihr Team erreicht haben."
- „Lassen Sie mich kurz zusammenfassen ..."

Woran erkennen Sie einen Inspirator?

Einen Inspirator können Sie in einer Gruppe von Menschen leicht identifizieren: Er steht im Mittelpunkt, redet am meisten und unterhält die anderen mit amüsanten und fesselnden Geschichten. Er lacht viel, hat Charme und Witz und kommt spielerisch mit Menschen in Kontakt. In der Unterhaltung mit ihm werden Sie viele Themen streifen, viel Neues über Menschen erfahren, die Sie kennen (oder auch nicht) und, sofern Sie sich darauf einlassen, sich gut unterhalten.

Seine Körperhaltung ist sehr offen, er zeigt eine lebhafte, zeitweise theatralische und übertriebene Mimik und Gestik und wirkt manchmal wie ein Schauspieler in mehreren Rollen. Er spricht sehr bildhaft und lebendig. Seine Augen schweifen dabei meist unruhig und aufmerksam umher, auch im Vier-Augen-Gespräch mit Ihnen möchte er nicht, dass ihm etwas in der Umgebung entgeht. Er kann Sie mitten im Gespräch unterbrechen, um Sie auf eine prominente Person aufmerksam zu machen, die das Restaurant oder Café betritt.

Ebenso sprunghaft sind seine Themen. Er sagt, was ihm durch den Kopf geht, egal ob es sich um kreative Ideen oder banale Alltagsfragen handelt. Er kann die kühnsten Pläne ersinnen, wenn er in der richtigen Stimmung ist, und sich für eine Idee begeistert. Umgekehrt merken Sie ihm deutlich an, wenn er einen schlechten Tag hat. Dann gibt er sich wenig Mühe, sich zusammenzureißen.

Das Büro eines Inspirators ist chaotisch, unaufgeräumt und voller Stapel mit Unterlagen zu einzelnen Projekten. Inspirierende Poster und Erinnerungsstücke an bestandene Abenteuer (Foto vom Bungee-Sprung, zerfetzter Tropenhelm einer Afrika-Expedition) zieren die Wände. Darauf angesprochen, wird der Inspirator immer gerne bereit sein, Ihnen eine Geschichte dazu zum Besten zu geben. Er liebt extravagante Kleidung, mit denen er auffallen kann und auf die ihn andere ansprechen. Schreiende Farben, übertrieben großer Schmuck, poppige Frisuren sind typisch für ihn.

Kommunikationsstrategien für den Umgang mit einem Inspirator

Die Beredsamkeit des Inspirators macht den Einstieg in das Gespräch leicht. Stellen Sie ihm ein paar Fragen, hören Sie ihm freundlich zu und zeigen Sie Anteilnahme und Interesse. Seine Fabulierfreude hat aber auch einen Haken: Sie kommen zu keinen Ergebnissen, wenn Sie im Smalltalk hängen bleiben. Im Gespräch mit dem Inspirator müssen Sie sanft und freundlich die Führung übernehmen und ihn immer wieder zum eigentlichen Thema zurückführen. Allerdings nicht, indem Sie ihn belehren oder auf seine Abschweifungen direkt hinweisen. Dann frustrieren Sie ihn und er verliert die Lust am Gespräch – und damit auch seine Kreativität. Unterbrechen Sie ihn freundlich und mit Humor, dann wird er Ihnen dankbar sein, dass er mit Ihnen Spaß haben kann und trotzdem Ergebnisse erreicht.

Nehmen Sie sich genügend Zeit für ein Gespräch mit ihm. Es wird nicht möglich sein, so effizient und zielorientiert vorzugehen wie mit einem Direktor oder Motivator. Gehen Sie auf seine Ideen ein, wenn Sie Ihnen interessant erscheinen: Das motiviert ihn und eröffnet Ihnen womöglich die Chance, einen ganz neuen und interessanten Ansatz kennen zu lernen.

Fassen Sie Ihre Argumente in eine bildhafte, metaphernreiche Sprache. Der Inspirator muss sich konkret vorstellen können, was Sie meinen. Geben Sie Beispiele, erzählen Sie von Menschen, die das erlebt haben, was Sie illustrieren möchten.

Machen Sie ihm konkrete Vorschläge und fragen Sie konsequent nach, was der Inspirator möchte. Er trifft nicht gerne Entscheidungen und es fällt ihm schwer, sich festzulegen. Gehen Sie aber nicht aus dem Gespräch, ohne genau festgelegt zu haben, wer was macht bzw. was die nächsten Schritte sind. Fixieren Sie das schriftlich und schicken es ihm zu, damit er es nachlesen kann.

Aussagen, die beim Inspirator gut ankommen, sind:

- „Haben Sie dieses Foto in Indien gemacht? Das sieht ja spannend aus!"
- „Das hört sich wahnsinnig interessant an."
- „Sie sind ein fantastischer Erzähler. Es macht Spaß, Ihnen zuzuhören. Lassen Sie uns doch trotzdem jetzt über ... sprechen."
- „Ihre Idee gefällt mir gut. Lassen Sie uns überlegen, wie wir sie umsetzen können."
- „Kennen Sie Frau XY? Die hat das nämlich ausprobiert und damit die Erfahrung gemacht, dass ..."

Woran erkennen Sie einen Berater?

Der Berater ist offen und zugänglich, aber zurückhaltender als der Inspirator. Statt der sprühenden Lebhaftigkeit spüren Sie bei ihm echtes Interesse an Ihrer Person. Durch seine Fragen möchte er herausfinden, was für ein Mensch Sie sind. Er ist auch bereit, sich Ihnen gegenüber zu öffnen, wenn er spürt, dass Sie an ihm Interesse haben. Mit ihm ist es möglich, eine echte Beziehung aufzubauen – aber nur, wenn Sie das wollen. Spürt er, dass Sie nur oberflächliches Interesse haben, wird er freundlich, aber zurückhaltend bleiben.

Der Berater schaut Ihnen offen in die Augen, stellt Fragen und hört zu. Er macht Smalltalk, um einen Einstieg in ein tiefer gehendes Gespräch zu finden. Gerne spricht er über seine Werte und Überzeugungen und philosophiert mit Ihnen ein bisschen über den Sinn des Lebens. Aber er verliert sich nicht in solchen Diskussionen, sondern findet immer wieder zum Thema des Gesprächs zurück.

Seine Körpersprache ist kontrolliert, anfangs wirkt er eher reserviert und zurückhaltend. Er beobachtet andere genau, da er herausfinden will, was für Menschen sie sind. Wenn er zu Ihnen Vertrauen gefasst hat, öffnet er sich und zeigt seine Gefühle.

Sein Büro ist gemütlich und in warmen Farben eingerichtet. Stillleben, Landschaftsbilder, Fotos von seiner Familie und vom gesamten Team oder Postkarten von Kollegen schmücken die Wände. Sein Outfit ist dezent, durchaus modisch, aber nicht besonders auffallend.

Kommunikationsstrategien für den Umgang mit einem Berater

Das Gespräch mit einem Berater ist von Gegenseitigkeit und Partnerschaftlichkeit geprägt. Voraussetzung ist, dass Sie das Vertrauen des Beraters gewonnen haben. Das erwerben Sie, wenn Sie bereit sind, sich auf ihn einzulassen, seine Perspektive zu verstehen und die Vorteile für beide Seiten zu sehen. Lassen Sie sich auf das Fairplay ein, so ist der Berater ein verlässlicher und loyaler Gesprächspartner, mit dem Sie in angenehmer und harmonischer Atmosphäre verhandeln und reden können.

Nehmen Sie sich deshalb genügend Zeit für das Gespräch. Allzu schnell trifft der Berater seine Entscheidungen nicht. Er muss ein gutes Gefühl dabei haben und das bekommt er nicht unter Stress und Hektik. Merkt er, dass Sie eigentlich keine Zeit für ihn haben, wird er sich zurückziehen und Sie kommen nicht mehr an ihn heran.

Der Berater versucht ehrlich, Ihr Anliegen zu verstehen. Er erwartet aber auch umgekehrt, dass Sie sich ebenso verhalten. Gehen Sie ausführlich auf seine Bedürfnisse ein und versuchen Sie, gemeinsam einen Kompromiss zu finden, der Ihnen beiden entgegen kommt. Der Berater ist keineswegs nur auf den eigenen Vorteil bedacht, wenn er merkt, dass sein Gegenüber auch zu Zugeständnissen bereit ist.

Konfrontationen meidet der Berater. Sind Sie sich nicht einig, so ist es wichtig, die Sachebene sehr deutlich von der Beziehungsebene zu unterscheiden. Versuchen Sie, ihm als Person und Mensch Anerkennung zu zollen, während Sie so sachlich und fair wie möglich die widerstreitenden Ansichten miteinander verhandeln.

Aussagen, die beim Berater gut ankommen, sind:

- „Wie sind Sie darauf gekommen, sich mit diesem Thema zu beschäftigen?"
- „Was ist Ihnen dabei wichtig?"
- „Ich lege Ihnen meine Sichtweise dazu dar, dann möchte ich gerne Ihre hören."
- „Lassen Sie uns eine Lösung finden, mit der wir beide glücklich sind."

Woran erkennen Sie einen Unterstützer?

Der Unterstützer wird Ihnen in einer Gruppe nicht besonders auffallen. Er gehört eher zu den Zuhörern, ist zurückhaltend und neutral und man sieht ihm nicht an, was er denkt oder fühlt. Er beobachtet andere intensiv, hält sich selbst aber sehr bedeckt. In größeren Gruppen geht er selten aus sich heraus, nur in Vier-Augen-Gesprächen oder ganz kleinen Gruppen wird er auch etwas Persönliches erzählen. Aber nur, wenn er vorher das Vertrauen gewonnen hat, dass es dort gut aufgehoben ist.

Der Unterstützer zeigt entsprechend wenig Emotionen. Sein Gesicht ist neutral und wirkt eher streng und verschlossen. Vor allem an seinen Augen merkt man aber, dass er anderen mit Respekt begegnet. Wer ihn höflich anspricht, kann mit einer freundlichen Antwort rechnen. Er ist nur niemand, der von sich aus auf anderen Menschen zugeht.

Seine Gestik ist zurückhaltend, er macht keine großen Hand- oder Armbewegungen. Wenn er spricht, fällt sein ruhiger, gleichmäßiger Tonfall auf. An seinen Worten ist zu erkennen, dass er sich gut überlegt hat, was er sagt, spontane Äußerungen macht er selten. Er trägt strukturiert und logisch seine Argumente vor und hört anderen aufmerksam zu. Er zeigt dabei durch seine zugewandte Haltung und seine Konzentration, dass er andere ernst nimmt und bereit ist, auf sie einzugehen.

Sein Büro ist freundlich eingerichtet, mit einzelnen persönlichen Gegenständen geschmückt, die ihm etwas bedeuten. Slogans, die seine Überzeugungen und Werte ausdrücken, können die Wände zieren, etwa der Ausspruch eines Denkers oder ein Zitat eines Menschen, den er bewundert. Seine Kleidung ist bequem und geschmackvoll, in gedeckten Farben, sodass er nicht weiter auffällt.

Kommunikationsstrategien für den Umgang mit einem Unterstützer

Auch der Unterstützer braucht Zeit, sich auf Sie und die Situation einzustellen. Er möchte mehr über den Menschen wissen, mit dem er es zu tun hat. Statt Smalltalk ist es deshalb besser, wenn Sie ihm erst einmal etwas über sich oder Ihr Unternehmen erzählen. Oder Sie legen dar, warum Ihnen das Thema, über das Sie mit ihm sprechen wollen, persönlich wichtig ist. Wenn er merkt, dass Sie offen mit ihm umgehen, wird er sich auch öffnen.

Der Unterstützer braucht Harmonie und Stabilität. Überfallen Sie ihn nicht mit neuen Ideen oder Vorschlägen, sondern bereiten Sie ihn langsam darauf vor. Erklären Sie ihm, was er oder sein Team davon hat. Beantworten Sie seine Fragen und werden Sie nicht ungeduldig, wenn er es Ihrer Ansicht nach längst begriffen haben sollte. Wahrscheinlich hat er es begriffen, ist aber innerlich noch nicht bereit, eine Entscheidung zu fällen. Der Unterstützer mag ausführliche Diskussionen, weil er dann das Gefühl bekommt, sich etwas gründlich überlegt zu haben. Spontane Aktionen oder Entscheidungen sind nicht seine Sache.

Beruhigend ist für den Unterstützer, wenn andere Menschen bereits Erfahrungen mit etwas gesammelt haben, was er anpacken soll. Nennen Sie ihm Beispiele, geben Sie ihm Gelegenheit, mit diesen Menschen zu sprechen.

Selbst wenn Sie ein Direktor oder Reformer sind und der Unterstützer Ihrem eigenen Typ überhaupt nicht entspricht – lassen Sie sich das nicht durch Ihre Körpersprache anmerken. Der Unterstützer ist sehr sensibel und wenn er sich infrage gestellt fühlt, dann wird er nicht mehr kooperieren. Versuchen Sie, seine Vorteile zu sehen, und respektieren Sie seine Andersartigkeit.

Aussagen, die beim Unterstützer gut ankommen, sind:

- „Ich habe mich viele Jahre mit dem Thema beschäftigt. Seit 1990 bin ich ...“

- „Was möchten Sie noch über mich/meine Firma/meine Arbeit wissen?"
- „Bitte sprechen Sie mich an, wenn Sie Fragen haben. Ich nehme mir gerne Zeit für ein ausführliches Gespräch."
- „Ich kann mir eine Stunde Zeit nehmen für das Gespräch. Ist das für Sie in Ordnung?"
- „Frau Meier aus der Abteilung XY arbeitet bereits einige Zeit mit dem Programm. Wenn Sie möchten, stelle ich gerne den Kontakt her, dann können Sie sich ihre Erfahrungen berichten lassen."

Woran erkennen Sie einen Koordinator?

Ein Koordinator ist nicht besonders zugänglich. Das liegt zum einen daran, dass er wie der Unterstützer eine Weile braucht, bis er Vertrauen zu anderen gewonnen hat. Aber es liegt auch daran, dass er sich lieber mit sachlichen Themen auseinander setzt. Er möchte gar nicht so viele Kontakte mit anderen Menschen und überlegt sich deshalb genau, ob er sich auf ein Gespräch mit Ihnen einlässt.

Der Koordinator lässt sich nicht gerne in die Karten schauen und ist deshalb sehr zurückhaltend in seiner Gestik und Mimik. Er hat sich gut unter Kontrolle und gibt nicht zu erkennen, welche Emotionen etwas bei ihm auslösen. Er wirkt ruhig und eher unscheinbar und wird von anderen gerne unterschätzt. Seine Stimme ist ein wenig monoton, und seine Körpersprache nicht darauf ausgerichtet, bei anderen irgendwelche Effekte zu erzeugen.

Auf sein Äußeres legt er keinen besonderen Wert und kleidet sich unauffällig und funktional. Sein Büro ist sparsam eingerichtet, mit wenigen persönlichen Gegenständen.

Kommunikationsstrategien für den Umgang mit einem Koordinator

Um einen Koordinator für ein Gespräch mit Ihnen zu interessieren, müssen Sie ihm erklären können, warum das Thema für ihn interessant ist. Kann er das nachvollziehen, wird er sich auf das Gespräch einlassen. Wenn nicht, wird er Sie freundlich hinhalten. Setzen Sie ihm das Thema auseinander, erklären Sie die Sachlage und Ihre Position. Vermeiden Sie es, persönliche Fragen zu stellen oder etwas Persönliches von sich zu erzählen. Das interessiert den Koordinator nicht und er wird Ihnen auch nichts von sich erzählen.

Bereiten Sie Ihr Thema so gut vor, dass Sie Ihre Position strukturiert und logisch darstellen können. Dabei müssen Sie sich nicht auf die wichtigsten Aspekte beschränken, sondern können ruhig Details liefern. Der Koordinator braucht möglichst viele Informationen, um sich ein Bild oder eine Meinung zu formen. Beantworten Sie seine Fragen oder notieren Sie sich, wenn Sie ihm noch zusätzliche Informationen zukommen lassen wollen. Vergessen Sie das dann auch nicht! Der Koordinator erwartet, dass Sie sich an Vereinbarungen strikt halten und zwar exakt zu den vorgegebenen Terminen. Seinerseits macht er das genauso.

Andererseits dürfen Sie sich nicht vom Koordinator zu sehr ins Detail ziehen lassen. Sonst ufert das Gespräch aus. Führen Sie ihn immer wieder zum eigentlichen Thema zurück. Der Koordinator ist kooperativ genug, um sich darauf einzulassen.

Zeit, Respekt und Sachlichkeit sind die Schlüssel zu einer guten Kommunikation mit dem Koordinator. Dann arbeitet er mit Ihnen konstruktiv an guten Lösungen, bei denen Sie sicher sein können, dass sie gut durchdacht und umsetzbar sind.

Aussagen, die beim Koordinator gut ankommen, sind:

- „Lassen Sie uns das in aller Ruhe miteinander besprechen."
- „Was für Informationen brauchen Sie noch?"

- „Ich gebe Ihnen zunächst einen kurzen Überblick und gehe dann ausführlich auf die einzelnen Punkte ein."
- „Diese Details sind sicherlich interessant. Ich befürchte aber, dass wir uns damit zu weit von unserem Thema entfernen."
- „Bis zum 15. Juli muss dieses Projekt stehen. Lassen Sie uns gemeinsam die notwendigen Einzelschritte festlegen."

Woran erkennen Sie einen Beobachter?

Den Beobachter erkennen Sie daran – wie auch sein Name sagt –, dass er wenig spricht und dafür umso genauer hinschaut. Er wirkt in sich gekehrt, nachdenklich, verschlossen und kalt. Am Kontakt mit anderen Menschen ist er wenig interessiert und er tut nichts, um andere für sich einzunehmen. Er geht nicht auf sie zu und steht lieber alleine abseits von Gruppen, als oberflächliche Gespräche zu führen oder sich „aus Gruppenzwang" zu integrieren. Der Beobachter ist ein Einzelgänger, der lieber liest oder nachdenkt, als mit anderen Menschen zusammen zu sein.

Nur wenn er einen Gesprächspartner gefunden hat, der ihn interessiert und mit dem er sich über sein Wissensgebiet austauschen will, redet er plötzlich. Andere staunen dann, wie gut er sich ausdrücken und wie lange und präzise er etwas ausführen kann. Ist er bei seiner Sache, dann kann er stundenlang diskutieren.

Mit Mimik und Gestik ist er sehr zurückhaltend. Seine Stimme ist einförmig und klingt leicht etwas scharf. Seine Argumentation ist logisch und schlüssig. Was er sagt, hat Hand und Fuß. Kein anderer ist so informiert über ein bestimmtes Gebiet wie er. Dafür kann er bei anderen Gebieten überhaupt nicht mitreden. Das will er aber auch gar nicht.

Kommunikationsstrategien für den Umgang mit einem Beobachter

Mit Smalltalk brauchen Sie es beim Beobachter gar nicht erst probieren. Er wird solche Gespräche unhöflich abblocken. Sagen Sie direkt, über welches Thema Sie mit ihm sprechen wollen und warum es wichtig für Sie und für ihn ist. Dann nehmen Sie sich ausführlich Zeit, um ihm die Sachlage oder Ihre Position auseinander zu setzen.

Bleiben Sie dabei bei sachlichen Argumenten, Beobachtungen oder Beschreibungen. Mit Ihren Emotionen kann der Beobachter nichts anfangen. Er verlangt von sich, dass er seine Emotionen im Griff hat, und möchte, dass Sie es ebenso handhaben. Mit Gefühlen geben Sie sich seiner Ansicht nach nur eine Blöße, die er scharfsinnig auszunutzen versteht.

Auf ein Gespräch mit einem Beobachter sollten Sie sich gründlich vorbereiten: die notwendigen Fakten sammeln, Ihre Position genau formulieren, die Ziele festlegen. Nur so verfügen Sie über genügend Argumente, um ihn zu überzeugen. Und nur so verhindern Sie, dass das Gespräch ergebnislos bleibt, weil Sie sich im Detail verfangen. Der Beobachter fällt nicht gerne Entscheidungen und meint, dass er immer noch mehr Informationen als Grundlage braucht. Sie müssen eine Balance finden, ihm einerseits eine gewisse Zeit zu geben, andererseits darauf zu drängen, dass es im Sinne des Projekts/der Zusammenarbeit ist, wenn Termine eingehalten und Projekte abgeschlossen werden. Halten Sie Ergebnisse schriftlich fest und machen Sie dem Beobachter klar, was Sie von ihm bis wann erwarten.

Aussagen, die beim Beobachter gut ankommen, sind:

* „Es geht um folgendes Thema …"
* „Diese Punkte möchte ich mit Ihnen besprechen …"
* „Ich habe mich seit zehn Jahren mit diesem Thema auseinander gesetzt. Mein beruflicher Hintergrund ist …"

- „Folgende Argumente sind wichtig ...“
- „Das funktioniert folgendermaßen ...“
- „Ich brauche von Ihnen eine Entscheidung bis zum 15. Juli, weil ...“

Woran erkennen Sie einen Reformer?

Der Reformer wirkt nach außen verschlossen, autoritär und sehr selbstbewusst. Er macht den Eindruck, als fühle er sich den anderen überlegen, und oft entspricht das auch seiner inneren Einstellung. Er ist vor allem an Sachen und Themen interessiert. Auf Freundschaften und guten Beziehungen legt er persönlich wenig Wert. Andere Menschen beurteilt er nach ihrem Wissen und dem Wert, den sie für seine Arbeit haben.

Der Reformer ist sehr formell im Kontakt und legt auf gute Umgangsformen Wert. Er zeigt keine Emotionen und ist klar und präzise in seinen Äußerungen. Da er ergebnisorientiert ist, redet er meist nicht lange, sondern beschränkt sich auf das Wesentliche. Wird er unterbrochen, halten andere ihn mit langen Reden auf oder äußern ihre Gefühle, kann er sehr unwirsch und unhöflich reagieren.

Sein Büro ist funktional eingerichtet, Sie werden keine Hinweise auf persönliche Vorlieben oder Interessen darin finden. Alles ist auf die Arbeit zugeschnitten: Charts, Übersichts- oder Konstruktionspläne bestimmen das Bild. Die technische Ausrüstung ist auf dem neuesten Stand. Der Reformer bevorzugt teuere, exklusive Kleidung, die ganz auf seine persönlichen Bedürfnisse zugeschnitten ist.

Kommunikationsstrategien für den Umgang
mit einem Reformer

Auch mit dem Reformer sollten Sie umgehend zur Sache kommen. Reden Sie nur über das Geschäftliche und bemühen Sie sich nicht um eine persönliche Beziehung. Der Reformer wird Sie für Ihre Arbeit oder Ihr Wissen respektieren, nicht weil Sie ein netter Mensch sind.

Bereiten Sie sich gut vor, um den hohen Ansprüchen des Reformers zu genügen. Improvisationen und Vorbereitungen in letzter Minute erkennt er sofort und dann zerpflückt er Sie und Ihr Anliegen. Untermauern Sie Ihre Argumentation mit Unterlagen, Beweisen und Zahlenmaterial.

Machen Sie dem Reformer immer wieder das gemeinsame Interesse klar, damit er Sie nicht als Gegner, sondern als kompetenten Partner wahrnimmt. Ganz generell dürfen Sie nicht empfindlich sein und seine Worte nicht auf die Goldwaage legen. Versuchen Sie die sachlichen Vorteile einer Zusammenarbeit zu erkennen – und da gibt es viele – und Ihre Person möglichst herauszuhalten. Stellen Sie sich auf harte Verhandlungen ein. Sie können aber auch sicher sein, dass Sie erstklassige Ergebnisse erreichen werden.

Der Reformer braucht Zeit, um die beste Lösung zu erarbeiten oder sich für etwas zu entscheiden. Deshalb sind klare Aussagen über notwendige Zeitvorgaben auch bei ihm wichtig. Die können Sie ihm aber nicht diktieren, sondern nur mit ihm abstimmen.

Aussagen, die beim Reformer gut ankommen, sind:

- „Folgende Argumente sprechen dafür ..."
- „Hier ist eine Studie zu dem Thema."
- „Damit wir eine erstklassige Lösung finden, sollten wir folgende Aspekte beachten ..."
- „Ich bin dieser Ansicht, weil ..."

- „Im Sinne einer hervorragenden Lösung des Problems, sollten wir ..."

Vielleicht haben Sie für jeden Typen, der hier beschrieben wurde, einen Menschen aus Ihrem Kollegen- oder Bekanntenkreis vor Augen. Denken Sie aber daran, dass nur wenige Menschen eindeutig einem Typen zuzuordnen sind. Mit Sicherheit werden Sie mit etwas Übung die verschiedenen Verhaltensstile voneinander unterscheiden können. Probieren Sie dann Schritt für Schritt aus, wie sich die Zusammenarbeit oder das Zusammenleben bessern, wenn Sie die empfohlenen Kommunikationsstrategien anwenden.

Die Voraussetzung für den Erfolg ist, dass Sie die Andersartigkeit der verschiedenen Typen nicht bewerten, sondern schlichtweg als gegeben akzeptieren. Niemand ist besser oder schlechter, nur weil er anders ist. Entscheidend ist nur: Wie kommen Sie mit den anderen zurecht, wie können Sie mit ihnen kooperieren, auch wenn sie anders sind? Wenn Sie die Unterschiede anerkennen und sich darauf einstellen, sind Sie auf dem besten Weg zur erfolgreichen Zusammenarbeit.

Kooperation auf engstem Raum – das Team

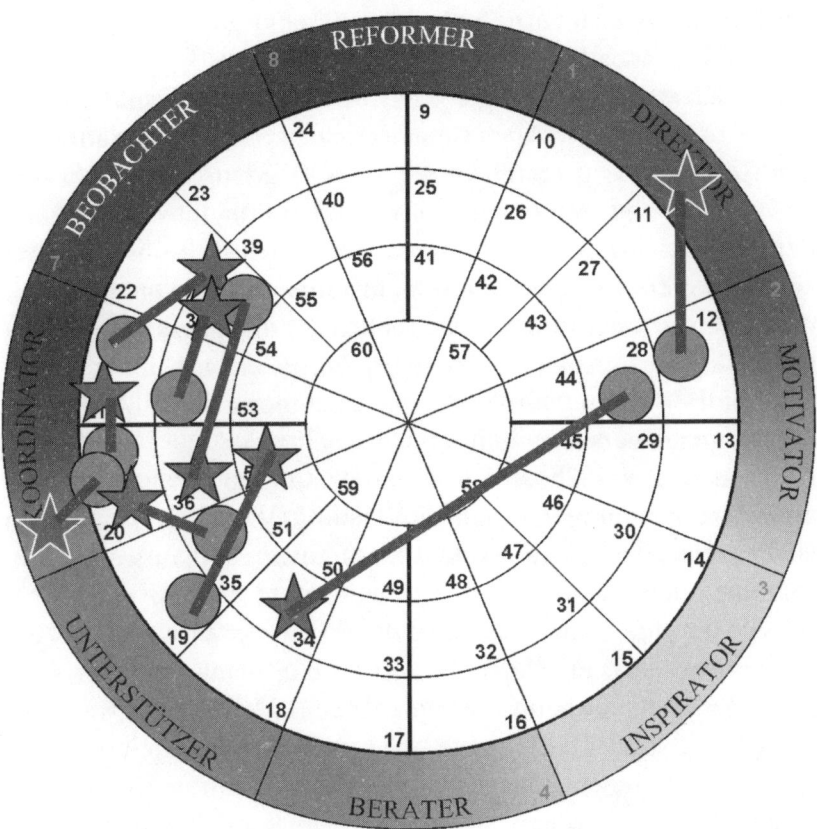

Als Beispiel nehmen wir das INSIGHTS-Teamrad mit „State of art" eines Führungsteams.

Sie sehen auf einen Blick eine Gruppe Experten bei dem „Koordinator", jedoch nur einen Visionär und Veränderer – „Motivator/Direktor". Der neue Marketingleiter – „Motivator" – schließt sich auch sofort der Gruppe „Untertützer" an, nutzt seine Talente nicht, muss sich sogar „verbiegen" und verwendet seine Energie primär für die Adaption seines Verhaltens, gleichzeitig lässt er den Geschäftsführer alleine bei der lebenswichtigen Aufgabe, das Unternehmen nach vorne zu bringen. (Copyright des Success IN-SIGHTS®-Rades, Success Insights, USA).

Größere Projekte, komplexe berufliche Aufgaben sind nur von Teams zu bewältigen. Auch wenn jeder zuständig und verantwortlich für einen bestimmten Bereich der Teamaufgabe ist, so sind permanente Abstimmung und Kommunikation der Teammitglieder die Voraussetzungen dafür, dass die Prozesse reibungslos ineinander greifen. Jeder ist in seinem Teilbereich davon abhängig, dass die anderen ihre Aufgaben rechtzeitig und gut erfüllen, sonst stockt der ganze Ablauf. Oder Energien, die eigentlich der Arbeit zukommen sollten, werden an zwischenmenschliche Auseinandersetzungen verschwendet.

Tatsächlich verhält es sich in der Realität aber genau so: Laut einer Untersuchung der Financial Times Deutschland bemängeln 50 Prozent der Führungskräfte, dass Teamarbeit aufgrund von „Streitigkeiten wegen nichts und wieder nichts" ineffizient sei. Als Rezept für gute Teamarbeit wird dann Uniformität verschrieben: Je ähnlicher sich die Persönlichkeiten der Teammitglieder sind, desto geringer erscheint die Wahrscheinlichkeit, dass Streit entsteht. Gleich und Gleich gesellt sich gern. In Wirklichkeit bedeutet „Gleich und Gleich", dass alles gleich bleibt: Lauter Kreative ersinnen die tollsten Ideen, die leider nie umgesetzt werden. Lauter Koordinatoren gehen nie ein Risiko ein. Lauter Direktoren vergraulen die Kunden. Lauter Beobachter verlieren sich im Detail. Mögen sie sich untereinander verstehen, die Arbeit leidet darunter.

Besser ist der Ansatz, die einzelnen Persönlichkeitstypen mit Aufgaben zu betreuen, die genau ihrem Verhalten und ihren Stärken entsprechen, und so ein Team mit verteilten Kompetenzen zusammenzustellen, bei denen die Stärkeprofile der einzelnen Mitglieder einander ergänzen.

Untersuchungen der Universität Innsbruck betätigen dies: In

einer Studie auf der Grundlage der INSIGHTS-Methode fanden die Forscher heraus, dass leistungsfähige Teams aus Menschen bestanden, die sich in ihren Fähigkeiten, Erfahrungen und Verhaltenstypen ergänzten.[38] Je besser jedes einzelne Teammitglied für seine Aufgabe geeignet ist, desto größer sind die Synergien und desto geringer ist das Konfliktpotenzial.

Untersuchungen von Meredith Belbin mit seinen Studien zur Teamrollenanalyse[39] haben gezeigt, dass es acht verschiedene wichtige Arbeitsfunktionen oder unterschiedliche Präferenzen bei der Arbeit gibt:

Motivieren – neue Ideen hervorbringen
Inspirieren – anderen Ideen nahe bringen
Helfen – andere beraten
Unterstützen – Strukturen und Stützen bieten
Koordinieren – sich an bewährte Prozeduren halten
Beobachten – Systeme überprüfen
Reformieren – Methoden etablieren
Dirigieren – testen und umsetzen

Diese Aufgaben müssen in einem Team wahrgenommen werden, damit die Teamziele kreativ, genau, effizient und pünktlich erreicht werden. INSIGHTS und andere Systeme gehen von einer neunten wesentlichen Funktion aus:

Zentrieren – Verbindungen schaffen, um ein Team zusammenzuhalten.

Dieser Funktion beinhaltet besonders die Aufgabe, für Ausgleich zwischen den Persönlichkeitstypen zu sorgen, die sich in ihrer Art stark unterscheiden und deshalb Schwierigkeiten haben könnten, Verständnis und Toleranz füreinander aufzubringen.

---

[38] Monika Stumpf, Wann ist Führung erfolgreich, KommEnt Nr. 6 12/01, S. 6
[39] R. Meredith Belbin, Managementteams, Erfolg und Mißerfolg, Wörrstadt 1996

Ausgewogene Teams

Mithilfe der INSIGHTS-Persönlichkeitstypen können Teams zusammengestellt werden, die für die verschiedenen Aufgaben im Team bestens prädestiniert sind.

- **Direktor:** Er treibt das Team an, übernimmt die Kontrolle, sorgt für Entscheidungen und Ergebnisse. Er schafft Systeme, um die Arbeitsprozesse zu organisieren. Er hat die Aufgaben im Blick, die erledigt werden müssen.
- **Motivator:** Er visualisiert die Zukunft und kann das große Bild zeichnen. Er liefert neue Ideen, dringt in neue Bereiche vor und entwickelt innovative Möglichkeiten zur Umsetzung. Er bringt Schwung und Begeisterung. Er sorgt dafür, dass das Team nicht stagniert und sich durch Innovation weiter entwickelt und neue Aufträge erhält.
- **Inspirator:** Er unterhält die Verbindungen und Netzwerke nach außen, ergreift die Initiative, um Entwicklungen anzuschieben und begeistert andere dafür. Er sorgt dafür, dass das Team gemeinsam lachen und Spaß haben kann.
- **Berater:** Er sorgt für Ausgleich und Zusammenhalt des Teams, zeigt Verständnis für andere, behält das menschliche Element im Auge. Er achtet darauf, dass die Bedürfnisse der Einzelnen nicht zu kurz kommen. Entscheidungen akzeptiert er und macht sie anderen verständlich.
- **Unterstützer:** Er liefert Einsichten und Hintergründe. Er kennt das Umfeld und trägt zur Umsetzung bei. Er macht deutlich, aus welchen Überzeugungen heraus das Team seine Aufgabe erfüllt und sorgt so dafür, dass es nicht von seinem Weg abkommt.
- **Koordinator:** Er kümmert sich um den reibungslosen Ablauf und die ordnungsgemäße Umsetzung. Er kennt die Fakten, versteht den Prozess und berücksichtigt auch die Details. Präzision und Genauigkeit der Informationen sind durch ihn gewährleistet.

- **Beobachter**: Er entwirft und analysiert die Konzepte, nach denen das Team arbeitet. Er dringt tief in die Probleme ein und erkennt deren Hintergründe und Ursachen. Er sorgt dafür, dass wenig Fehler im Detail entstehen.
- **Reformer**: Er bedenkt den logischen Ablauf und reagiert sofort, wenn etwas schief läuft. Er bedenkt das Für und Wider und entdeckt Widersprüche in Konzept oder Planung. Er sorgt dafür, dass die Pläne auch umgesetzt werden.

Ein derart zusammengesetztes Team ist ausgewogen in seiner Zusammensetzung. Es sind einerseits Typen vertreten, deren Augenmerk vor allem der Erfüllung der Aufgaben gilt:

Stärken:

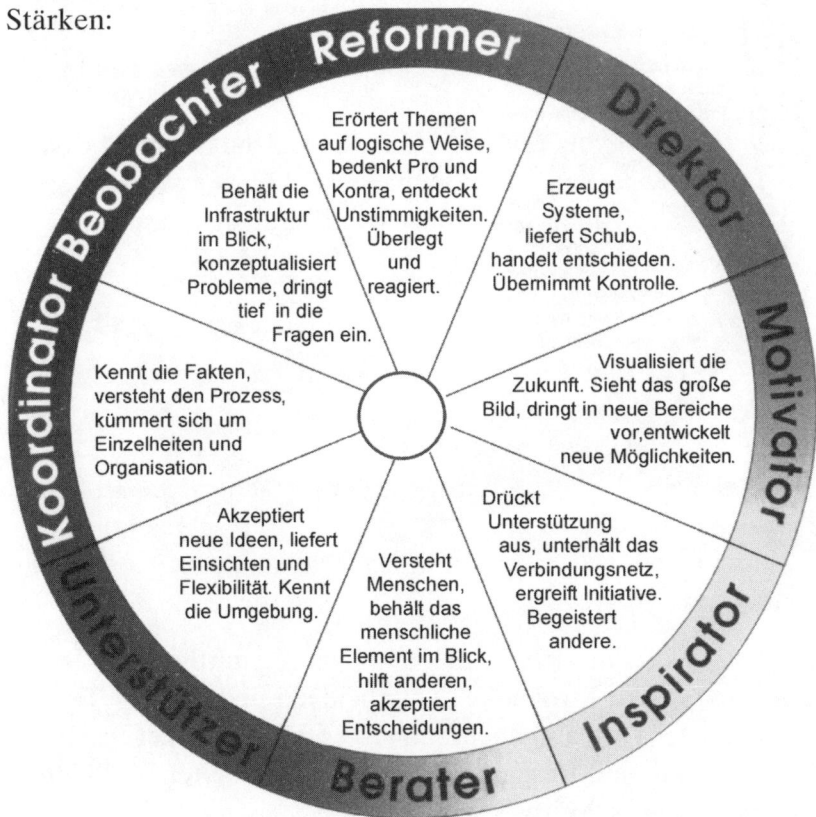

Auf der anderen Seite sind Persönlichkeitstypen vertreten, die sich besonders auf den Prozess konzentrieren und dafür sorgen, dass das Team harmonisch und motiviert arbeitet sowie gut miteinander kommuniziert:

Schwächen:

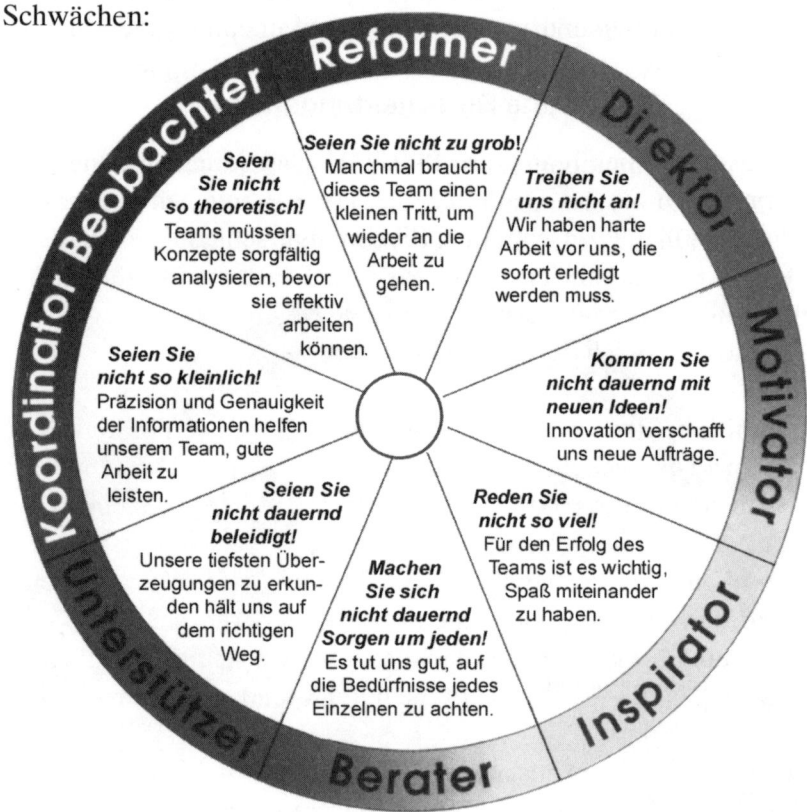

Versteht das Team, nicht zuletzt durch die Vermittlung des Teamleiters, dass beide Dynamiken entscheidend sind für die effektive Erfüllung der Teamaufgaben, dann ist es möglich, in gegenseitiger Anerkennung und Respekt miteinander zu arbeiten und Unterschiede als etwas Positives zu betrachten.

Ausgewogene Teams tragen auch dazu bei, dass die einzelnen Persönlichkeitstypen mehr Verständnis und Toleranz füreinander entwickeln. Gerade Typen, die einander auf dem Rad gegenüberliegen, also sehr unterschiedliche Verhaltensstile bevorzugen, lernen die Stärken des anderen zu schätzen. Typen, die dazwischen liegen, können vermitteln und zum gegenseitigen Verständnis beitragen.

Vierseitige Entscheidungsfindung

Ein ausgewogenes Team wird für die Entscheidungsfindung länger brauchen als ein Team, das aus lauter ähnlichen Typen besteht. Aber in die Entscheidung fließen unterschiedliche Perspektiven ein, was gewährleistet, das weniger Fehler und Irrtümer unterlaufen. Probleme werden von ausgewogenen Teams „vierseitig" gelöst, nämlich durch

1. **Intuition**: Ideen werden gesammelt, um Lösungen für das Problem zu entwickeln.
2. **Wahrnehmung**: Fakten werden zusammengetragen und Details des Problems betrachtet.
3. **Denken**: Das Problem wird objektiv analysiert, um Ursache und Wirkung jeder möglichen Lösung zu berücksichtigen.
4. **Fühlen**: Es wird darüber nachgedacht, wie sich die möglichen Lösungen des Problems auf die beteiligten Leute auswirken.

Um ein solches Team zusammenzustellen, ist es notwendig, *„kommunikationsorientierte Stellenanalysen"* zu machen. Sie leiten ein Stellenprofil nicht alleine aus den Fachaufgaben und den formalen Qualifikationskriterien her, sondern beziehen die Verhaltenstypen mit ein. Das gewährleistet, dass ein Teammitglied nicht nur die notwendigen Qualifikationen und Erfahrungen mitbringt, sondern auch eine Ergänzung für das Team hinsichtlich seines Verhaltensstils darstellt und entsprechend aufgaben- oder prozessorientierte Tätigkeiten im Team übernehmen kann.

DENKEN

Blau /Rot

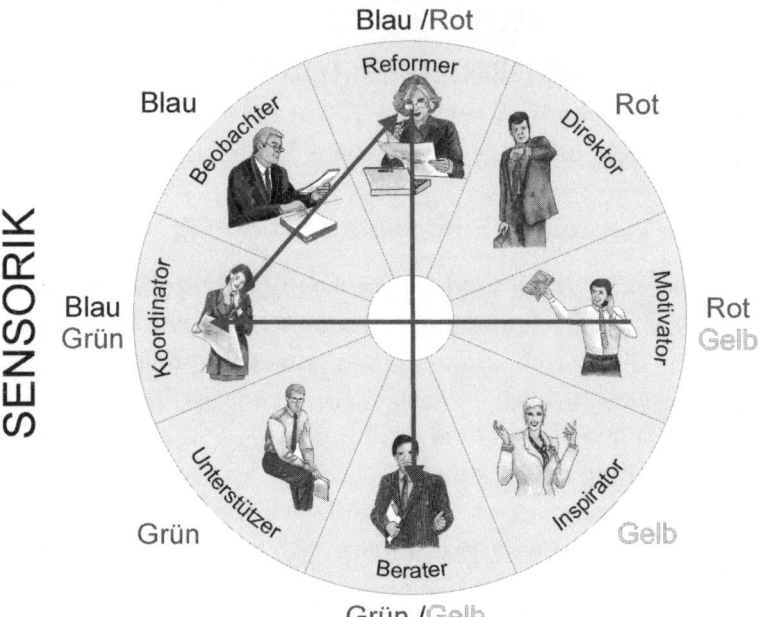

SENSORIK

INTUITION

Blau

Blau
Grün

Rot

Rot
Gelb

Grün

Gelb

Grün /Gelb

FÜHLEN

Teil V:
Der Masterplan für ein
stärkenzentriertes Leben

„Große Menschen sind genau in dem Maße groß geworden,
in dem sie ihre Kräfte auf wenige Punkte konzentriert haben. "
(Orison Sweet Marden)

„Reden ist Silber und Handeln ist Gold": Vielleicht haben Sie schon einige Ideen, lieber Leser, welche Strategien, Konzepte, Techniken und Übungen von *Stärken stärken* Sie in Ihr Leben übernehmen und dort integrieren wollen.

Möglicherweise haben Sie sogar so viele gute Ideen und Vorsätze, dass Ihnen die gleiche Gefahr droht, wie einigen unserer Coaching-Klienten, für die anfängliches Zu-viel-wollen fast die Straße zum Misserfolg geworden wäre.

Andere Kunden von uns haben sich zwar in weiser Selbstbeschränkung auf einige wenige Kernbereiche konzentriert, fanden dann zunächst aber keinen Weg, diese Stärke-Inseln im Meer des Durchschnittlichen organisch miteinander zu verbinden.

Nachdem wir unser Konzept des „Stärken-Coachings" über viele Jahre mit einigen hundert Unternehmern, Freiberuflern, Top-Verkäufern und Spitzensportlern, die wir persönlich betreuen, immer weiter perfektionieren konnten, möchten wir Ihnen jetzt unseren Masterplan für ein stärkenzentriertes Leben vorstellen – so wie er sich für die meisten Klienten am besten bewährt hat. Der Masterplan besteht aus neun zentralen Elementen:

1. Dem Herausarbeiten des eigenen Talentprofils.
2. Dem Herausarbeiten des eigenen Persönlichkeits- und Verhaltensprofils.
3. Der Bestimmung der eigenen Lebensaufgabe.
4. Dem Finden des richtigen Marktes und der richtigen Marktnische für die Lebensaufgabe und die eigenen Stärken .
5. Dem Entwickeln eines Expertenstatus für die beruflich genutzten Talente.
6. Der Definition des angestrebten Lebensstils für privat zu genießende Talente.
7. Der Entwicklung des persönlichen Masterplans: Wie komme ich vom Ist zum Soll?
8. Dem Aktionsplan: Wie praktizieren wir Verhaltensintelligenz bei der Umsetzung?
9. Der persönlichen Stärken-Scorecard (SSC) als Umsetzungskompass (siehe auch Christiani High Performance System unter www.Christiani-ag.de).

Neben diesen neun Elementen des Masterplans haben wir für Sie zum Abschluss noch einen besonderen Bonus vorbereitet: In Kapitel 15 stellen wir Ihnen einige der wirkungsvollsten Lerntechniken vor, mit denen Genies wie Leonardo da Vinci und Thomas Alva Edison ihre Talente zu Weltklassestärken entwickelt haben. Und in Kapitel 16 erfahren Sie dann, wie Sie selbst als Talent-Coach aktiv werden und Ihre Kinder oder Teamkollegen und Mitarbeiter unterstützen können, aus ihren Talenten und Stärken das Beste zu machen.

Damit der Text gut lesbar bleibt, haben wir für Sie die Frage-Checklisten und Arbeitsblätter zu den einzelnen Abschnitten im Anhang zusammengefasst. Falls Sie Lust haben, für die einzelnen Aufgaben unsere Original-Arbeitsblättern zu verwenden, können Sie sich diese von unserer Website www.talent-check.de herunterladen. Also, auf geht's zu Ihrem persönlichen Masterplan für ein starkes Leben!

15. Kapitel:
Wie Sie Ihr Leben auf Ihre Stärken fokussieren – die praktische Umsetzung

Das eigene Talentprofil klar herausarbeiten

Ihr Anspruch an sich selbst bei dieser Übung sollte sein, das Selbstbild Ihrer Stärken so kristallklar und gestochen scharf herauszuarbeiten, wie Sie es noch nie zuvor in Ihrem Leben getan haben. Denn je klarer Sie erkennen: „Dies hier sind meine Talente und Stärken und jene Dinge dort drüben sind meine Sache nicht", um so stabiler ist das Fundament, auf dem Ihr Masterplan ruht: Je höher wir hinaus wollen, um so sorgfältiger sollten wir die Basis vorbereiten: „Wer einen Eiffelturm baut, sollte beim Fundament nicht pfuschen."

Für ein Lebenskonzept voller Saft und Kraft, voller Enthusiasmus und Begeisterung, Leidenschaft und Passion ist unser Herz ein sehr viel besserer und weiserer Ratgeber als unser Kopf. Die erste Übung „Das lachende Herz" zum Talentprofil besteht deshalb darin, mit einem ganz feinen Kamm die Erinnerungen unserer Kindheit durchzugehen und eine möglichst lückenlose Liste all der Tätigkeiten zu erstellen, bei denen von Anfang an Ihr Herz gelacht und Ihre Seele jubiliert hat. Typischerweise muss man kein Sherlock Holmes oder Hercule Poirot zu sein, um sich selbst hier auf die Spur zu kommen.

Da wir von den Dingen, bei denen unser Herz vor Freude getanzt hat, natürlich nie genug kriegen konnten, durchziehen sie unsere Kindheit und Jugend zumeist wie ein roter Faden mit Dutzenden Beispielen:

Von meinem ersten Roller angefangen über Go-Carts, Fahrräder, Gleitschuhe, Schlitten, Skier bis hin zum ersten Moped war Geschwindigkeit für mich immer schon reines und pures Glück. Gelegentliche Unfälle haben mich davon ebenso wenig abbringen können wie die Kommentare meiner Eltern und Nachbarn vom „völlig Geisteskranken" oder die mahnenden Worte meiner Freunde, bei manchen Mopeds würde man eher stürzen, als dass der Ständer den Boden berühren könnte.

Ähnlich war es beim Lesen: Die ersten Jahre holperte ich ein bisschen, aber als ich es dann irgendwann richtig konnte, schleppte ich jede Woche aus der Stadtbücherei Berge von Sachbüchern nach Hause. Ich erinnere mich noch heute, dass ich als 14- oder 15-Jähriger ein Yoga-Buch ausleihen wollte und die Bibliothekarin sich die Übungsbilder darin anschaute, auf denen eine Dame im Gymnastikanzug zu sehen war. Sie entschied dann, ich dürfte das Buch nicht ausleihen, weil ich noch zu jung sei. Also las ich es im Lesesaal, um anschließend noch weniger zu wissen, wofür ich denn zu jung gewesen sein sollte.

Was ich Ihnen mit der Beschreibung dieser beiden Erinnerungen zurufen will, ist: Wovon unser Herz voll ist, das wissen wir Jahrzehnte später – lupenrein, kristallklar und in allen Einzelheiten. Und in aller Regel haben wir so viele Erinnerungsbeispiele zu jedem Talent, dass wir letzte Schatten des Zweifels („Hat mir das wirklich Freude gemacht?") leicht ausräumen können. Da es um Dinge geht, die wir von klein auf an geliebt haben, gilt auch hier das Testkriterium der Liebe: Wenn wir Zweifel haben, ob es wirklich Liebe ist, ist es im Zweifel keine Liebe.

Die zweite Übung „Leuchtende Augen im Erwachsenenalter" besteht darin, die Recherche vom freudigen Herzen und der jubelnden Seele im Erwachsenenalter fortzusetzen: Je mehr Aktivitäten Sie auflisten und je größer Ihre innere Identifikation mit jeder Tätigkeit ist, um so qualitativ hochwertiger ist Ihre Datenbasis für die nächste Übung. An der alten Computerweisheit „Garbage in, garbage out", hat sich bis heute nichts geändert.

Wie wir im vierten Kapitel herausgearbeitet haben, gibt es inhaltsbezogene Talente und Präferenzen (zum Beispiel Tennis spielen oder Maschinenbau) und kontextbezogene Begabungen (zum Beispiel lernen, helfen wollen, für andere da sein, bis zur Grenze gehen, sich selbst übertreffen wollen). Die dritte Übung „Talentmuster und Strukturen" lädt Sie deswegen ein, herauszufinden, ob und welche themenübergreifenden Konzepte es gibt, die Ihr Herz jubeln lassen.

Eine Präferenz für Geschwindigkeit ist beispielsweise genauso übergreifend wie eine Begabung zum Lernen oder Helfenwollen. Wenn Sie Geschwindigkeitsfan sind, dann wissen Sie: Was immer Sie tun – Autofahren, Skifahren oder im Büro den Schreibtisch bearbeiten – die Faszination, es mit Höchstgeschwindigkeit zu tun, ist Ihr Begleiter.

Und wenn es ein zentrales Thema Ihres Lebens ist, anderen Menschen zu helfen, dann ist es relativ gleichgültig, ob ein Nachbar einen Schraubenzieher ausborgen möchte, eine Arbeitskollegin Liebeskummer hat oder ein Bekannter von Ihnen einen neuen Job sucht: Der Kontext des Helfenkönnens und Gebrauchtwerdens lässt Ihr Herz höher schlagen!

Wenn wir uns unsere kontextbezogenen Präferenzen bewusst machen, ist dies in doppelter Weise nützlich. Zum einen gibt es uns ein ganz klares Bild der Kontexte und Umgebungen, in denen wir besonders gut wachsen; zum anderen zeigt es auch, wo Schwächen liegen können (Wenn Geschwindigkeit unser Lebenselixier ist, dann wird unsere Geduld sehr auf die Probe gestellt, wenn irgendwelche Bürokraten uns ihr Schneckentempo aufdrängen wollen. Oder: Wenn ich gerne alles lerne, was sich gerade anbietet, wächst die Gefahr, dass ich mich verzettle, anstatt mein Stärkenprofil weiter auszuprägen).

Wie wir im vierten Kapitel festgestellt haben, ist das, was wir mit freudigem Herzen tun, in aller Regel ein Talent – aber eben nicht immer. Die Tests zu den messbaren Grundintelligenzen geben Ihnen deshalb Gelegenheit, Ihre „Herzenserkenntnisse" in Übersicht 5 zu objektivieren.

Dies ist aus zwei Gründen zu empfehlen: Zum einen gibt unsere Neokortex regelmäßig erst dann grünes Licht, wenn neben dem Herzen auch unser Verstand aufgrund guter Gründe ja sagen kann. Zum anderen sagt unsere Begeisterung für eine Tätigkeit noch nichts über die Ausprägung unserer Begabung im Vergleich zu anderen Menschen aus: Wenn ich ein begeisterter und leidenschaftlicher Sänger bin, hilft mir das geschulte Ohr eines erfahrenen Gesanglehrers sehr, um zu erfahren, ob ich die Metropolitan-Oper oder besser nur den örtlichen Kirchenchor als Karriereziel ins Visier nehmen soll.

Anders gesagt: Ein Intelligenzquotient von 130 im Bereich logisch-mathematischer Intelligenz sichert die Berufswahl, Physiker zu werden, fundierter ab als das bloße Bauchgefühl, schon immer gerne mit Zahlen umgegangen zu sein.

Die Christiani-Unternehmer AG und das Scheelen-Institut haben deshalb ein umfangreiches Talent-Test-Instrumentarium entwickelt, das weit über die Testmöglichkeiten eines Buches hinausgeht. Wenn Sie Ihre Talente (oder die Ihrer Kinder oder Ihres Management- oder Vertriebsteams) als Ausgangsbasis für ein systematisches Talente-Entwicklungsprogramms noch präziser bestimmen wollen, dann finden Sie nähere Informationen bei www.talent-check.de.

Die sechste Übung bei der Herausarbeitung eines eigenen Talentprofils ist dann die Durchführung der Motivatorenanalyse.

Sie erlaubt Ihnen, an Ihren persönlichen Bestleistungen nachzuvollziehen, welche „Motivationsknöpfe" Sie aufgrund Ihrer Begabungen und Persönlichkeitsmerkmale besitzen, die Sie bei Bedarf über sich hinauswachsen lassen. Bitte notieren Sie Ihre wichtigsten Motivatoren in Übersicht 6.

Die siebte Übersicht zum Talentprofil besteht dann darin, Ihr bisheriges Ergebnis mit den 34 Talentprofilen der Gallup-Organisation abzugleichen. Bei meiner Selbsteinschätzung habe ich mich in elf der 34 Talentfelder ganz oder teilweise wiedererkannt. Als ich dann Gallups Internet-Test zur Objektivierung gemacht habe, wurden mir in der Tat fünf meiner elf Vermutungen als „Haupttalente" bestätigt. Da ich mich in der Gewichtung des

Gallup-Tests weitgehend wiedergefunden habe, kann ich Ihnen den Test weiterempfehlen.

Die nächsten drei Übungen zum Erstellen Ihres Talente- und Stärkenprofils bestehen darin, die INSIGHTS-Analyse zu Ihren Werten, Verhaltenspräferenzen und Verhaltensstärken durchzuführen (siehe die INSIGHTS-Werteanalyse auf S. 183ff., die Analyse der Verhaltenspräferenzen und der daraus resultierenden Persönlichkeitstypen S. 196ff. und die Verhaltenskompetenzanalyse auf S. 231ff.).

Die elfte und letzte Übung zum Erstellen des Talentprofils besteht darin, für Ihre Talente eine erste – noch unverbindliche – Vorauswahl zu treffen in solche Talente, die Sie beruflich nutzen wollen, und die, die Sie in Ihr Lebenskonzept privat integrieren: Nachdem ich in meinem Beruf als Management-Coach sehr glücklich bin, steht für mich ein Berufswechsel zum Bergführer, Skilehrer, Testfahrer oder Rennprofi nicht an. Die damit verbundenen Aktivitäten konnte ich deshalb direkt als zentrale Elemente für meinen privaten Lebensstil verbuchen.

Überlegen Sie bei der elften Übung auch, welche Chancen Sie haben, den Einsatz beruflicher und privater Begabungen zu kombinieren: Für mich bietet es sich z.B. an, Strategieseminare mit den Vorständen eines Großunternehmens in Form einer einwöchigen Alpenüberquerung mit dem Mountainbike aktiviert beispielsweise das limbische System der Teilnehmer auf ganz besondere Weise.

Konzepte, die bei Tagesetappen von 1600 Höhenmetern diskutiert und abends am Lagerfeuer mit Handschlag verabschiedet werden, haben deswegen einen anderen Teamspirit als das, was in palisander-getäfelten Konferenzräumen und dunkelblauen Zweireihern verabschiedet wird.

Die eigene Lebensaufgabe bestimmen

In der indischen Weisheitslehre gibt es das Erfolgsgesetz des Dharma. Dharma ist ein Wort aus dem Sanskrit und bedeutet *Lebensauftrag* oder Lebensvision.

Diesem Gesetz zufolge haben wir alle ein einzigartiges Talent und eine einzigartige Art, dieses auszudrücken. Die Inder glauben, dass es für jeden von uns einen Grund gibt, warum wir auf der Welt sind, und dass es unsere Aufgabe ist, diesen Grund herauszufinden und durch das Ausleben unserer Talente zu erfüllen.

Die Frage, ob unser Leben einen „objektiven", uns vorgegebenen Sinn hat oder ob wir sogar Schöpfer unseres Schicksals sind und unseren Lebenssinn subjektiv selbst festlegen können, muss jeder für sich persönlich beantworten.

Dass die Orientierung auf einen höchsten Lebenssinn hin – unsere Lebensmission – sehr hilfreich ist, ist dagegen unter religiösen wie weltanschaulich neutralen Erfolgslehrern unbestritten.

Wer seine Lebensmission kennt und weiß, welche Vermächtnis er der Welt hinterlassen will, der hat den Fixpunkt gefunden, an dem sein Leben größer wird und über seine individuelle Existenz hinausweist.

Dieser feste Punkt erlaubt uns, alle unsere Werte und unser ganzes Handeln auf ihn auszurichten. Er wird damit für unser Leben bildhaft gesprochen zu dem festen Punkt, den Archimedes gesucht hatte, um die ganze Welt aus den Angeln heben zu können.

Die Empfehlung vieler Werke der Erfolgsliteratur, eine Lebensaufgabe auszuwählen und sich für diese zu entscheiden, funktioniert in der Praxis meist deswegen nicht, weil der willige Leser überhaupt nicht weiß, wo er mit der Suche beginnen soll.

Wer dagegen ein glasklares Bild seiner stärksten Talente hat, für den wird die Bestimmung des Lebenssinns sehr viel leichter: Meine Haupttalente waren im Gallup-Test beispielsweise Erfolgsorientierung, Kommunikation, strategisches Denken, Lernen und der Wunsch nach Bedeutung. Eine Kombination dieser Talente könnte beispielsweise darin liegen, möglichst viel über die Mechanismen des beruflichen Erfolges zu *lernen*. Dann könnte ich mein *strategisches Denken* nutzen, um die Spreu vom Weizen zu trennen und komplexe Sachverhalte so klar und einfach zu strukturieren, dass sie leicht beherrschbar werden. Anschließend könnte ich dieses Management-Know-how überzeugend *kommunizieren*, so wie ich als Erstklässler immer schon „Lehrer, aber nicht für's ABC" werden wollte. Und mein *Wunsch nach Bedeutung* und *Erfolgsorientierung* könnte mich dann motivieren, möglichst gute Arbeitsergebnisse abzuliefern.

Meine Lebensvision ließe sich dann beispielsweise in die Worte fassen: „*Meine Lebensaufgabe ist es, Menschen zu inspirieren und zu coachen, ihre Stärken zu erkennen und zu eigenem und fremdem Wohle zu entwickeln.*"

(Wenn mich Kunden fragen, warum ich nicht nur Persönlichkeitscoach *[Weck den Sieger in dir]* und nicht nur Marketingexperte *[Magnet-Marketing – Erfolgsregeln für die Märkte der Zukunft]* sein möchte, dann liegt die letzte Antwort in genau dieser Lebensmission: Persönlichkeit ohne Marketing-Know-how – so bedauerlich es ist – zählt heute wenig; und Imageoptimierung ohne persönliche Substanz hat langfristig – Gott sei Dank – ebenfalls keinen Erfolg. Also ist meine Aufgabe in dieser Welt, Menschen und Unternehmen zu helfen, Qualität zu entwickeln und diese Qualität dann optimal zu verkaufen.)

Die zwölfte Übung des Masterplans lädt Sie ein, Ihre Lebensaufgabe zu formulieren. Fragen Sie sich, in welchem Business ein Mensch mit Ihren einzigartigen Talenten und Stärken idealerweise tätig sein könnte. Was könnten Sie für Ihre Kunden besser tun als die meisten anderen? Welchen Effekt könnte die lebenslange Entfaltung Ihrer Talente auf das Leben oder die Arbeit anderer Menschen haben?

Für die eigenen Talente die
ideale Marktpassung suchen

Vielleicht können Sie sich noch an Mark Spitz erinnern – den Mann, der 1972 bei den Olympischen Spielen sieben Goldmedaillen gewann und damit zu einem der erfolgreichsten Schwimmer aller Zeiten wurde.

Die Chancen stehen relativ gut, dass jeder von uns, der damals gegen Mark Spitz hätte antreten müssen, zweiter Sieger geworden wäre – unabhängig davon, ob der Wettkampf stromaufwärts, stromabwärts oder aber in stehendem Gewässer ausgetragen worden wäre.

Nun mal angenommen, Sie hätten gegen Mark Spitz ein Rennen stromabwärts organisieren können, bei dem er die ruhige Bahn in Ufernähe und Sie die mit der Hauptströmung in Flussmitte bekommen hätten.

In diesem Falle hätten Sie als Hobbyschwimmer, der nie über den Gewinn einer Stadtmeisterschaft hinausgekommen ist, ausgezeichnete Chancen, den größten Schwimmstar aller Zeiten abzuhängen.

Was die Strömung beim Schwimmen ist, das sind die Markt- und Branchentrends in der Wirtschaft. Weil Menschen und Unternehmen sich in permanenter Interaktion mit ihrer Umwelt entwickeln, wird auch weltmeisterliches unternehmerisches Talent in den falschen Märkten und Branchen dahindümpeln, während den unternehmerischen Stadtmeistern im richtigen Marktumfeld Flügel wachsen.

Bill Gates hätte mit seinem unternehmerischen Talent sicher auch als Möbelhändler eine Familie ernähren können, aber es ist sehr zweifelhaft, ob er mit einer Möbel- und Matratzenfirma namens Microsoft nur in die Reichweite seines Microsoft-Software-Erfolgs gekommen wäre.

Die 13. Übung des Stärken-Masterplans lädt Sie deswegen ein, sich eine ideale Talent-Marktpassung zu erarbeiten. Fragen Sie sich deswegen:

Welches Entwicklungspotenzial haben die von mir ins Auge gefassten Branchen? In welcher Wachstumsbranche werden meine Talente besonders gebraucht? Wo werden sie besonders gefördert?

Die Frage dieser Talent-Marktpassung ist für unseren beruflichen Erfolg von zentraler Bedeutung. Da ich die Trends der Wirtschaft von morgen in einem anderen Buch (*Magnet-Marketing – Erfolgsregeln für die Märkte der Zukunft*, Frankfurt 2002, Bestellung möglich über www.christiani-ag.de) beschrieben habe, lade ich Sie ein, sich dort mit dem Potenzial der unterschiedlichen Märkte und Branchen im Detail zu befassen, wenn dieses Thema Sie näher interessiert.

Die Positionierung als Experte

Hier geht es in Ihrem Masterplan um die Frage, wie Sie mit Ihren Talenten sichtbar mehr Nutzen bieten als Ihre Mitbewerber.

Angenommen, Ihre Intelligenzen, Talente und Persönlichkeitseigenschaften würden Sie dazu befähigen, ein außerordentlich guter Kinderarzt zu sein. Wie schaffen Sie es dann, in einer kleineren Stadt mit fünf Kinderarztpraxen der Kinderarzt zu sein, der in den Augen der Mütter „das beste Händchen" für ihre Kinder hat? Wie werden Sie zu demjenigen, dessen Wartezimmer immer magische 30 Prozent voller ist als das seiner Kollegen? Wie schaffen Sie es, dass die Eltern bei Ihnen längere Wartezeiten gerne in Kauf nehmen, weil Sie Ihnen blind vertrauen?

Wir alle wissen aus eigener Erfahrung: In jeder Stadt gibt es Ärzte – Hausärzte, Orthopäden, Zahnärzte, Kinderärzte, Urologen –, deren Praxis 30 Prozent mehr frequentiert wird als die ihrer Kollegen. Wir wissen auch, dass 30 Prozent mehr Kundenfrequenz bei dem hohen Fixkostenblock einer Arztpraxis möglicherweise 100 Prozent mehr Gewinn bedeutet. Und wir ahnen alle, dass „der beste Doktor der Stadt" nicht 100 Prozent besser ist als seine Kollegen. Vielleicht ist er – wenn überhaupt – nur 3 Prozent besser, *versteht es jedoch meisterhaft, seinen Nutzenvorsprung sichtbar besser zu kommunizieren.*

Möglicherweise verblüfft der „beste Kinderarzt der Stadt" Ihren Jüngsten mit detailliertem Wissen um Pokemon und Digimon – weshalb der Kleine den nächsten Impftermin kaum noch abwarten kann.

Da wir als Amateure die Qualität vieler Dienstleister nicht objektiv beurteilen können, machen wir unser Urteil an den Kleinigkeiten fest, die wir beobachten können: Der fleckige Kittel einer Arzthelferin lässt uns vermuten, dass man es in dieser Praxis mit der Hygiene nicht so genau nimmt, während umfangreiche Pokemon-Kenntnisse, die der Doktor im Smalltalk mit unserem Sohnemann durchblicken lässt, sein Herz für Kinder enthüllt.

Wie Sie an diesem Beispiel sehen, erfordert die Positionierung als Experte *unabhängig vom fachlichen Können ein eigenes Know-how zur Kommunikation dieses Könnens.*

Übung 14 gibt Ihnen deshalb die Gelegenheit, sich mit den wichtigsten strategischen Schlüsselfragen hierzu zu beschäftigen (das komplette Strategie-Know-how finden Sie in *Magnet-Marketing*, a.a.O., S. 155ff.).

- Wo kann ich mit meinen Talenten sichtbar (mindestens 30 Prozent) mehr Nutzen bieten als andere?
- Kann ich durch Spezialisierung auf die Bedürfnisse bestimmter Zielgruppen einen sichtbaren Mehrnutzen bieten?
- Wie kann ich mein Unternehmen (mich selbst) durch die richtige Kommunikation als Marke in den Köpfen meiner Kunden verankern?
- Wie würde mein Business in fünf Jahren aussehen, wenn ich dann unangefochtener Marktführer bin?

Die Entwicklung eines talentezentrierten Lebensstils

Oft verbringen wir Zeit mit Tätigkeiten, die uns nichts bedeuten, an Orten, die uns gleichgültig sind, und das möglicherweise noch mit Menschen, die uns ebenfalls egal sind – und das nur aus einem einzigen Grund: *Weil wir glauben, wir müssten diese Dinge tun.*

Ob Sie in Ihrem Leben zumindest überwiegend in der richtigen Richtung zur Motivation, Erfüllung, Begeisterung und Enthusiasmus unterwegs sind, lässt sich an einigen Frühwarnsignalen schnell überprüfen:

1. Haben Sie öfter das unterschwellige Gefühl, dass Ihrem Leben etwas fehlt?
2. Haben Sie manchmal das Gefühl, dass Sie irgendwo nicht im Einklang sind mit sich selbst oder in Ihrem Leben irgendetwas falsch läuft?
3. Gibt es Menschen in Ihrem Leben, die dazu beitragen, dass Sie öfter unglücklich sind?
4. Verspüren Sie einen starken Drang nach Veränderung?
5. Fühlen Sie sich morgens öfter leer als energiegeladen?
6. Würden Sie Menschen, Aufgaben, Telefonaten, Briefen und Routinen lieber aus dem Weg gehen, wenn dazu die Möglichkeit bestünde?
7. Gibt es nichts, was Sie entweder motivieren oder demotivieren könnte (weil Sie sich nämlich von wichtigen Dingen, die Sie berühren könnten, ohnehin schon zurückgezogen haben)?
8. Haben Sie keine großen, leidenschaftlichen Wünsche mehr oder wissen Sie nicht mehr genau, wie diese Wünsche aussehen?

Wenn Sie einige dieser Fragen bejaht haben, spricht viel für die Diagnose: *„Geschieden von Ihrem Herzen"*, wie die Amerikaner dies sehr plastisch ausdrücken (divorced from your heart).

Was Ihr Leben in diesem Fall braucht, ist eine massive Injektion von Freude, Lust, Spaß und Begeisterung, damit Ihr limbisches System umschalten kann von „Druck in der Magengrube" zu „Hüpfen im Herzen".

Machen Sie sich bewusst, dass Freude, Begeisterung, Lust und Liebe unser ganzes Leben durchdringen und alle Wahrnehmungen emotional einfärben: Wer frisch verliebt ist, sieht die Welt in einem völlig anderen (rosaroten) Licht. Er ist fröhlicher, optimistischer, großzügiger, aufgeschlossener – in einem Wort: seine Emotionen fließen und expandieren. Ob der Grund dafür die Liebe zu einem Menschen, einer Idee, einem Projekt oder einem neuen Oldtimer ist, ist dabei weniger entscheidend.

Wer liebt, ist ein besserer Vater, eine bessere Mutter, ein besserer Chef, ein besserer Nachbar – zusammengefasst also – ein besserer Mensch. Je mehr also Ihr Lebensstil exakt um die Dinge herumgeschneidert ist, die Sie schon immer liebend gern getan haben, um so mehr Positiv-Gelegenheiten geben Sie sich selbst, Ihr Leben zu lieben.

Für alle, die glauben, man müsse erst alle anderen glücklich machen, bevor man anfangen dürfe, sich um sein eigenes Glück zu kümmern, wollen wir daran erinnern, dass unser Tun dem Sein folgt.

Wenn Sie den Tag als glückliche Mutter oder glücklicher Vater starten, dann steckt Ihr Glück Ihre Kinder an. Und alle Brote, die Sie Ihren Kindern schmieren mit dem Gesichtsausdruck „Dass-ich-mich-wieder-um-euch-kümmern-muss-obwohl-ich-doch-so-gestresst-bin", gehen Ihren Kids auf den Geist – und es ist nur eine Frage der Zeit, bis sie es Ihnen sagen!

Entscheiden Sie sich also höchst eigennützig – und im Interesse aller Menschen, mit denen Sie zu tun haben – Ihren Lebensstil punktgenau auf Ihre Talente auszurichten. Übung 15 lädt Sie dazu unter anderem mit den vier strategischen Fokus-Fragen ein:

- Von welchen Aktivitäten sollten Sie mehr in Ihrem Leben haben, um Ihre Talente und Stärken auszuleben?

- Von welchen Aufgaben und Routinen sollten Sie weniger haben, weil sie Sie am Ausleben dessen hindern, was Sie lieben?
- Welche Aktivitäten sollten Sie in Ihrem Leben neu starten?
- Und welche Aktivitäten sollten Sie in Ihrem Leben komplett stoppen?

Übung 16 gibt Ihnen dann Gelegenheit, diese Vorüberlegungen zu einer „Lebensstil-Vision" weiterzuentwickeln: Angenommen, Sie wären in fünf Jahren soweit, Ihr Leben komplett an Ihren Stärken auszurichten:

- Wie sieht dann ein „Bilderbuchjahr" in Ihrem starken Leben aus? Schreiben Sie dazu ein detailliertes Drehbuch, je genauer, desto besser!
- Wie sieht in Ihrem stärkezentrierten Leben dann eine „Bilderbuchwoche" aus?
- Und wie sieht ein „Bilderbuchtag" aus, dem Sie ausschließlich Ihre Stärken widmen?

Die Ausarbeitung des stärkezentrierten Masterplans

Über Planung – die Konzeption des Weges vom Ist zum Soll – ist bereits in vielen Büchern Wichtiges gesagt worden. Wir beschränken uns hier deshalb auf Anmerkungen zur Planungsmethodik, die sich aus den Besonderheiten des stärkezentrierten Lebenskonzepts ergeben. Die Grundüberzeugung, aus der heraus wir dieses Buch geschrieben haben, heißt: Erfolgreich und glücklich ist langfristig nur der, deren Leben um seine Talente herum lebt und diese mit Wissen und Skills entfaltet. Nur dann nämlich können wir die Frage: „Leben wir unser Leben?" ehrlichen Herzens mit Ja beantworten.

Wenn Sie an Gott glauben und sich vorstellen, eines Tages von ihm gefragt zu werden: „Hast Du Dein Leben gelebt und Deine Talente zum Wohlergehen von Dir und Deinen Mitmenschen genutzt?", dann können Sie aufrichtig und aus tiefster Überzeugung mit Ja antworten.

Wir empfehlen Ihnen deshalb, Ihre Talente als das Rückgrat Ihrer Planung zu verwenden und alle Entwicklungsschritte auf die Entfaltung Ihrer Talente und Stärken auszurichten. Unser Arbeitsblatt „Das Talente-Entwicklungstableau" gibt Ihnen die Möglichkeit, alle Planungsmaßnahmen auf Ihre Talente zu fokussieren.

Zum Erreichen einiger Ziele Ihres Masterplans werden Sie vermutlich Ressourcen benötigen – unter anderem Talente, Wissen oder Skills –, die Ihnen zurzeit noch fehlen. Die präzise Feststellung, ob etwas eine Talent-, Wissens- oder Skill-Schwäche ist, wird in der Praxis nicht immer leicht sein, weil die Übergänge fließend sein können.

Die Faustformel heißt: Erwerben Sie das nötige Wissen und die erforderlichen Skills. Wenn Ihre Performance dann immer noch nicht optimal ist, dürfte es sich um ein Talentdefizit handeln.

Angenommen, Ihre Masterplanziele würden ein hohes Maß an Selbstorganisation erfordern, zu der Sie sich bisher weder durch gutes Zureden Ihrer Eltern noch durch die Notwendigkeiten Ihrer Berufsausbildung aufraffen konnten.

Wenn Sie sich noch nie mit Organisationswissen und -skills beschäftigt haben, sollten Sie sich durch den Besuch eines guten Seminars oder die Lektüre entsprechender Bücher die Chance geben, Ihr Selbstorganisationspotenzial zu entdecken. Wenn dies nicht fruchtet oder diverse Zeitmanagementseminare an Ihnen schon in der Vergangenheit spurlos vorübergegangen sind, dann sollten Sie lernen, Ihre Schwäche zu managen, damit sie nicht langfristig Ihr Masterplanziel gefährdet. Hierbei haben sich folgende Wege bewährt:

a) Das Redesign der Aufgabe

Wenn Ihr Projekt viel Selbstorganisationsaufwand beinhaltet, dann muss darüber ja noch nicht das letzte Wort gesprochen sein. Vielleicht wäre es sehr viel praxisorientierter, sich auf die Erhebung von 10 Prozent der ursprünglich angedachten Informationen zu beschränken: Falls dies die wirklich relevanten Informationen sind, erhöht dieser Schritt die gedankliche Klarheit bei allen Beteiligten. Dass hochbegabte Controller über diese Ferne vom organisatiorischen Optimum betrübt sind, lässt sich verschmerzen.

b) Teams mit Komplementärbegabungen zusammenstellen

Entgegen der Vermutung vieler Menschen sind „rundherum" hochbegabte Menschen wie Leonardo da Vinci höchst selten. Auch wenn manche Lernpsychologen das Märchen von der ausgewogenen Spitzenbegabung weiter pflegen,[40] zeigen Untersuchungen an vielen Tausend Spitzenleistern das genaue Gegenteil[41]:

Die meisten Top-Performer sind in einigen zentralen Schlüsselbereichen ihrer Leistung absolute Spitze *und beherrschen darüber hinaus die Kunst, Menschen mit Komplementärbegabungen für sich zu gewinnen und zu einem Team zusammenzuschweißen, das sie optimal entlastet und unterstützt.*

Diese Fähigkeit erfordert in aller Regel mehr persönliche Souveränität, als auf den ersten Blick zu erkennen ist, und ist deshalb eher selten. Sie setzt nämlich voraus:

1. Ein Bewusstsein der eigenen Stärken und Schwächen.
2. Die Fähigkeit, die Talente anderer zu erkennen.
3. Das Eingeständnis eigener Grenzen und die Fähigkeit, andere gerade dort um Unterstützung bitten zu können.
4. Das Selbstvertrauen, sich durch die Stärken anderer nicht bedroht zu fühlen.

---

[40] Vgl. T. Buzan, Buzan's Book of Genius, a.a.O., S. 11 u. S. 13 ff.
[41] Buckingham, Clifton, a.a.O., S. 26

5. Die Flexibilität, die spontane Anziehung des „Gleich und Gleich gesellt sich gern" hinter sich lassen zu können: Diese soziale Kompetzenz bedingt beispielsweise, dass Sie als ideenorientierter Schnelldenker auf einen „langweiligen" Umsetzer zugehen und mit ihm trotz aller persönlichen Unterschiede eine dauerhafte Partnerschaft eingehen können.

Auch wenn dieses Vorgehen zu Beginn zu einem „Stretching" Ihrer interpersonalen Talente führen sollte: Es zumindest teilweise zu beherrschen, ist auf dem Weg nach oben unverzichtbar!

c) Stärken zur Kompensation der Schwäche einsetzen

Als Arnold Schwarzenegger vom mehrfachen Bodybuilding-Weltmeister ins Schauspielfach überwechselte, waren seine schauspielerischen Leistungen auch bei wohlwollender Beurteilung eher bescheiden. Die virtuose Beherrschung seiner Mimik und seines stimmlichen Ausdrucks war nicht so ausgeprägt, dass er als Charakterdarsteller hätte Karriere machen können.

Arnold entschied sich deswegen nicht nur für Action-Rollen als Conan und Terminator, die sein herkulisches Aussehen gut zur Geltung brachten, sondern sorgte auch dafür, dass seine Helden-Charaktere sich durch eine eingefrorene Mimik auszeichneten und die Dialoge auf Einzeiler beschränkt blieben („I'll be back!").

Überlegen Sie deswegen auch, wo Sie aufgrund Ihrer Stärken das Privileg ausspielen können, dass Ihre Schwächen als Rollenbestandteil akzeptiert werden und Ihr Image möglicherweise sogar weiter verstärken.

Wenn Sie der wirklich Kreative in Ihrer Werbeagentur sind, dann nimmt man Ihnen ab, dass Sie vor zwölf Uhr mittags keine wirklichen Eingebungen haben, auch wenn Sie als Faulpelz nur nicht früher aus dem Bett kommen.

Merke: Charismatische Exzentriker vermarkten ihre Schwächen als Ausdruck ihres Genies; ein wenig von ihrem *„Ich bin so, wie ich bin – wenn ihr mich wollt, akzeptiert das Gesamtpaket"* dürfen wir uns durchaus abschauen.

d) Etwas besser werden

Shinichi Suzuki, der Begründer der weltbekannten Suzuki-Music-Scools, erklärt seinen Optimismus für das menschliche Lernpotenzial mit der Erkenntnis: „Alle Japaner können japanisch." Da es auch bei den Japanern Menschen gibt, die ihre Sprache nur auf Hauptschulniveau beherrschen, während andere mit ihrer Sprach-Performance in der Welt der Dichter und Denker zuhause sind, kann die Erkenntnis von Herrn Suzuki nicht den Talentfaktor aus der Welt schaffen.

Sie zeigt jedoch, dass wir alle über ein Grundlernpotenzial verfügen: Vermutlich kann jeder gesunde Mensch nicht nur seine Muttersprache lernen, sondern könnte – wenn es sein müsste – seinen Lebensunterhalt auch als Klempner, Dachdecker, Möbelbauer, Friseur oder Taxifahrer verdienen: Auch wenn unser Talent nicht dazu ausreichen sollte, dass uns irgendjemand in diesen Disziplinen als Spitzenleister akzeptieren würde, so könnten wir alle vermutlich doch einen ausreichenden Berufsschulabschluss hinlegen.

Wenn es um Kommunikation, Selbstmotivation, Selbstorganisation und einige andere nicht delegierbare Fähigkeiten geht, dann sind wir alle auf einen solchen Minimal-Standard angewiesen.

Und wer sich bewusst für einen solchen Mindeststandard zur Schadensbegrenzung entscheidet, der weiß, dass er damit zufrieden sein kann. Er braucht sich in weiser Selbstbeschränkung nicht selbst zu beschimpfen wie die, die glauben, überall perfekt sein zu müssen.

e) Ein Supportsystem einrichten

Wenn Sie das Office-Team der Christiani Unternehmer AG kennen lernen, dann werden Sie bei Nachfrage schnell fest-

stellen, dass die Damen und Herren dort nicht davon überzeugt sind, dass ich den Hauptschullevel vernünftiger Selbstorganisation schon erreicht habe. Da unser Team mir ein Su-
per-Supportsystem gebaut hat (Dokumente bekomme ich in
Kopie, damit ich das Original nicht verlegen kann; Termin-
erinnerungen erfolgen vorsichtshalber doppelt usw.) passiert
zweierlei:

Erstens gibt es ein organisatorisches Sicherheitsnetz, das mich
auffängt, bevor ich abfliegen kann, und zweitens inspiriert es
mich, unter lauter guten Organisatoren nicht ständig als der
Oberdepp dazustehen. Bauen Sie sich also um Ihre Schwächen ein Supportsystem, das Sie in Organisation und Motivation unterstützt!

**f) Das Commitment, den Masterplan der Stärke umzusetzen
und unserem Leben eine neue Richtung zu geben**

Abschließend ein letzter zentraler Punkt: die Verabschiedung
Ihres Masterplans und das Commitment, ihn in die Tat umzusetzen.

Hier wissen wir aus unseren Einzelcoachings, dass dieser
Punkt um so größere Schwierigkeiten bereitet, je mehr das
Konzept des stärkezentrierten Lebens von dem Leben ab-
weicht, das ein Mensch bislang gelebt hat.

Wenn Ihnen nach 20 Jahren anwaltlicher Tätigkeit bewusst
wird, dass Sie nur deshalb Anwalt geworden sind, weil Ihr Vater und Ihr Großvater Rechtsanwälte waren, Sie aber viel lieber Arzt geworden wären, weil das Ihrem Lebensthema vom
Heilen und Helfen besser entsprochen hätte, dann kann Ihnen
die Entscheidung, ob Sie noch umsatteln sollen, niemand ab-
nehmen.

Albert Schweitzer gab mit 38 Jahren eine Karriere als einer
der europaweit führenden Organisten auf, um als Mediziner
den Menschen in Afrika zu helfen.

Manfred Köhnlechner war Topmanager bei Bertelsmann, als
er seine wahre Berufung als Heiler entdeckte und in wenigen

Jahren zu einem der bekanntesten und erfolgreichsten Heilpraktiker Deutschlands wurde.

Es gibt unzählige Beispiele, die zeigen, dass es nie zu spät ist, eine Karriere auf der Basis unserer stärksten Stärken zu starten, weil wir dort oft in wenigen Jahren erreichen, was uns anderswo ein ganzes Berufsleben lang verwehrt bleibt.

In einer Welt, in der sich die Zahl der Berufe in den letzten 50 Jahren mehr als verhundertfacht hat, besteht für jeden von uns die Chance, das Tätigkeitsprofil zu finden, das maßgeschneidert zu uns passt.

Ob wir den Preis für eine völlig neue Karriererichtung bezahlen sollten, hängt zum einen davon ab, wie sehr wir an dem hängen, was wir aufgeben. Zum anderen ist entscheidend, wie stark wir darunter leiden, in dem gefangen zu sein, wo wir heute sind. Nur Ihr Herz weiß, welchen Preis Sie bezahlen, und deswegen kann auch nur Ihr Herz für Sie richtig entscheiden.

Mit einem Blick auf unsere Kultur lässt sich als grobe Richtschnur allerdings festhalten, dass die Selbstverständlichkeit, mit der wir daran gewöhnt sind, beruflich unsere Seele zum Verstummen zu bringen, beunruhigend ist.

Deshalb erlauben wir uns den Hinweis, dass wir für die Kompromisse unseres Herzens regelmäßig den höchsten Preis bezahlen in Form von Selbstachtungs-, Selbstvertrauens- und Selbstmotivationsdefiziten.

Viele Menschen stellen dann mit der Weisheit des Alters fest, dass der Preis für solche oft faulen Kompromisse viel zu hoch war. In Abwandlung des alten Rechtsgrundsatzes gilt deswegen: „Im Zweifel für unser Herz und für unsere Stärken".

Der Aktionsplan: Verhaltensintelligenz bei der Umsetzung

Aufbauend auf den Prinzipien der „stammhirngesteuerten" Verhaltensintelligenz, die wir Ihnen im fünften Kapitel vorgestellt haben, unterscheiden sich unsere Umsetzungskonzepte sehr deutlich von dem, was allgemein zur Verhaltensänderung – meistens unter der Überschrift „Motivation für und durch klare Ziele" – angeboten wird. Unser Konzept basiert auf den fundamentalen musterprägenden Kontexten von

1. Zeitkategorien,
2. Routinen,
3. Ritualen,
4. Raumkategorien und
5. der Visualisierung von Werte- und Archetypen-Strukturen.

Zeitkategorie

Von Altmeister Johann Wolfgang von Goethe – einem Menschen, der sicher frei ist von dem Verdacht, mit Geistesgaben kümmerlich bedacht worden zu sein – stammt der Satz: *„Gegenüber der Fähigkeit, die Arbeit eines einzigen Tages sinnvoll zu planen, ist alles andere im Leben ein Kinderspiel."*

Derselbe Goethe, der auf der ewigen Weltbestenliste aller Genies von Tony Buzan als das viertgrößte Genie aller Zeiten geführt wird, erkannte auch: *„Alle bedeutenden Menschen, die in ihrer Lebensweise eine gewisse Regelmäßigkeit und feste Grundsätze besitzen..., können sehr leicht in den Augen oberflächlicher Betrachter als Pedanten erscheinen."*

Wir glauben, dass wir Ihnen ein Organisationsprinzip zur Tagesgestaltung anbieten können, das vermutlich auch Goethe angenehm überrascht hätte, weil es seinen Anforderungen zur sinnvollen Planung, der Regelmäßigkeit und Grundsatzorientierung vollständig entspricht.

Stellen Sie sich einmal vor, Sie hätten die Möglichkeit, Ihren idealen Tag, an dem Sie möglichst viele Ihrer Talente und Stärken leben wollen, systematisch zusammenzubauen:

Sie bekämen dazu insgesamt 100 Klötze, von denen jeder einen Zeitwert von zehn Minuten hätte und zugleich 1 Prozent der insgesamt zur Verfügung stehenden Aktivzeit repräsentieren würde. Die Klötze gäbe es in verschiedenen Farben, zum Beispiel in Rot für aktive Arbeitszeiten, in Grün für Muße und in einem schönen Braun für „Erhaltungsaktivitäten" wie Rasieren, Duschen, Essen und Körperpflege.

Sie könnten sich beliebig viele Arbeits-, Muße-, Freizeit- und sonstige Blocks nehmen und müssten nur darauf achten, dass Sie insgesamt nicht mehr als hundert Klötze verbauen. Anschließend würden Sie Ihren idealen Stärkentag mutig zusammenstellen und ihn dann am nächsten Tag testweise leben. Dabei würde Ihnen dann beispielsweise auffallen, dass Sie nach dem Mittagessen lieber zwei grüne Muße-Bausteine mehr hätten und Sie dafür gerne von Ihren 42 Arbeitsbausteinen zwei zurückgeben. Nach vier Tagen würden Sie dann feststellen, dass sich bei Ihnen Zuhause Kleider- und Postberge türmen, weil Sie überhaupt keinen Organisationsbaustein eingebaut haben. Und so würden Sie durch diese Lern- und Feedbackschleifen nach wenigen Wochen die Strukturen und Kategorien für Ihren idealen Tag gefunden haben.

Es würde alles getan, was getan werden muss, und Ihr Tagesablauf wäre so optimiert, dass Sie möglichst viel Zeit mit Ihren Talenten und Stärken verbringen und Ihr Leben genau die Balance hat, die Sie sich wünschen ...

Könnte es sich lohnen, einige Wochen lang täglich wenige Minuten Aufmerksamkeit zu investieren, um die Zeitkategorien zu bestimmen, mit denen wir unser Leben maßgeschneidert um unsere Stärken herum organisieren können?

Die Frage ist: *Wie können wir den Kontext eines Tages so leicht und übersichtlich strukturieren, dass unser Stammhirn die Katego-*

rien bilden kann, die wir brauchen, um aus dem Unterbewussten heraus zeitsouverän zu werden?

Wir möchten Ihnen dazu eine verblüffend einfache Antwort anbieten: Ein Konzept, das wir für unsere Coaching-Klienten entwickelt haben und das unsere Erwartungen in der Praxis weit übertroffen hat, nämlich den „100er-Rahmen".

Das Prinzip des 100er-Rahmens besteht darin, Ihren aktiven Tag vom Aufwachen bis zum Schlafengehen – ähnlich wie in dem Bauklötzebeispiel – in 100 Aktivitätsblöcke von zehn Minuten Dauer zu untergliedern. Wenn Sie also um 6.20 Uhr aufstehen, dann geht Ihr 100er-Block bis um 23.00 Uhr.

Mit dem 100er-Rahmen erarbeiten Sie sich zunächst eine Grundstruktur Ihres idealen Tages, indem Sie jedem Zeitblock eine Aktivität zuordnen und die Kategorie bestimmen, die dazugehört.

Wenn Sie also von 6.20 Uhr bis 6.40 Uhr sich rasieren, duschen und die Zähne putzen und für Sie Ihre Morgentoilette in die Kategorie „Erhaltungsarbeiten" fällt, dann ist damit die Zuordnung der ersten beiden Blocks erledigt.

Wenn Sie so den Gesamtablauf Ihres idealen Tages durchstrukturieren und dabei möglichst viel Zeit in Ihre Talente, Stärken und Lieblingsaktivitäten investieren, haben Sie nachher auf einen Blick geklärt:

- welche Zeitkategorien es in Ihrem idealen Tag gibt,
- wie viel Prozent Ihrer Zeit Sie in welcher Kategorie verbringen und
- Sie haben spontan ein Gefühl dafür entwickelt, ob die Proportionen der einzelnen Kategorien zueinander stimmen.

Wenn Sie jetzt beginnen, Ihre ideale Zeitstruktur in die Praxis umzusetzen, werden Sie durch Versuch und Irrtum schnell feststellen, wo Ihre Struktur durch Feintuning weiter optimiert werden muss. Möglicherweise hatten Sie zu Beginn einige wichtige Kategorien überhaupt nicht berücksichtigt und vielleicht stört Sie das Verhältnis von 21 Blocks Fernsehen zu null Blocks Weiterbildung so sehr, dass Sie der Fernsehfreizeit zwei Blocks wegnehmen wollen, um sie zur Weiterbildung rüberzuschieben.

Das Prinzip des 100er-Rahmens, der uns erlaubt, unseren Tag in eine Dezimalordnung zu bringen, hat bei vielen Klienten in wenigen Wochen zu einem völlig neuen Zeitgefühl und einer neuen Zeitsouveränität geführt. Im Einzelnen wurden folgende Punkte hervorgehoben:

- „10-Minuten-Blocks sind griffig, übersichtlich und können gut erinnert werden." Drei Blocks fürs Duschen und Anziehen plus zwei Blocks fürs Frühstück ist gedanklich viel besser zu handhaben als 27 Minuten Morgentoilette und 17 Minuten Frühstück.
- „Durch das einfache Addieren von Blocks ergibt sich schnell eine Gesamtübersicht, wo meine Zeit hingeht." Zwei Blocks fürs Frühstück, je vier fürs Mittag- und Abendessen plus vier für die Pausen zwischendurch – da verbrate ich ja schon 14 Blocks nur fürs Essen ...
- „Diese Übersicht schärft den Sinn für meine Prioritäten." Wer herausfindet, dass von seinem imposanten 12-Stunden-Tag nur 36 Blocks Nettoarbeitszeit (= 360 Minuten = 36 Prozent der Wachzeit) übrig bleiben, der erkennt schnell, dass er sich dort keine Zeit mehr stehlen lassen darf ...
- Die Gesamtübersicht verbessert unseren Sinn für das Verhältnis der Prioritäten zueinander (ist ein Block Spielen mit den Kindern nicht zu wenig, wenn ich täglich fünf Blocks Zeitung lese).
- Da ein Zeitblock zugleich ein Prozent unserer Wachzeit ist, haben alle Statistikfans eine ideale Planungs- und Auswertungsbasis: Ob es für Ihren Lerntyp ideal ist, sich Ihren Tag als Kuchendiagramm zu visualisieren oder ob Sie jeden Abend in

Prozent-Form angeben, wie viele Blocks Sie heute wie geplant genutzt haben, ist allein Ihre Sache.

- Der Zeitstress des Alltags, wo eine Kategorie in eine andere „überläuft" (das heißt, dass wir immer noch aufräumen müssen, während wir „eigentlich" schon Zeit für die Familie haben wollten), wird sofort erkannt und kann durch eine realistische Gruppierung unserer „Zeitklötze" schnell gelöst werden.

- Menschen, die ein Merkwortsystem beherrschen (eine Zahlensprache von 1 bis 100, in der jeder Zahl ein Bild zugeordnet ist), haben natürlich für jeden Zeitblock ein Bild, dem sie mühelos Checklisten, Aufgaben und beliebige Erinnerungspunkte zuordnen können.

Der 100er-Rahmen gibt Ihnen eine einfache Übersicht Ihrer Zeitkategorien und zeigt, *wie Sie sich entschieden haben, Ihr Leben ideal um Ihre Stärken herum leben zu wollen.*

Sie sind jederzeit frei, spontan davon abzuweichen und mit einem netten Nachbarn sechs Zeitblocks bei einem Bier zu investieren. Wenn Sie vorher wissen, dass dies Ihre sechs Weiterbildungsblocks für diese Woche sind, und Sie trotzdem gerne zusagen, weil Ihnen daran liegt, den neuen Nachbarn kennen zu lernen, dann haben Sie in Kenntnis Ihrer Prioritäten entschieden.

Wenn Sie dagegen merken: „Das hier werden sieben weitere Bier zu den 18 Bieren von gestern und meine Weiterbildung geht auch flöten, da sage ich lieber ab...", dann ist dies ebenfalls okay, weil Sie auch in diesem Fall Ihr Leben am roten Faden Ihres Stärkekonzepts ausrichten konnten und deswegen Ihre Entscheidung fundiert getroffen haben.

Ein weiterer zentraler Vorteil des 100er-Rahmens besteht darin, dass sich aus ihm mühelos alle weiteren Kontextstrukturen ableiten lassen, nach denen unser Stammhirn Verhaltensgewohnheiten programmiert.

Routinen

Wie wir schon gesehen haben, liebt unser Stammhirn Routinen, weil sie uns Sicherheit und Stabilität geben. Je bewegter unser Leben an der Oberfläche ist, um so wichtiger ist es, dass unser Tag ein Fundament von Grundsätzen und Regelmäßigkeiten aufweist, ähnlich wie Goethe es im Leben vieler bedeutender Menschen ausgemacht hat.

Hier bietet Ihnen die Struktur des 100er-Rahmens eine sehr gute Ausgangsbasis: Wenn Sie sich Ihre Aktivitäten in den einzelnen Kategorien anschauen, dann erkennen Sie sofort, wo es für Sie Sinn macht, immer wiederkehrende Handlungsabläufe zu systematisieren und als Routine zu perfektionieren. Fragen Sie sich beispielsweise:

- Gibt es für diese Aktivitäten eine bessere Reihenfolge?
- Was sollte ich ergänzen?
- Was sollte ich weglassen?
- Welche Aktivitäten könnte ich bündeln?

Auf diese Weise können Sie Ihre Verhaltensroutinen Stück für Stück und Block für Block optimieren. Da sich nach einer alten Faustformel von Arbeitsmethodikern durch eine elegante Optimierung von Arbeitsabläufen regelmäßig 30 Prozent Zeit einsparen lässt und die meisten Menschen pro Tag mindestens 20 Blocks Routineaufgaben haben, ergibt sich allein hier ein konkretes Einsparungspotenzial von sechs Blocks.

Rituale

Aktivitäten, die Ihnen besonders wichtig und wertvoll sind, können Sie von einer Routine weiterentwickeln zum Ritual. Vielleicht möchten Sie Ihre Morgenmeditation oder das gemeinsame Frühstück mit der Familie am Wochenende zu einem solchen Ritual ausbauen.

Für die Meditation können Sie sich dann vielleicht einen bestimmten Platz im Schlafzimmer reservieren, einen kleinen Gebetsteppich als Unterlage besorgen, eine Kerze und ein Räucherstäbchen anzünden und damit auch Ihrem limbischen System schnell klar machen, dass ein weiteres Highlight Ihres Tagesablaufs kommt.

Zur Hervorhebung des Familienfrühstücks beschließen Sie vielleicht, nicht in der Küche, sondern im Esszimmer zu frühstücken. Sie sorgen für Tischdekoration, Musik, frisch gepresste Säfte und immer wieder andere Lieblingsspeisen.

Sie sehen: Routinen werden durch exquisite Ausarbeitung zum Ritual. Wir brauchen Aufmerksamkeit, Sorgfalt, vielleicht noch Schmuck und Dekoration, um Schönheit und Ästhetik zu vermitteln, Musik und Kunst und vor allem die innere Identifikation mit dem Sinn dieser Überhöhung des Alltags!

Wer noch Anregungen sucht, um weitere Strukturelemente für Rituale zu finden, braucht sich nur die nächste Geburtstags- oder Beerdigungsfeier der Royal Family im Fernsehen anzuschauen: Dort finden Sie ein über jahrhundertealte Traditionen perfektioniertes Know-how, Routinen des Alltags dramaturgisch so auszugestalten, dass sie unvergesslich werden.

Raumkategorien

Ein einfacher Kunstgriff, die prägende Wirkung einer Zeitkategorie oder Routine für unser Stammhirn weiter zu verstärken, besteht darin, den zeitlichen Kontext mit einem Raumkontext zu verbinden.

Meditiere ich zur selben Zeit am selben Platz und bitte zum Familienfrühstück, bei dem niemand fehlen darf, ins Esszimmer statt in die Küche, dann verstärke ich die Botschaft für unser Unterbewusstsein nachdrücklich.

So beobachten viele Menschen, dass wenn sie im Urlaub sind (Zeitkategorie) und wegfahren (Raumkategorie), es ihnen viel leichter fällt abzuschalten, als wenn sie den Urlaub in den eigenen vier Wänden verbringen.

Unsere Garderobe ist ebenfalls ein wichtiger Raumanker – auch und gerade für unsere Stimmung. Frauen wissen dies oft besser zu nutzen als Männer: Wenn es einen Anzug oder ein Kostüm gibt, in dem sie sich besonders gut fühlen, kann es durchaus helfen, diesen Raumanker zum Beispiel für schwierige Verhandlungen als Stimmungsverstärker zu nutzen.

Aus meinen Train-the-Trainer-Seminaren für die deutschen Bundestrainer weiß ich beispielsweise, dass viele Topathleten bei ihrer Wettkampfkleidung ganz penibel das auswählen, was ihnen „Glück" bringt (Maskottchen).

Ein sehr bekannter und erfolgreicher Trainerkollege von uns schreibt beispielsweise seine Bestseller immer im dreiteiligen Anzug mit Weste, weil er festgestellt hat, dass ihn dies in den Performance-State hineinbringt, in dem er auch auf der Bühne seine besten Ideen hat.

Die Visualisierung von Werte- und Archetypen-Strukturen

Die Orientierung eines stärkezentrierten Lebens an zentralen Archetypen ist ein besonders eleganter und erfolgreicher Weg, unsere Verhaltensintelligenz zu entfalten.

Wie wir aus den Forschungen von Carl Gustav Jung und anderen Tiefenpsychologen wissen, wird in unserer Psyche das Erfahrungswissen und die Weisheit von Tausenden Generationen, die vor uns gelebt haben, in Form von so genannten Archetypen codiert.

Es ist sicher kein Zufall, dass der Sieg des Guten über das Böse in fast allen Kulturen ein zentrales Thema unserer Existenz ist und nach wie vor fast alle Abenteuer- und Actionfilme dominiert: Ein Grund für die Beliebtheit von Märchen bei Kindern und Action-Spielfilmen bei Erwachsenen liegt schlicht darin, dass wir es genießen, im Spiegel der Handlung die Helden-Komponenten unserer eigenen Psyche zu entdecken.

In diesen Kontext gehört auch, dass einfache Arbeiter, die gebeten wurden, einen Persönlichkeitstest so auszufüllen, wie James Bond ihn vermutlich ausfüllen würde, sich auf Grund der Testergebnisse plötzlich für Toppositionen empfahlen.

Falls Sie also für Ihr stärkezentriertes Leben mehr Disziplin brauchen, dann helfen Ihnen 20 Selbstorganisationsprinzipien weniger gut weiter als die klare Vorstellung, wie ein Krieger Ihr Leben leben würde.

Unser Gehirn versteht Superzeichen zur Verhaltenssteuerung besser als Einzelanweisungen (die Anweisung eines Rhetoriklehrers: „Reden Sie so, als sprächen Sie zu Ihrer Familie" koordiniert mehr Einzelelemente zur Mimik, Gestik und Stimme, als sich sprachlich überhaupt ausdrücken ließen).

Das gilt insbesondere dann, wenn unsere Psyche bereits über umfangreiche Referenzinformationen verfügt. Integrieren Sie deshalb in Ihr Masterkonzept die Archetypen, die Sie optimal unterstützen können, Ihre Talente zu Stärken zu entwickeln (Übung 24).

Die Stärken-Scorecard (SSC)

Anfang der 90er-Jahre entwickelten Robert Caplan und David Northon die Balanced Scorecard – ein neues System zur Führung von Unternehmen nach ausgewogenen Kennzahlen.

Ihr Ansatz basierte auf der Erkenntnis, dass aus den klassischen Finanzkennzahlen eines Unternehmens – zum Beispiel dem Umsatz, Cashflow oder Gewinn – nur sehr begrenzte Rückschlüsse auf den tatsächlichen Wert des Unternehmens und seine Zukunftsperspektiven gezogen werden können: „Bilanzen zeigen bestenfalls den Unternehmenswert nachts, wenn die Mitarbeiter zuhause, die Systeme abgeschaltet und die Kunden im Bett sind" ist ein Bonmot, das diesen Sachverhalt durchaus zutreffend beschreibt.

Es könnte deswegen also sein, dass ein Unternehmen nach seiner Bilanz (noch) gut dasteht, ihm aber im letzten Jahr wichtige Kunden und Mitarbeiter weggelaufen sind und seine Infrastruktur völlig veraltet ist.

Wenn zufriedene Kunden, motivierte Mitarbeiter und leistungsfähige interne Strukturen die Schlüssel für den wirtschaftlichen Erfolg der Zukunft sind, so argumentierten Caplan und Northon, dann dürfen Manager bei der Unternehmenssteuerung nicht nur in den Rückspiegel der letzten Quartalszahlen schauen, sondern sollten regelmäßig auch einen Blick durch die Windschutzscheibe auf die Faktoren werfen, die ihren wirtschaftlichen Erfolg in der Zukunft bestimmen.

Caplan und Northon haben damit zurecht auf ein zentrales Planungsprinzip aufmerksam gemacht: Wer sicher sein will, dass er seine Ziele erreicht, der darf sich nicht nur seine Ergebnisse anschauen, sondern sollte auch die *Ergebnis herbeiführenden Ursachen* im Blick behalten.

Dieses Prinzip hat im internationalen Management so überzeugt, dass bis zum Jahr 2000 bereits 40 Prozent der so genannten „Forbes-1000"-Unternehmen ihre Zielsteuerung und ihr Controlling nach den Kennzahlen von Balanced Scorecards durchführen.

Mit einigen unserer Coachingklienten, die mit der Balanced Scorecard beruflich sehr gute Erfahrungen sammeln konnten, haben wir zur Umsetzung ihres Masterplans deswegen persönliche Stärken-Scorecards entwickelt.

Das Konzept hat sich so bewährt, dass wir Ihnen die Idee nicht vorenthalten wollen: Wenn Sie also ein übersichtliches Instrument suchen, mit dem Sie auf einen Blick erkennen können, wo Sie bei der Umsetzung Ihres Masterplans der Stärke stehen, dann sind folgende Erfahrungen hilfreich:

1. Was bei einer Balanced Scorecard (BSC) die Finanzen sind, ist bei ihrer persönlichen Stärken-Scorecard (SSC) Ihr Output, also die Arbeitsergebnisse, an denen Sie gemessen werden oder an denen Sie sich selbst messen lassen wollen. Es empfiehlt sich, hier nach dem Pareto-Prinzip die drei bis maximal fünf Schlüsselfaktoren zu bestimmen, die mit einem geringen Teil Ihres Aufwands den Großteil Ihrer Arbeitsergebnisse bestimmen. Ein selbstständiger Handelsvertreter könnte als Kennzahlen beispielsweise die abgeschlossenen Umsätze, die Zahl seiner Kundenbesuche und die Zahl der Erstpräsentationen bei potenziellen Neukunden auflisten.

2. Was bei der BSC die Systementwicklung, ist bei Ihrer SSC das Feld der Talententwicklung. Hier listen Sie Ihre Haupttalente und Hauptstärken und protokollieren Ihre Fortschritte beim Erwerb neuen Wissens und neuer Skills. Wenn beispielsweise ein Managementcoach „Präsentieren vor Gruppen" für eine Hauptstärke hält, die er weiter ausbauen müsste, dann könnte er sich als „Systementwicklungs-Maßnahmen" zum Beispiel alle Seminare und Einzelcoachings notieren, die er dazu absolviert. (So bin ich selbst bis vor einigen Jahren auch vorgegangen: Dann fiel mir auf, dass ich von der großen Zahl von Verbesserungsideen, die ich aus solchen Coachings mitbrachte, nur einen kleinen Teil in meine Vorträge und Seminare habe einfließen lassen. Heute messe ich an dieser Stelle die Zahl der konkret umgesetzten Verbesserungsmaßnahmen, was deutlich besser funktioniert.)

3. Was bei der BSC die Mitarbeitermotivation ist, ist bei Ihrer SSC das Feld der Eigenmotivation, also Ihr Bauch- und Herzgefühl. Hier geht es letztlich um die schlichte Frage: Hüpft Ihr Herz und jubiliert Ihre Seele? Ob Sie das – wie einige unserer Klienten – jeden Tag aus dem Bauch heraus mit einem „Smiley" auf Ihrem Tagesplan protokollieren oder ob Sie präziser nachvollziehen, wie viele Zeitblocks in Ihrem 100er-Rahmen Sie sich mit Ihren Lieblingsaktivitäten und Flow-Erlebnissen

beschäftigen konnten, liegt allein bei Ihnen. Meine Empfehlung: Wenn es um Ihr Herz geht, macht langes Nachdenken das Ergebnis nicht genauer. Messen Sie also den Faktor der „leuchtenden Augen" so, wie es für Sie spontan am besten passt.

4. Was bei der BSC der Faktor Kundenzufriedenheit, könnte bei Ihrer privaten SSC das Feld der „Partnerzufriedenheit" sein: Wenn Sie wollen, können Sie hier überprüfen, ob Ihre wichtigsten sozialen Beziehungen – zum Lebenspartner, Ihren Kindern, Freunden usw. – sich so positiv entwickeln, wie Sie es sich wünschen. Einige unserer Seminarteilnehmer arbeiten gerne mit diesem Feld, anderen ist der Gedanke von „Beziehungsnoten" eher suspekt oder sie beschränken sich aus Gründen der Einfachheit und Übersichtlichkeit auf die ersten drei Felder.

Für alle, die die SSC interessiert, gibt es deswegen im Anhang die Übung 25, die Ihnen zeigt, wie Sie Ihre persönliche SSC so maßschneidern, dass sie optimal zu Ihnen passt.

Lernstile der acht INSIGHTS-Typen

Jeder Persönlichkeitstyp hat seinen eigenen Lernstil – seine ganz eigene Art, Informationen aufzunehmen, zu verarbeiten zu behalten und daraus Erkenntnisse zu gewinnen. Je besser Sie Ihren Persönlichkeitstyp kennen, desto mehr können Sie die Art und Weise, in der Sie lernen, optimieren. Anhaltspunkte geben Ihnen dafür die vier Lernstile der acht Haupttypen von INSIGHTS-MDI, die wir Ihnen bereits beschreiben haben.[1]

---

[1] Siehe Seite 195ff.

Lernstil des Direktors

Der Direktor erhält am liebsten sachliche und abstrakte Informationen, die er rational und logisch verarbeitet. Er setzt Erlerntes direkt im Handeln um, um so konkrete Ergebnisse zu erzielen und neue Erfahrungen zu gewinnen. Ihn interessieren alle Wissensgebiete und Lernerfahrungen, mit denen realisierbare Ergebnisse erzielt werden können. Informationen, denen er vertraut, müssen von Experten stammen. Aus kontroversen Diskussionen mit Fachleuten kann er viel für sich herausziehen. Seine Stärke liegt darin, komplizierte Sachverhalte zu vereinfachen und sie sich so einzuprägen. Darin liegt aber auch die Gefahr des Über-Vereinfachens, was der Komplexität der Sachverhalte nicht mehr gerecht wird. Nichts anfangen kann er mit Lernstoffen, die sehr theoretisch oder emotional vermittelt werden.

Lernstil des Motivators

Der Motivator ist ebenfalls an sachlichen Informationen interessiert. Wichtig für seine Motivation zum Lernen ist aber, dass er vom Thema begeistert ist und Emotionen damit verbindet. Er bevorzugt lebhafte und kompetente, nicht allzu lange dauernde Diskussionen mit Experten. Auch ihm geht es darum, mit dem Erlernten Erfahrungen zu gewinnen und es ins Handeln umzusetzen. Zwischen Aufnahme neuer Informationen und der Umsetzung sollte möglichst wenig Zeit vergehen, sonst verliert er das Interesse. Dabei geht er nach der Methode „trial and error" vor. Von negativen Erfahrungen lässt er sich nicht entmutigen, sondern zieht daraus erfolgreich Schlüsse und Konsequenzen. Er lernt dann am besten, wenn das Thema für ihn und sein Team von Dringlichkeit ist. Ohne diesen aktuellen Bezug fehlt ihm das Interesse. Kurze pointiere Anekdoten prägt er sich schnell ein oder er erfindet sie selbst, um anderen Lehrstoffe zu übermitteln. Ihn schrecken zu viel Theorie und zu viele Details ab, ebenso wie monoton ablaufende Programme, in denen er nicht eingreifen oder handeln kann.

Lernstil des Inspirators

Der Inspirator bevorzugt einen dynamischen, schnellen Lernstil. Er ist neugierig, probiert gerne Neues aus und ist prinzipiell aufgeschlossen gegenüber neuem Wissen oder neuen Erfahrungen. Er begreift rasch und behält Informationen, indem er sie mit seinen eigenen Ideen und Gedankengebäuden verknüpft und sie sich so zu Eigen macht. Oder er setzt sie in einer dramatischen oder originellen Art rasch um – etwa indem er anderen einen witzigen Vortrag hält oder die neue Erkenntnis umgehend in eine berufliche Ausarbeitung einbaut. Spiele, Experimente, die Möglichkeit, selbst einzugreifen und etwas auszuprobieren, bewirken eine rasche und einprägsame Aufnahme von neuem Wissen. Informationen müssen abwechslungsreich aufbereitet werden, um seine Aufmerksamkeit zu fesseln. Beispiele aus der Praxis oder bildhafte Darstellungen prägen sich ihm besonders ein. Sein Speicher ist rasch „voll", weil er an vielen verschiedenen Themen und Erfahrungen interessiert ist. Vieles vergisst er deshalb auch schnell wieder. Zu viele detaillierte Informationen kann er nicht aufnehmen. Ist der Lernstoff zu einseitig oder monoton aufbereitet, dann kann er sich nicht darauf konzentrieren und schaltet ab.

Lernstil des Beraters

Der Berater lernt am besten durch den intensiven Austausch mit anderen Menschen. Er ist emotional empfänglich und seine Aufnahmebereitschaft ist auch davon abhängig, ob er jemand anderen mag oder nicht. Die persönlichen Erlebnisse oder Erfahrungen von anderen Menschen beeindrucken ihn und bleiben ihm im Gedächtnis haften. Umgekehrt muss er neu Gelerntes in seine persönlichen Erfahrungen integrieren können, um es sich zu Eigen zu machen. Neuem gegenüber ist er aufgeschlossen und empfänglich für Ideen, die andere entwickeln. Aber er braucht Zeit, um zu erkennen, was sie ihm bringen. Neben dem Austausch sind daher Muße und Zeit zum Nachdenken wichtig. Dann überlegt er sich sehr phantasievoll, wie er das Erlernte umsetzen und nutzbar machen kann. Der Berater muss außerdem davon überzeugt sein, dass neue Ideen oder Erfahrungen ihm und seinem Weltbild entsprechen, sonst lehnt er sie ab. Atmosphärisch unterstützen ihn angenehme Musik, Bewegung und Zusammenarbeit mit anderen.

Lernstil des Unterstützers

Der Unterstützer will Neues zunächst aus verschiedenen Perspektiven betrachten, um die Vor- und Nachteile einordnen zu können. Erst dann ist er bereit, etwas auszuprobieren und in seine Erfahrungen zu integrieren. Er prüft neuen Lehrstoff auch nach dem Sinn, den dieser für ihn, aber auch für die Allgemeinheit hat. Nur um des Lernens oder der Neugier willen interessiert er sich dafür nicht. Am besten lernt er im Gespräch mit Menschen, die er kennt. Dann kann er sich auf die Inhalte konzentrieren. Er ist bereit, dem Rat und den Anweisungen von Menschen zu folgen, zu denen er Vertrauen gefasst hat. Fühlt er sich selbst vom Lehrer/Trainer nicht wertgeschätzt, dann beeinträchtigt das seine Konzentration und Aufnahmebereitschaft.

Lernstil des Koordinators

Der Koordinator möchte zunächst einen Überblick gewinnen, was auf ihn zukommt, ehe er sich mit den Details auseinander setzt. Unklare Aufgabenstellungen verwirren ihn und schränken seine Aufnahmebereitschaft ein. Er ist an abstrakten Informationen interessiert, lernt aber auch aus dem Gespräch und der Auseinandersetzung in kleinen Gruppen. Sie müssen aber einen ähnlichen Lernstil haben wie er, sonst lenken ihn die unterschiedlichen Herangehensweisen ab. Er hört genau zu, durchdenkt die Informationen und diskutiert deren Vor- und Nachteile. Prozesse, logische Abläufe und Strukturen leuchten ihm am schnellsten ein. Er kann sich mit großer Selbstdisziplin in ein Thema versenken. Es dürfen aber nicht zu viele neue Aspekte auf einmal auftauchen, er braucht ein moderates Tempo, um Lerninhalte zu verarbeiten. Am besten lernt er nach einem strukturierten Lernplan, der ihm vorher bekannt ist und auf den er sich einstellen kann. Beispiele anderer Menschen können ihm helfen, Neues zu verstehen. Am liebsten sind ihm aber umfangreiche schriftliche Informationen. Illustrationen, Grafiken, Spiele oder Erlebnislernen kommen für ihn nicht in Frage.

Lernstil des Beobachters

Der Beobachter braucht sachliche, detaillierte Informationen sowie viel Ruhe und Zeit. Am liebsten hat er schriftliches Material, in das er sich versenken kann. Oder er hört sich Vorträge und Vorlesungen an, bei denen er sich ganz auf das Thema konzentrieren kann. Dieses analysiert er systematisch und prägt es sich ein, indem er es in logische systematische Strukturen bringt. Formeln, Merksätze, Regeln oder Modelle kann er sich gut merken. Mit traditionellen Unterrichtsformen kommt er deshalb am besten zurecht. Erlebnislernen oder Lernen durch Spiele wären nichts für ihn. Auch Arbeit in Kleingruppen mag er nur, wenn es sich um eine homogene, sehr kompetente und sachorientierte Gruppe handelt. Am liebsten lernt er aber alleine. Erst nach intensivem Denkprozess ist er bereit, Neues auch praktisch auszuprobieren und damit Erfahrungen zu gewinnen.

Lernstil des Reformers

Da der Reformer ein Perfektionist ist, befindet er sich in einem dauerhaften Verbesserungsprozess. Deshalb ist er an neuen Informationen und Erfahrungen interessiert, wenn auch zunächst skeptisch. Denn sie müssen seinen hohen Ansprüchen genügen, mit Oberflächlichem gibt er sich nicht ab. Fakten und Meinungen von ausgewiesenen Experten nimmt er am liebsten auf. Er denkt an die Ergebnisse und an Lösungen für gegenwärtige Probleme, weshalb alles Neue auch einen praktischen Nutzen haben und anwendbar sein muss. Er hat aber auch Spaß an philosophischen und intellektuellen Auseinandersetzungen, in denen gegensätzliche Standpunkte erläutert werden. Er hat das Ganze vor Augen und sucht sich dann systematisch die Details, die er wissen muss, um zu seinem Ergebnis zu kommen. Aus reiner Neugierde oder Interesse befasst er sich mit nichts, er muss wissen, wofür er das macht. Der Reformer lernt ebenfalls am liebsten aus Büchern und Materialien, ohne dabei von anderen gestört zu werden.

16. Kapitel:
Die Lerntechniken der Genies zur Entwicklung von Weltklasseleistungen

Die simple Fähigkeit des Lesens und Schreibens war vor tausend Jahren eine höchst seltene Qualifikation, die nur von wenigen Weisen und Schriftgelehrten beherrscht wurde: Wer ihrer mächtig war, qualifizierte sich damals nahezu automatisch für eine Beratungstätigkeit in Fürstenhäusern oder sogar am königlichen Hofe.

Heutzutage lässt sich dagegen der dezente Hinweis, man könne lesen und schreiben auch von Zwölfjährigen nicht mehr zur Selbstdarstellung in eigener Sache verwenden (nach den Erkenntnissen der PISA-Studie könnte es allerdings sein, dass diese Zeiten wiederkommen!).

Der Grund hierfür liegt nicht darin, dass Menschen in den letzten tausend Jahren so viel intelligenter geworden wären, sondern zeigt nur, dass wir die Methoden zur Wissens- und Skill-Vermittlung bei der rationalen Intelligenz in den letzten tausend Jahren so entwickelt haben, dass davon heute fast alle Mitglieder unserer Gesellschaft profitieren können.

Wenn also die Frage, wie viel wir aus einer Grundintelligenz herausholen können, wie unser Beispiel zeigt, auch stark von der Effizienz unserer Lernmethoden abhängt, dann – so spekulieren Lernpsychologen – müsste man aus den Studiertechniken bekannter Genies möglicherweise ableiten können, welche Lernmethoden am besten geeignet sind, Weltklasse-Talente zu Weltklasse-Stärken zu entwickeln.

Die grundlegenden Untersuchungen zu dieser Frage gehen bis auf die 20er-Jahre des letzten Jahrhunderts zurück. Wissenschaftler haben inzwischen die Lebensläufe, Denk-, Lern- und Studiertechniken von mehreren hundert Genies intensiv untersucht und sind dabei auf faszinierende Übereinstimmungen gestoßen. Mindestens drei Lerntechniken scheinen dabei tatsächlich als Lernturbos zu wirken und Menschen zu erlauben, aus ihren Talenten das meiste zu machen. Die gemeinsamen Lerngewohnheiten der Genies sind:

1. das „zwanghafte Aufschreiben",
2. das „geborgte Genie" und
3. das Image-Streaming.

Das „zwanghafte Aufschreiben"

Die Lernforscherin Catherine Cox befasste sich schon in den 20er-Jahren des letzten Jahrhunderts intensiv mit den Lern- und Studiertechniken von Genies. Sie untersuchte insgesamt 300 Genies der Geschichte, unter anderem Sir Isaak Newton, Thomas Jefferson und Johann Sebastian Bach.

Frau Cox fand beim Studium der Biografien ihrer Genies auffallend ähnliche Gewohnheitsmuster: Genies schrieben beispielsweise schon in jungen Jahren ausführlich ihre Gedanken und Gefühle in Tagebüchern, Gedichten und Briefen an Freunde und Familienangehörige nieder. Diese Neigung fand sie unabhängig von der jeweiligen Talent-Domäne bei Wissenschaftlern genauso wie bei Staatsmännern oder Generälen.

Wir wissen nun aufgrund verschiedener Untersuchungen, dass weniger als ein Prozent aller Menschen dazu neigen, ihre Wahrnehmungen, Gedanken und Erfahrungen in Protokollen, Tagebüchern, Briefen oder Büchern aufzuschreiben. Diejenigen, die – in welcher Disziplin auch immer – geistige Höchstleistungen erbringen, gehören interessanterweise fast alle dazu: Von einigen der ganz Großen – zum Beispiel Leonardo da Vinci oder Thomas Alva Edison – sind noch heute viele tausend Seiten ihrer Aufzeichnungen und Notizen erhalten.

Warum und wie der Prozess des klüger Werdens durch Aufschreiben funktioniert, ist noch nicht bis in letzte Einzelheiten geklärt.

Die Neurobiologin Marian Diamond konnte in einem Experiment mit Ratten zeigen, dass diese in stark stimulierender Umgebung eine Menge zusätzlicher neuronaler Verbindungen entwickeln, *wenn sie durch eine Feedbackschleife Informationen über ihr eigenes Handeln bekamen.*[42]

Eine Kontrollgruppe von Ratten, die der ersten Gruppe bei ihren stimulierenden Spielen zuschauen durfte, entwickelte genauso wenig neue neuronale Verbindungen wie eine zweite Kontrollgruppe, die in ihrer normalen Umgebung verblieb. Die Forscher konnten damit beweisen, dass die deutliche Zunahme von neuronalen Verbindungen nur dann einsetzte, wenn die Ratten mit ihrer Umwelt interagierten, das heißt die Stimulation durch ihre Umgebung auf sie zurückwirkte.

Gehirnforscher schließen aus solchen und ähnlichen Experimenten, dass die physische Entwicklung unseres Gehirns nicht nur von unserem genetischen Erbe und äußeren Reizen abhängig ist. Als dritte wesentliche Komponente kommt *das Feedback unserer eigenen spontanen Aktivität hinzu.*

Anders gesagt: Indem wir die Kräfte des Selbstausdrucks und unseren sensorischen Feedbacks nutzen, können wir die Beschaffenheit unseres Gehirns verändern. Die erste Regel der Lernpsychologie heißt deswegen:

Was wir denken oder tun, wirkt neurologisch vielfach auf uns zurück: Jedes Mal, wenn wir unsere Ideen aufschreiben, verbessern wir unsere Fähigkeit, neue Gedanken zu bekommen und als solche wahrzunehmen.

Und jedes Mal, wenn wir „vergessen", einen neuen Gedanken festzuhalten, stärken wir die Verhaltensgewohnheit des Vergessens.

Noch anders ausgedrückt: *Das „zwanghafte Aufschreiben" unserer Ideen, Gedanken und Gefühle stärkt durch die Feedbackschleife des Selbstausdrucks (Fühlen des Schreibens und Sehen des Geschriebenen) unsere Rechnerleistung im Gehirn.*

---

[42] Zitiert nach Win Wenger, a.a.O., S. 87

Entwickeln Sie deswegen die Gewohnheit, überall dort, wo Sie Ihre Talente entfalten wollen, großzügig von der Kunst des Aufschreibens Gebrauch zu machen!

Das „geborgte Genie"

Das geborgte Genie ist eine Lernmethode, die von dem russischen Psychologen Dr. Vladimir Raikow entdeckt und erforscht worden ist.

Raikow versetzte seine Versuchspersonen in einen Zustand der Tiefenhypnose und suggerierte ihnen, sie würden durch Reinkarnation zu einem Genie der Geschichte. Raikow konnte anschließend feststellen, dass Menschen, denen er suggeriert hatte, sie seien Rembrand, im Zustand der Hypnose Kunstwerke anfertigten, die weit jenseits ihrer „normalen" Begabung lagen. Manche wollten nachher selbst nicht glauben, zu welchen Leistungen sie im Zustand der Hypnose fähig waren.

Interessanterweise konnten die Versuchspersonen die in der Hypnose entdeckten Fähigkeiten später auch ohne erneute Hypnose nutzen – und zwar auch dann, wenn sie vorher zu denen gehört hatten, die nicht glauben wollten, dass sie die Urheber dieser Kunstwerke waren.[43]

Lernpsychologen vermuten, dass der Raikow-Effekt mit einem Phänomen zusammenhängen könnte, das wir in anderer Form von den so genannten „multiplen Persönlichkeitsstörungen" her kennen.

Wir wissen, dass unser Gehirn bei dieser Störung in der Lage ist, verschiedene Persönlichkeiten abzuspalten und zu speichern. Menschen mit dieser Persönlichkeitsstörung haben – je nach Persönlichkeitsmuster, in dem sie gerade sind – verschiedene Handschriften und unterschiedliche künstlerische Fähigkeiten; sie sprechen verschiedene Sprachen, haben in einem Persönlichkeitsmuster Allergien und in anderen nicht und – was die For-

---

[43] Win Wenger, Richard Poe, Der Einsteinfaktor, Freiburg 1997, S. 207

scher am meisten verblüfft – entwickeln unterschiedliche Gehirn-
wellenmuster, obwohl diese bei uns Menschen ähnlich individuell
und unverwechselbar sind wie unsere Fingerabdrücke.[44]

Warum wir in verschiedenen Bewusstseinszuständen Talente
aktivieren können, auf die wir sonst keinen Zugriff haben, ist bis
heute nicht vollständig geklärt.

Interessant ist, dass viele Genies – und zwar völlig unabhängig
voneinander und in verschiedenen Zeitaltern – immer wieder mit
der Technik gearbeitet haben, sich symbolisch die Identität eines
anderen auszuleihen, um Zugriff zu ansonsten brachliegenden eigenen Fähigkeiten zu bekommen.

So berichten beispielsweise Mitarbeiter von Walt Disney, dass
dieser sich die Identität seiner Zeichentrickfiguren „auslieh"
(insbesondere immer wieder in die Rolle von Mickey Mouse hin-
einschlüpfte) und sogar ihre Körperhaltung komplett imitierte,
um sich für den Fortgang der Handlung inspirieren zu lassen.

Von dem berühmten amerikanischen General George S. Pat-
ton wird sogar berichtet, dass er sich für die Reinkarnation großer
Generäle der Vergangenheit hielt.

Napoleon Hill – der Urvater des positiven Denkens – beschreibt in seinem Buch *Denke nach und werde reich* die verwandte Technik der Master-Mind-Group. Hill traf sich in seiner
Vorstellung jeden Abend vor dem Einschlafen mit neun großen
Männern aus der amerikanischen Geschichte – unter anderem
Thomas Alva Edison und Abraham Lincoln – und bat sie um Rat
zu Fragen, die ihn gerade beschäftigten. Hill beobachtete, dass die
vorgestellten Personen nach einigen Wochen ein starkes Eigenle-
ben entwickelten und seine Fantasie mit Eingebungen speisten,
mit denen er nie gerechnet hatte.

Der amerikanische Lernforscher Win Wenger, den ich seit vielen Jahren kenne und als einen der renommiertesten Experten
seines Fachgebiets schätze, hält die Methode des geborgten Ge-

---

[44] Michael Talbot, Das holographische Universum, München 1992, S. 76 u. S. 98

nies für die wirksamste Talent-Optimierungs-Technik überhaupt. Er empfiehlt „Genie-Anfängern" folgende Übung, die sich auch in unseren Seminaren bewährt hat:

Das geborgte Genie

1. Entscheiden Sie sich für ein Talent, das Sie optimieren wollen.
2. Wählen Sie ein Genie, das diese Fähigkeit weltmeisterlich beherrscht.
3. Stellen Sie sich eine landschaftlich reizvolle Umgebung vor und beschreiben Sie sie in allen Einzelheiten.
4. Sehen Sie jetzt, wie das Genie ins Bild kommt und beschreiben Sie ihn oder sie in allen Einzelheiten.
5. Schlüpfen Sie in Ihrer Vorstellung in den Experten hinein und beschreiben Sie die Szene aus seiner Sicht; achten Sie auf Unterschiede in der Wahrnehmung zu Ihrer eigenen Beschreibung.
6. Üben Sie dann in der Person des Experten die Tätigkeit aus, die Sie perfektionieren wollen.
7. Beschreiben Sie diese Tätigkeit in allen Einzelheiten.
8. Protokollieren Sie anschließend detailliert, was Sie gelernt haben.

Image-Streaming nach Win Wenger

Win Wenger beschäftigt sich seit über 25 Jahren mit den effizientesten Lerntechniken weltweit und ist vermutlich der einzige Experte, der für sich in Anspruch nehmen kann, eine Lern- und Kreativitätsmethode entwickelt zu haben, die langfristig und bleibend den IQ steigert – ein Phänomen, das viele Testpsychologen überhaupt nicht lustig finden. Wengers Methode – von ihm Image-Streaming genannt – ist einfach zu erlernen und funktioniert wie folgt:

1. Sie schließen die Augen und beschreiben die inneren Bilder, die Sie sehen, laut nach außen (einem externen Beobachter

oder Sie diktieren sie einem mitlaufenden Kassettenrekorder).

2. Es gibt nur drei Gebote: Erstens die Bilder laut zu beschreiben, zweitens alle Sinne einzusetzen und drittens in der Zeitform Präsens zu berichten.

Als Einführung in diese Übung bitten wir Teilnehmer im Seminar, ihrem Sitznachbarn mit geschlossenen Augen 15 Minuten lang ihr Wohnzimmer zu beschreiben. Die meisten Teilnehmer sind über diese Zeitvorgabe verblüfft und glauben, dass sie mit ihrer Beschreibung in maximal drei Minuten fertig sind. Sie stellen dann jedoch sehr erstaunt fest, dass unsere inneren *Bilder während des Beschreibens* und *durch das Beschreiben* immer klarer, deutlicher und plastischer werden und sich dieser Bilderstrom durch unsere eigenen Beobachtungen immer weiter verstärkt, *ohne zu einem Ende zu kommen.*

Wenn Sie sich die Zeit nehmen, diesen Prozess einmal selbst auszuprobieren und zu erleben, werden Sie feststellen:

1. Image-Streaming ist ein *sich selbst verstärkender Prozess.*
2. Je mehr wir uns auf die Beschreibung unserer inneren Bilder einlassen, um so besser fokussieren wir auf diese Bilder und um so klarer, deutlicher und plastischer werden sie.
3. Unsere eigene Beschreibung *hält den Bilderstrom im Fließen.*
4. Unsere Beschreibung nach außen ist ein Teil der Feedbackschleife. Sie folgt *nicht nur dem Bilderstrom, sondern hilft auch, ihn zu schaffen* und ihn am Leben zu erhalten.

Win Wenger, der übrigens berichtet, dass Leonardo da Vinci bereits vor 500 Jahren mit dieser Methode viele seiner Erfindungen konzipierte, hat seine Methode von verschiedenen Forschern testen lassen.[45]

---

[45] Wenger, a.a.O., S. 79

Bekannt geworden in der Lernpsychologie sind insbesondere die Experimente von Charles P. Reinert, einem Physikprofessor der Southwest State University in Minnesota, der bei seinen Studenten nachweisen konnte, dass 5,9 Stunden Image-Streaming zu einer dauerhaften IQ-Steigerung von 5,31 Punkten führte.

Wenger berichtet in seinen Seminaren selbst, dass die Ausbeute von 0,8 IQ-Punkten für 60 Minuten Image-Streaming sich auch dann linear fortsetzt, wenn das Training länger durchgeführt wird.

Top-Kreativitätsexperten von IBM und anderen Think-Tanks, die Image-Streaming beruflich regelmäßig einsetzen, erreichten Spitzenwerte von 150 IQ-Punkten (wobei Wenger auf meine Nachfrage allerdings einräumte, dass in solchen Think-Tanks niemand beschäftigt ist, der nicht schon zu Beginn mit einem weit überdurchschnittlichen IQ aufwarten kann!).

Regelmäßiges Image-Streaming hat noch eine weitere faszinierende Wirkung: Im Kolb-Learning-Style-Inventory – einem Lerntest, der ermittelt, inwieweit die Versuchsperson auf die vier Lernstile „konkrete Erfahrung", „abstrakte und konzeptbezogene Prozesse", „reflektierende Beobachtung" und „aktive experimentielle Überprüfung" zurückgreift – sind die Anwender des Image-Streaming die einzigen Probanden, die auf Dauer in ihrem Lernstil immer ausgeglichener werden und dem Optimum des ausgewogenen Einsatzes der Lernstile am nächsten kommen.

Neurologen erklären die dauerhafte Intelligenzsteigerung und die Optimierung des persönlichen Lernstils im Prinzip so:

Wenn wir als Kinder Radfahren gelernt haben und dann bis zum Rentenalter nicht mehr radeln, dann können wir auch nach 50 Jahren Radabstinenz unmittelbar an unsere Bewegungserfahrungen zum Fahrradfahren anknüpfen.

Dies liegt daran, dass unser Gehirn sich die Fertigkeit des Radfahrens durch den Zusammenschluss von Millionen Neuronen zu einem so genannten neuronalen Netz eingeprägt hat. Der Psychologe Donald Hebb entdeckte dabei schon in den 40er-Jahren, dass bei regelmäßigem Austausch von Signalen zwischen Zellen in beiden Zellen neurochemische Veränderungen stattfinden, die ihnen die Interaktion erleichtern (der so genannte Hebb-Effekt).

Wenn wir nun 50 Jahre später erneut radfahren, fließen die Impulse wieder durch dieselben Netze – genauso wie Regenwasser gewöhnlich durch die Rinnen fließt, die sich beim letzten Regenguss in der Erde gebildet haben.

Image-Streaming ist nun wie Radfahren eine erlernte Fertigkeit. Je öfter wir beides üben, um so stärker werden die Hebbschen Verbindungen, die bestimmte wichtige Teile des Gehirns miteinander zusammenführen.

Wissenschaftler erklären die erstaunlichen Wirkungen des Image-Streaming auf unsere Testintelligenz und das Ausbalancieren unserer Lernstile durch die spezielle Kombination und Vernetzung vieler mentaler Aktivitäten, die sonst fast nie gleichzeitig stattfinden: *Sprechen, zuhören, analysieren, inneres Sehen, hören, riechen, schmecken, fühlen und die kreative Produktion neuer innerer Bilder werden typischerweise nur beim Image-Streaming miteinander verbunden.*

Bevor Sie jetzt voller Enthusiasmus aufspringen und Ihre Talente mit einer Stunde Image-Streaming täglich auf Weltklasse-Level puschen, bleiben Sie noch einen Augenblick hier.

Das Beste beim Image-Streaming habe ich Ihnen nämlich noch gar nicht vorgestellt: So sehr es sich allein schon wegen der beschriebenen Trainingseffekte lohnen würde, so liegt der noch viel größere Nutzen dieser Methode in ihrer tatsächlichen grenzenlosen Produktivität von neuen Gedanken und Ideen.

Wenn Sie die nächsten 30 Tage jeden Tag zehn Minuten lang Ihrer Frau oder Ihrem Mann Ihr Wohnzimmer beschreiben, dann werden Sie nicht nur jeden Tag innovative Ideen zur Inneneinrichtung haben, sondern mit diesem Investment von insgesamt fünf Stunden (30 x 10 Minuten = 300 Minuten) so viel Einrichtungsideen generiert haben, dass Sie damit eine zwölfteilige Aufsatzserie in „Schöner Wohnen" füllen könnten.

Wenn Sie zufällig nicht gerade Innenarchitekt sind, wird Sie dieser Vorschlag vermutlich nur zum Teil begeistern.

Doch es liegt ja allein bei Ihnen, diese gigantische Ideenproduktivität auf Themen zu lenken, die Sie mit Ihrem Masterplan voranbringen:

Wie wäre es zum Beispiel mit 30 Blocks Image-Streaming zu Ihrer 5-Jahres-Vision vom stärkezentrierten Leben; fünf Blocks Image-Streaming zu jedem Talent, das Sie mit Wissen und Skills zu einer Stärke ausbauen wollen; zehn Blocks Image-Streaming zu Ihrem idealen Tagesablauf, der von morgens bis abends Ihre Lieblingsaktivitäten so geschickt kombiniert, dass Ihr jubelndes Herz vom vielen Hüpfen Muskelkater bekommt?

Also, geben Sie Gas. Übung 28 bietet Ihnen neben den Regeln für Image-Streaming zehn lohnende Einstiegsthemen.

17. Kapitel:
Talent-Coach für andere werden

Je mehr Sie sich mit Ihrem Masterplan für ein stärkezentriertes Leben beschäftigen, um so schneller werden Sie feststellen, wie viel Lebensfreude, Energie und Begeisterung es freisetzt, wenn wir immer öfter „unser Leben leben" und die Dinge tun, die wir am besten können, für die wir die meiste Anerkennung bekommen und die wir schon von Kindesbeinen an am liebsten getan haben: „Wenn es so etwas gibt wie ein Paradies auf Erden", sagte mir ein Coaching-Teilnehmer im letzten Jahr, „dann ist es die Möglichkeit, das eigene Leben leben zu können!"

Je länger Sie stärkenorientiert leben, um so öfter werden Sie sich fragen, wie Sie früher überhaupt anders zurechtgekommen sind. Gleichzeitig wird Ihr Wunsch wachsen, dieses Konzept auch den Menschen zu empfehlen, die Ihnen nahe stehen. Der Prophet gilt zwar wenig im eigenen Land, wie jeder Volksmund weiß, aber das bezieht sich vor allem auf die Variante vom ungebetenen Rat, der selten gern gehört wird.

Die meisten unserer Coaching-Teilnehmer wurden schon nach wenigen Wochen von Familienangehörigen, Freunden und Arbeitskollegen auf ihren neuen Energielevel, ihre Tatkraft und ihre Entschiedenheit angesprochen. Je öfter uns solche Fragen gestellt werden, umso mehr Routine entwickeln wir und umso überzeugender werden wir darin, unsere Lebensphilosophie des Stärken-Stärkens anderen nahe zu bringen.

Wir haben in vielen Dutzend Einzelcoachings mit Unternehmern, Freiberuflern und Top-Athleten persönlich die Erfahrung gemacht, dass der wichtigste Erfolgsschlüssel in der präzisen und umfassenden Erhebung der individuellen Talente und Stärken liegt.

Letztlich ist es dabei ähnlich wie beim Kochen: Das beste Rezept und die ausgefeiltesten Kochkünste helfen wenig, wenn die Rezeptzutaten nicht richtig abgewogen und bemessen sind.

Wir haben deswegen in diesem Buch großen Wert darauf gelegt, Ihnen zur Bestimmung Ihrer Talente und Stärken an objektiven und subjektiven Testverfahren all das anzubieten, was in Buchform vermittelbar ist.

Natürlich erlauben individuelle Testverfahren, wie sie unsere Profis im Einzelcoaching einsetzen können, ein noch viel genaueres Maßnehmen. Das Scheelen-Institut und die Christiani Unternehmer AG arbeiten deshalb zur Zeit daran, möglichst viele dieser Testmodule auch in einer internetfähigen Version anzubieten, um Ihnen einen möglichst einfachen Zugriff zu erlauben.

Über den Fortschritt dieses Projekts können Sie sich bei Interesse unter www.talant-check.de informieren. Unser Partner youngworld in München hat auf vielfache Nachfrage hin bereits einen zweitägigen Talente-Workshop für Kinder im Angebot.

Als Vater von drei Sprösslingen im Alter von acht bis elf Jahren habe ich natürlich sofort die Gelegenheit genutzt, das Bild, das meine Frau und ich von unseren Söhnen gewonnen hatten, durch die Testbatterie von youngworld unter Anleitung einer erfahrenen Psychologin überprüfen zu lassen. Da ich mich beruflich seit vielen Jahren mit dem Konzept des Stärken-Stärkens beschäftige und meine Kinder entsprechend sorgfältig beobachtet hatte, erwartete ich – offen gesagt – keine großen Überraschungen.

Der Talente-Test von youngworld für Kinder umfasst die Talentfelder „Handwerkliches Geschick und gestalterische Fähigkeiten", „Körperkoordination und Sportlichkeit", „Musikalische Intelligenz", „Kreative Fähigkeiten und Ideenreichtum", zwei Intelligenztests sowie ein Persönlichkeitsprofil. Um eventuelle Einschätzungsunterschiede nicht im Nachhinein zu übersehen oder wegdiskutieren zu wollen, habe ich vorher für jedes Kind meine Eigeneinschätzung zu diesen Talentfeldern schriftlich niedergelegt.

Als einige Wochen nach dem Workshop die ausführliche Analyse mit 18 Seiten DIN A4 zu jedem Kind kam, waren meine Frau und ich natürlich sehr gespannt.

Um das Ergebnis vorwegzunehmen: Bis auf ein einziges Begabungsfeld – die hohe musikalische Intelligenz unseres jüngsten Sohnes, die meine Frau und ich als in diesem Bereich maximal durchschnittlich Begabte überhaupt nicht erkannt hatten – stimmten unsere Beobachtungen in allen Fällen vom Trend her.

Das große Aha-Erlebnis kam dann beim Detailstudium: youngworld gibt die Begabungsstärke im so genannten Prozentrang an. Ein Prozentrang von 90 bedeutet beispielsweise, dass 90 Prozent aller Kinder in diesem Test schlechter oder gleich gute Ergebnisse erzielt haben wie die Versuchsperson.

Bei meiner Einschätzung der Prozentränge lag ich bei manchen Talenten meiner Söhne um zehn bis 15 Prozent daneben. Das mag auf den ersten Blick nicht allzu viel erscheinen, doch ich möchte Ihnen am Beispiel unseres ältesten Sohnes Raphael einmal aufzeigen, warum gerade dieses Feintuning so unglaublich wichtig ist.

Überraschung Nr. 1: Raphael – der als „heller Kopf" bekannt ist – erreichte im handwerklichen Geschick 78 Prozent (wo ich maximal 65 Prozent vermutet hatte) und in den Teildisziplinen Materialbeherrschung und Fingerkoordination sogar 92 Prozent beziehungsweise 89 Prozent.

Überraschung Nr. 2: Bei den sportlichen Fähigkeiten, die ich mit 80 Prozent schon hoch eingeschätzt hatte, erreichte er 88 Prozent; seine Einzelwertungen in Balance und Körperbeherrschung sowie Kraft und Ausdauer lagen sogar bei jeweils 96 Prozent.

Überraschung Nr. 3: Die musikalische Begabung, die wir etwas unter dem Durchschnitt vermutet hatten, lag nur bei insgesamt 9 Prozent.

Überraschung Nr. 4: Die Intelligenztests lagen im Prozentrang von 90 (entspricht 120 IQ-Punkten) und waren wie erwartet überdurchschnittlich; zwischen der technischen Begabung (100 Prozent) und der sprachlichen (45 Prozent) lag jedoch eine sehr große Bandbreite.

Überraschung Nr. 5: Raphaels Kreativität – die ich im Ver-

gleich zu seinen analytischen Fähigkeiten nicht so hoch eingeschätzt hatte – lag mit 87 Prozent deutlich über dem Durchschnitt, die Ideenflüssigkeit mit 99 Prozent sogar im Spitzenbe-
reich (Raphaels Einverständnis, sein Beispiel zu schildern, war
übrigens davon abhängig, dass ich eingestehe, ihn bis auf Musik
eher unterschätzt zu haben – was ich hiermit getan habe).

Seit der PISA-Studie ist bewiesen, was viele Eltern immer
schon ahnten: Unsere Kinder werden in der Schule zu wenig ge-
fordert. Könnte es darüber hinaus auch sein, dass wir manchmal
unsere Kinder zu wenig fordern, weil wir ihnen einfach nicht genug
zutrauen?

Mein Bild von Raphael und die Art, wie und wo ich ihn fordere
und fördere, ist jedenfalls deutlich anders geworden.

1. Er bekommt viel mehr Chancen, seine Feinmotorik weiterzuentwickeln (was ihm als Technik-Talent und Lego-Technik-
   Fan richtig gut gefällt)!
2. Im Sport, wo er säckeweise Talent hat, aber manchmal etwas
   lustlos ist, heißt es beim Skifahren jetzt: Im Zweifel für die
   schwierigere Piste (was ihn im letzten Winter sehr stolz
   machte, wenn er „allein mit Papa" losziehen durfte).
3. In der Musik bleibt die Einladung erhalten, sich damit zu beschäftigen (ein kleiner Mitzieheffekt besteht durch seinen jüngeren Bruder), aber jede Erwartung von elterlicher Seite haben wir zurückgenommen (was mit großer Befreiung aufge-
   nommen wurde).
4. Seine ausgeprägte technische Begabung (100 Prozent) fördern
   wir noch konsequenter als früher; dafür, dass ihm im Deutschen nicht alles zufliegt (mit 45 Prozent knapp unter dem
   Durchschnitt) gibt es jetzt mehr Verständnis.
5. Seine außerordentliche Kreativität, die er oft durch sein sachli-
   ches Auftreten überdeckt, wird jetzt viel aufmerksamer gefördert als früher.

Mit diesem Beispiel möchte ich Folgendes veranschaulichen: Wenn wir bei der Einschätzung unserer eigenen Talente oder der unserer Kinder vom Trend her richtig, aber von der Genauigkeit des Ergebnisses her nur 10 bis 15 Prozent danebenliegen, dann bleiben einige Superchancen bereits ungenutzt.

Die Erkenntis-Ausbeute für meine Frau und mich war bei unseren Söhnen Darius und Constantin ähnlich hoch wie bei Raphael. Ich empfehle Ihnen deshalb aus tiefster Überzeugung: Wenn Sie Kinder haben, dann nehmen Sie bei deren Talenten genau Maß: Ihre Kinder werden es Ihnen ein Leben lang danken. Und wenn Sie bei sich selbst noch nicht ganz sicher sind, dann nehmen Sie auch bei sich genauer Maß: Sie werden es sich ein Leben lang danken.

Und nun auf zu einem stärkezentrierten Leben. Es ist unser Leben und unsere Karriere. Wir haben entschieden, wie sie begonnen hat, und wir entscheiden uns jeden Tag, in welche Richtung sie weitergeht. Wir wünschen Ihnen dabei beruflich und privat den Erfolg und das Glück, das Sie sich erhoffen!

Ihr
Alexander Christiani
Frank M. Scheelen

Anhang

Übungen und Arbeitsblätter zum Masterplan „Stärken stärken"

Übung 1: Liste meiner Lieblingsaktivitäten aus der Kindheit. Mein Herz hat gelacht und meine Seele jubiliert, wenn ich als Kind ... tun konnte:

Übung 2: Liste meiner Lieblingsaktivitäten und Flow-Erlebnisse aus dem Erwachsenenalter: Meine Augen leuchten, wenn ich ... tun kann:

Übung 3: Talentmuster und Strukturen

- Welche Gemeinsamkeiten haben meine Lieblingsaktivitäten (oder was haben zumindest einige von ihnen gemeinsam)?
- Welche inhaltlich übergreifenden Kontexte gibt es, die mich inspirieren (zum Beispiel Wettbewerb, gewinnen, helfen können ...)?

Übersicht 4: Die Optimierung meiner Talente durch meine Testergebnisse bei den Grundintelligenzen:

Übersicht 5: Meine Hauptmotivation gemäß der Motivatorenanalyse:

	schwach 1	2	mittel 3	4	stark 5
1. Selbst in Aktion sein					
2. Anderen zuschauen können					
3. Vergangene Erlebnisse					
4. Zukunftsperspektive					
5. Identifikation mit dem Sinn der Aufgabe					
6. Wohlgefühl während des Ereignisses					
7. Wettkampf- oder Rekordorientierung					
8. Allein arbeiten können					
9. Companionship					
10. Äußere Faktoren					
11. Anerkennung					
12. Sachfeedback					
13. Herausforderung					
14. Gute Vorbereitung					
15.					
16.					

Übersicht 6:   Die 34 Talentfelder der Gallup-Organisation; Liste meiner Selbsteinschätzung: Welche Talentfelder erkenne ich bei mir wieder?

Übersicht 7:   Talentschwerpunkte, die ich beruflich beziehungsweise lieber privat nutzen möchte:

1. Meine stärksten beruflichen Talente und Kompetenzen:

2. Lieblingsaktivitäten, die ich privat nutzen kann

und will, um neue Begeisterung in mein Leben zu bringen:

3. Kombinationsideen aus beiden Talentbereichen:

Übung 8:   Die INSIGHTS-Werteanalyse:

Übung 9:   Die INSIGHTS-Analyse zu den Verhaltenspräferenzen:

Übung 10:   Die INSIGHTS-Analyse zu unseren Verhaltensstärken und Kompetenzen:

Übung 11:   Die Entwicklung meiner Lebensvision:

Für welche Aufgaben bin ich mit meinen einzigartigen Talenten in besonderer Weise geeignet?

- Welches Vermächtnis möchte ich der Welt hinterlassen?
- Angenommen, es gäbe ein Buch des Lebens, in dem nach unserem Tod ein biografischer Kurzeintrag über unser Leben erscheint: Was sollte dort über mich stehen, das heißt, womit möchte ich den Menschen in Erinnerung bleiben?

Übung 12:   Konkretisierung meiner Lebensmission zur beruflichen Lebensaufgabe:

- In welchem Business sollte ein Mensch mit meinen Talenten und Werten tätig sein?
- Was kann ich für welche Kunden deutlich besser als andere?
- Welchen Effekt könnte die lebenslange Entfaltung meiner Talente auf das Leben und die Arbeit anderer Menschen haben?

Übung 13:   Die ideale Marktpassung finden:

- Welches Entwicklungspotenzial besteht in den von mir ins Auge gefassten Branchen mittelfristig beziehungsweise langfristig?
- In welchen Wachstumsbranchen werden meine Talente in welcher Form gebracht?

Übung 14:   Überlegungen zur Positionierung als Experte:

- Wo kann ich mit meinen Talenten und Stärken sichtbar (mindestens +30 Prozent) mehr Nutzen bieten als andere?
- Welches Wissen und welche Skills muss ich noch erwerben, um meine Talente zu Stärken auf Expertenlevel wachsen zu lassen?
- Kann ich durch die Spezialisierung auf Problemlösungen für bestimmte Zielgruppen einen sichtbaren Mehrnutzen bieten?
- Wie kann ich meinen Zusatznutzen so bildhaft kommunizieren, dass ich mich als Marke in den Köpfen meiner Kunden etabliere (Beispiel vom „Pokemon-Kinderarzt")?
- Wie sieht mein Business in fünf Jahren idealerweise aus, wenn ich bis dahin zum unangefochtenen Marktführer aufgestiegen bin?

Übung 15:   Die Entwicklung eines talentezentrierten Lebensstils für mein Privatleben.

Frühwarnsignale für ein Enthusiasmusdefizit:

1. Haben Sie öfter das unterschwellige Gefühl, dass Ihrem Leben etwas fehlt?
2. Haben Sie das Gefühl, dass Sie irgendwo nicht im Einklang sind mit sich selbst oder irgendetwas in Ihrem Leben falsch läuft?
3. Gibt es Menschen in Ihrem Leben, die dazu beitragen, dass Sie oft unglücklich sind?
4. Haben Sie einen starken Drang nach Veränderung?
5. Fühlen Sie sich morgens öfter leer als energiegeladen?
6. Würden Sie Menschen, Aufgaben, Telefonaten, Briefen und Routinen lieber aus dem Weg gehen?

7. Gibt es nichts, was Sie entweder motivieren oder demotivieren könnte (weil Sie sich ohnehin von allem weit genug zurückgezogen haben)?

8. Haben Sie keine großen, leidenschaftlichen Wünsche mehr oder wissen Sie nicht mehr genau, wie diese Wünsche aussehen?

Fragen zur Stärkenzentrierung:

1. Wovon könnten Sie mehr in Ihrem Leben haben, um Ihre Talente und Stärken auszuleben?

2. Wovon sollten Sie weniger haben, weil es Sie am Ausleben dessen hindert, was Sie lieben?

3. Was in Ihrem Leben sollten Sie neu starten?

4. Was in Ihrem Leben sollten Sie komplett stoppen?

Übung 16: Die Lebensstilvision: Mein Leben in fünf Jahren. Angenommen, Sie wären in fünf Jahren soweit, Ihr Leben komplett an Ihren Stärken auszurichten:

- Wie sieht dann ein Bilderbuchjahr in Ihrem starken Leben aus?
- Wie sieht eine Bilderbuchwoche in Ihrem starken Leben aus?
- Und wie sieht ein Bilderbuchtag aus, den Sie ausschließlich Ihren Stärken widmen?

Übung 17: Die Entwicklung des Masterplans vom Ist zum Soll. Um meine 5-Jahres-Vision eines stärkezentrierten Lebens zu leben, muss ich bis dahin folgende Teilziele realisiert haben:

Übung 18: Das Sollprofil meiner Stärken zur Realisierung meines Masterplans: Welche Talente, welches Wissen und welche Skills würde der ideal kompetente Experte mitbringen, um meine Ziele mit Sicherheit zu erreichen?

Talent	Wissen und Skills, mit denen ich aus diesem Talent bereits eine Stärke gemacht habe	Wissen und Skills, mit denen ich diese Stärke weiter zu einem Expertenstatus ausbauen werde

Talente-Wissen-Skill-Tableau

Übung 19: Die Zielkaskade zur Realisierung meines Masterplans:

- Welche der im Tableau von Übung 18 aufgelis-
  teten Talente besitze ich selbst, welche besitze
  ich nicht?
- Welches Wissen und welche Skills zur Entfal-
  tung meiner Talente besitze ich bereits und welche muss ich mir noch erarbeiten?
- Bei welchen Talenten, die ich nicht besitze, kann
  ich auf die Stärken anderer Mitglieder meines
  Teams zurückgreifen?
- In Fällen, wo dies nicht möglich ist: Kann ich das
  Konzept modifizieren, sodass meine Schwächen
  weniger ins Gewicht fallen (Reengineering des
  Konzepts)?
- In Fällen, wo dies nicht möglich ist: Wo muss ich
  zur Schadensbegrenzung so viel Minimum-
  Know-how erwerben, dass mein Erfolg nicht ge-
  fährdet wird?

Übung 20: Der 100er-Rahmen für meine Zeitkategorien:

Zeitspanne
10 x 10er-Blocks
Von ... bis ...

100er-Rahmen

Übung 21:　Routinen entwickeln:
- Gibt es für diese Abfolge von Aktivitäten eine bessere Reihenfolge?
- Was sollte ich ergänzen?
- Was sollte ich weglassen?
- Welche Aktivitäten könnte ich bündeln?

Übung 22:　Rituale entwickeln:
- Welche Routinen möchte ich zu Ritualen ausbauen, um meinem Leben neue Highlights zu geben und meine Verhaltensgewohnheiten weiter zu festigen?

Übung 23:　Raumkategorien:
- Welchen Tätigkeiten will ich – vor allem in der Gewohnheitsbildungsphase – neben einer festen Zeit auch einen festen Raum geben?
- Wo werden neue Gewohnheiten von mir durch neue räumliche Umgebungen (zum Beispiel im Urlaub oder auf Reisen) bedroht?
- Welche sonstigen Raumanker (Garderobe, Schmuck etc.) funktionieren bei mir besonders gut?
- Wo in meinem Zuhause gibt es „schmutzige Plätze" (= Orte, an denen ich emotional völlig unterschiedliche Dinge tue, die ich besser entzerren sollte, zum Beispiel das Lesen im Bett, wenn ich anschließend nicht einschlafen kann)?

Übung 24:　Wertestrukturen und Archetypen:
- Welche Werte und Tugenden unterstützen mich ideal in meinem Masterplan?
- Welche Archetypen unserer Kultur (zum Beispiel Helden, Krieger, Magier, Weise usw.) verkörpern diese Werte am besten?

Übung 25:　Meine persönliche Stärken-Scorecard:
- Welche Kennzahlen beschreiben und messen

am besten die strategisch wichtigsten Tätigkeiten für meinen Erfolg?

- Welche Talente möchte und werde ich mit welchen Maßnahmen zu Stärken weiterentwickeln?
- Wie kann ich diesen Projektfortschritt am besten messen?
- Wie kann ich überprüfen, ob ich mein Leben konsequent immer stärker um meine Lieblingsaktivitäten herum entwickle? Protokolliere ich nur mein Bauchgefühl oder messe ich zum Beispiel präziser meine Zeitanteile bei Lieblingsaktivitäten und Flow-Erlebnissen?
- Will ich regelmäßig als viertes Erfolgsfeld den Faktor „Partnerzufriedenheit" beobachten?

Übung 26: Zwanghaftes Aufschreiben:

- Welche Utensilien (zum Beispiel Leinenkladden à la Leonardo da Vinci) und welche Gewohnheiten brauche ich, um zu einem genieähnlich diszipliniertem Aufschreiber zu werden?

Übung 27: Geborgtes Genie:

- Mit welchen Themen will ich die Übung „geborgtes Genie" ausprobieren, um mir ein Bild von meiner Leistungsfähigkeit machen zu können?

Übung 28: Image-Streaming:

- Übungsbeschreibung:
1. Die Augen schließen und mindestens zehn Minuten lang die inneren Bilder beschreiben, die wir sehen. Die Beschreibung erfolgt – **dies ist die Voraussetzung dafür, dass die Übung funktioniert** – laut nach außen, entweder an einen externen Beobachter oder durch Diktat auf einen mitlaufenden Kassettenrekorder.

Anmerkung: Die Vermutung vieler Teilnehmer, Image-Streaming mit einer Analyse der inneren Bilder im inneren Dialog würde auch funktionieren, ist schlichtweg falsch: In dieser Variante fehlt nämlich das Feedback, auf dem der Erfolg der ganzen Übung aufbaut.

2. Die drei Hauptgebote heißen deswegen:
Die Bilder laut beschreiben,
alle Sinne einsetzen und
in der Zeitform der Gegenwart berichten.

- Entscheiden Sie sich, welchen 10-Minuten-Aktivitätsblock von Ihrem 100er-Rahmen Sie jeden Tag für Image-Streaming reservieren.
- Hier zehn Themen, die für Image-Streaming sehr lohnend sind:

1. Mein Bilderbuchjahr eines starken Lebens in fünf Jahren.
2. Meine Bilderbuchwoche in fünf Jahren.
3. Mein Bilderbuchtag in fünf Jahren.
4. Mein Unternehmen in fünf Jahren, nachdem wir bis dahin zum Marktführer geworden sind.
5. Wie ich im Leben sein möchte.
6. Was ich im Leben tun möchte.
7. Was ich im Leben haben möchte.
8. Marketing-Konzept für mein Unternehmen.
9. Idealzustand des nächsten Ziels, an dem ich arbeite.
10. Idealzustand der Problemlösung, an der ich gerade arbeite.

Übung 29:   Talentpräzisierung:
Für welche mir nahe stehenden Menschen wäre eine präzisere Erhebung ihrer Talente und Begabungen sinnvoll (zum Beispiel bei mir selbst, meinem Lebenspartner, meinen Kindern, Freunden, wichtigen Arbeitskollegen)?

Literaturverzeichnis

Bartel, Andreas: *Im Rausch der Gefühle*. Focus Nr. 27 2002

Beauport, Elaine: *The three Faces of Mind*. Wheaton, Illinois 1996

Belbin, R. Meredith: *Managementteams, Erfolg und Misserfolg*. Worrstadt 1996

Buckingham, Marcus; Coffman Curt: *First break all the Rules*. New York 1999

Buckingham, Marcus; Coffman Curt: *Discover your Strenghts*. New York 2001

Buzan, Tony; Keene, Raymond: *Buzan's Book of Genies and how to unleash your own*. London 1994

Chang: *The Passion Plan*. San Francisco 2000

Christiani, Alexander: *Weck den Sieger in dir – In 7 Schritten zu dauerhafter Selbstmotivation*. Wiesbaden 1997/2000

Christiani, Alexander: *Magnet Marketing – Erfolgsregeln für die Märkte der Zukunft*. Frankfurt am Main 2002

Eysenck, Hans-J.: *Die Ungleichheit der Menschen – Ist Intelligenz erlernbar?* München 1975

Gardner, Howard: *Abschied vom IQ – die Rahmen-Theorie der vielfachen Intelligenz*. Stuttgart 1991

–, *Intelligenzen – Die Vielfalt des menschlichen Geistes*. Stuttgart 2002

Gelb, Michael J.: *Das Leonardo-Prinzip*. Köln 1998

Hill, Napoleon: *Denke nach und werde reich*. Genf 1966

Jung, Carl Gustav: *Gesammelte Werke in 20 Bänden, Band 6 – Psychologische Typen*. Düsseldorf 1995

MacLean, Paul D.: *The Tribune Brain in Evolution*. New York Plenum Books 1990

Moore, Robert; Gillette, Douglas: *King, Warrior, Magician, Lover.* New York 1990

Scheelen, Frank M.: *Menschenkenntnis auf einen Blick.* München 2002

Scheelen, Frank M.: *So gewinnen Sie jeden Kunden.* Landsberg 1999

Scheelen, Frank M.: *Personal Leadership.* Landsberg 2000

Schwanitz, Dietrich: *Bildung – Alles, was man wissen muss.* München 2002

Schwarzenegger, Arnold: *Die Karriere eines Bodybuilders.* Gossau 1979

Spranger, Eduard: *Lebensformen, Psychologie und Ethik der Persönlichkeit.* Tübingen 1966

Stumpf, Monika: *Wann ist Führung erfolgreich.* KommEnt Nr.6 12/01

Talbot, Michael: *Das holographische Universum.* München 1992

Wenger Win; Poe, Richard: *Der Einsteinfaktor.* Freiburg 1997

Stichwortverzeichnis

„Nicht der Wind, sondern die Segel bestimmen den Kurs". Dieses Sprichwort paßt genau auf die unternehmerische Situation. Der Erfolg eines Unternehmens kommt in der heutigen dynamischen Wirtschaft nicht von allein. In diesem Umfeld besteht nur, wer die Auswahl seiner Führungskräfte und Mitarbeiter sowie ihre fachliche und persönliche Weiterentwicklung ernst nimmt. Dabei spielen die richtigen Diagnostik- und Trainingsinstrumente eine entscheidende Rolle. Immer mehr Unternehmen vertrauen auf unser führendes Knowhow. Es bringt Sie auf den richtigen Kurs.

Frank M. Scheelen, Director

Unsere **Philosophie** basiert auf dem wichtigsten Gebot für die heutige Unternehmenswelt: Wer auch in Zukunft Erfolg haben will, muß schon heute seine Stärken mobilisieren.

Wir vereinen **führendes Know-how** auf den Gebieten Personalentwicklung, Beratung, Training und Bildungsmarketing zu einem wirksamen Gesamtsystem. Frank M. Scheelen gilt heute als internationaler Experte für Talenterkennung – Faktor Mensch – mit Schwerpunkt Personalauswahl (Rekrutierung) und Beziehungsmanagement. Namhafte Unternehmen nutzen seit Jahren sein Know-how zur langfristigen Erfolgsoptimierung.

Die **Steigerung des Unternehmenserfolges** hängt von der Verwendung der richtigen Bausteine ab. Denn für jedes Unternehmen gilt: Bei der Optimierung des Ist-Zustandes hilft nur die richtige Kombination der Hilfswerkzeuge. In unserer Arbeit nutzen wir die hohe Qualität der INSIGHTS Management Development Instruments. Genauso erfolgreich greifen wir auf das renommierte Brian Tracy Trainingssystem zurück. Dabei werden objektiv die Eigenschaften des Mitarbeiters oder einer Führungskraft ermittelt und aufbauend auf diese Analyse werden mit dem ausgereiften System des Tracy Trainingsprogramms mit 130 Themen auf leichte und effiziente Art nachhaltig Trainingserfolge erzielt.

Gerne informieren wir Sie über **Seminare, Selbststudiums-Handbücher** und **Fachbücher** von Frank M. Scheelen und Brain Tracy unter anderem zu folgenden Themen:

- Leadership-Ausbildung (BTICU)
- INSIGHTS MDI-Akkreditierung, Der Weg zum INSIGHTS Berater
- Managementkompetenz, Der Weg zum erfolgreichen Unternehmer
- Rekrutierung von Gewinnertypen
- Personal Leadership
- Beziehungskompetenz „So gewinnen Sie jeden Kunden"
- Menschenkenntnis auf einen Blick

Weitere Informationen erhalten Sie unter:
SCHEELEN® Institut für Managementberatung und Bildungsmarketing
Klettgaustraße 21, D-79761 Waldshut-Tiengen, Telefon: 0 77 41-96 94-0, Fax: -96 94 20,
E-Mail:info@scheelen-institut.de, www.scheelen-institut.de

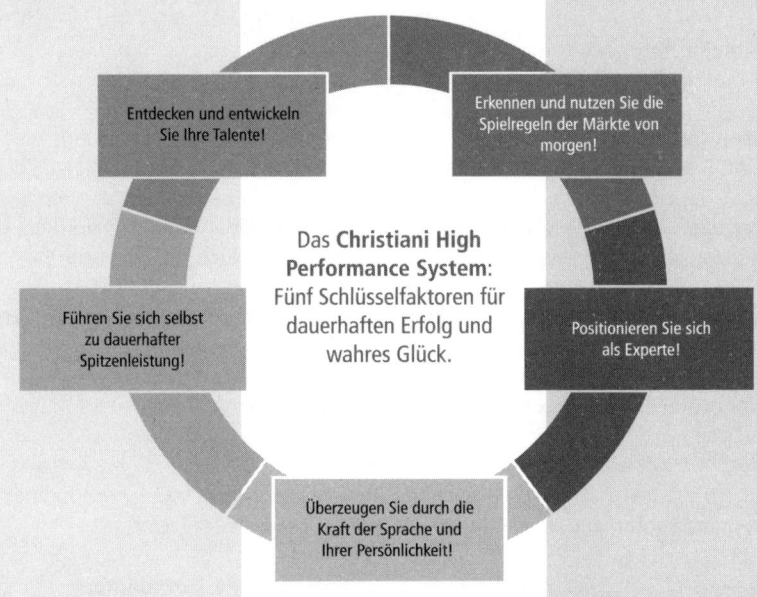